U0361512

华东政法大学
65周年校庆文丛编委会

主　任　曹文泽　叶　青
副主任　顾功耘　王　迁
委　员　（以姓氏笔画为序）

马长山	王立民	朱应平	刘　伟	孙万怀
杜志淳	杜　涛	杨忠孝	李秀清	李　峰
肖国兴	吴新叶	何益忠	何勤华	冷　静
沈福俊	张明军	张　栋	陈金钊	陈　刚
林燕萍	范玉吉	金可可	屈文生	贺小勇
徐家林	高　汉	高奇琦	高富平	唐　波

华东政法大学65周年校庆文丛

创新的法治之维
科技法律制度建设研究

周海源 /著

北京大学出版社
PEKING UNIVERSITY PRESS

图书在版编目(CIP)数据

创新的法治之维:科技法律制度建设研究/周海源著. —北京:北京大学出版社,
2017.11

ISBN 978-7-301-28913-6

Ⅰ. ①创… Ⅱ. ①周… Ⅲ. ①科学技术管理法规—研究—中国

Ⅳ. ①D922.174

中国版本图书馆 CIP 数据核字(2017)第 254172 号

书　　　名	创新的法治之维：科技法律制度建设研究
	CHUANGXIN DE FAZHI ZHI WEI
著作责任者	周海源　著
责 任 编 辑	朱梅全　尹　璐
标 准 书 号	ISBN 978-7-301-28913-6
出 版 发 行	北京大学出版社
地　　　址	北京市海淀区成府路 205 号　100871
网　　　址	http://www.pup.cn　新浪微博　@北京大学出版社
电 子 信 箱	sdyy_2005@126.com
电　　　话	邮购部 62752015　发行部 62750672　编辑部 021-62071998
印 刷 者	三河市博文印刷有限公司
经 销 者	新华书店
	730 毫米×1020 毫米　16 开本　17.75 印张　247 千字
	2017 年 11 月第 1 版　2017 年 11 月第 1 次印刷
定　　　价	54.00 元

未经许可，不得以任何方式复制或抄袭本书之部分或全部内容。

版权所有，侵权必究

举报电话：010-62752024　电子信箱：fd@pup.pku.edu.cn

图书如有印装质量问题，请与出版部联系，电话：010-62756370

崛起、奋进与辉煌

——华东政法大学 65 周年校庆文丛总序

2017 年,是华东政法大学 65 华诞。65 年来,华政人秉持着"逆境中崛起,忧患中奋进,辉煌中卓越"的精神,菁莪造士,棫朴作人。学校始终坚持将学术研究与育人、育德相结合,为全面推进依法治国做出了巨大的贡献,为国家、为社会培养和输送了大量法治人才。一代代华政学子自强不息,青蓝相接,成为社会的中坚、事业的巨擘、国家的栋梁,为社会主义现代化和法治国家建设不断添砖加瓦。

65 年栉风沐雨,华政洗尽铅华,砥砺前行。1952 年,华政在原圣约翰大学、复旦大学、南京大学、东吴大学、厦门大学、沪江大学、安徽大学、上海学院、震旦大学 9 所院校的法律系、政治系和社会系的基础上组建而成。历经 65 年的沧桑变革与辛勤耕耘,华政已发展成为一所以法学为主,兼有政治学、经济学、管理学、文学、工学等学科,办学特色鲜明的多科性大学,人才培养硕果累累,科研事业蒸蒸日上,课程教学、实践教学步步登高,国际交流与社会合作事业欣欣向荣,国家级项目、高质量论文等科研成果数量长居全国政法院校前列,被誉为法学教育的"东方明珠"。

登高望远,脚踏实地。站在新的起点上,学校进一步贯彻落实"以人为本,依法治校,质量为先,特色兴校"的办学理念,秉持"立德树人,德法兼修"的人才培养目标,努力形成"三全育人"的培养管理格局,培养更多应用型、复合型的高素质创新人才,为全力推进法治中国建设和高等教育改革做出新的贡献!

革故鼎新,继往开来。65 周年校庆既是华东政法大学发展史上的重要里程碑，更是迈向新征程开创新辉煌的重要机遇。当前华政正抢抓国家"双一流"建设的战略机遇，深度聚焦学校"十三五"规划目标，紧紧围绕学校综合改革"四梁八柱"整体布局，坚持"开门办学、开放办学、创新办学"发展理念，深化"教学立校、学术兴校、人才强校"发展模式，构建"法科一流、多科融合"发展格局，深入实施"两基地（高端法律及法学相关学科人才培养基地、法学及相关学科的研究基地）、两中心（中外法律文献中心、中国法治战略研究中心）、一平台（'互联网＋法律'大数据平台）"发展战略，进一步夯实基础、深化特色、提升实力。同时，华政正着力推进"两院两部一市"共建项目，力争能到本世纪中叶，把学校建设成为一所"国际知名、国内领先，法科一流、多科融合，特色鲜明、创新发展，推动法治文明进步的高水平应用研究型大学和令人向往的高雅学府"。

薪火相传，生生不息。65周年校庆既是对辉煌历史的回望、检阅，也是对崭新篇章的伏笔、铺陈。在饱览华政园风姿绰约、恢弘大气景观的同时，我们始终不会忘却风雨兼程、踏实肯干的"帐篷精神"。近些年来，学校的国家社科基金法学类课题立项数持续名列全国第一，国家社科基金重大项目和教育部重大项目取得历史性突破，主要核心期刊发文量多年位居前茅。据中国法学创新网发布的最新法学各学科的十强排名，学校在法理学和国际法学两个领域排名居全国第一。当然我们深知，办学治校犹如逆水行舟，机遇与挑战并存，雄关漫道，吾辈唯有勠力同心。

为迎接65周年校庆，进一步提升华政的学术影响力、贡献力，学校研究决定启动65周年校庆文丛工作，在全校范围内遴选优秀学术成果，集结成书出版。文丛不仅囊括了近年来华政法学、政治学、经济学、管理学、文学等学科的优秀学术成果，也包含了华政知名学者的个人论文集。这样的安排，既是对华政65华诞的贺礼，也是向广大教职员工长期以来为学校发展做出极大贡献的致敬。

65芳华，荣耀秋菊，华茂春松，似惊鸿一瞥，更如流风回雪。衷心祝愿华政铸就更灿烂的辉煌，衷心希望华政人做出更杰出的贡献。

华东政法大学65周年校庆文丛编委会

2017年7月

目　录

导　　论

　　科技法是中国特色社会主义法律体系的重要组成部分,科技法学也是法学科学的重要分支。科技法律现象在不同时期获得了来自法学界不同程度的关注。总体而言,改革开放之后,尤其是 1988 年 9 月邓小平同志提出了"科学技术是第一生产力"的著名论断之后,科学技术在经济发展中的重要作用获得了高度重视。进入 20 世纪 90 年代之后,我国科技法进入了快速发展的黄金时期。尤其是我国于 1993 年制定了《科学技术进步法》、1996 年制定了《促进科技成果转化法》,把科技法治建设推向了高潮。在这段时期,大量的科技法论文得以产生,科技与法律的关系、科技法基本原则、科技法体系、科技立法规范化、科技法的调整功能、科技法的运行等基础性问题被广泛讨论并基本达成共识。在此基础上,学者撰写了诸多的科技法教材和著作,主要有曹昌祯主编的《中国科技法学》、赵震江主编的《科技法学》、何敏主编的《科技法学》等。

　　随着大规模的科技立法、修法活动的结束,科技法学研究步入了相对缓慢的发展时期。从《科学技术进步法》修改后的 2008 年起,学界对科技法基础理论的研究从内容上虽有所深化,研究了科技法的生态化、科技法的人文关怀、科技法的价值目标等问题,但基础理论研究力度有所下降,成果数量也相应减少。不过,科技法学在研究的纵深方面取得了大幅突破,表现为对科技法各个领域的专门性问题进行了深入的研究。总体而言,现有研究存在两个方面的问题:一方面,科技法基础理论研究进展缓慢,相较于科技和社会发展而言,科技法基础理论显得过于陈旧,阻碍科技产业发展的风险投资补贴、园区立法、科学中心建设法治保障等问题未能在现有的科技法基础理论中找到解决办法。另一方面,对科技法各领域如网络、生物技术、新能源等方面的研究虽拓展了科技法学研究的广度和深度,但这些研究成果既未反馈到科技法基础理论研究当中并促使科技法基础理论的更新,也未能有效满足当前社会背景下创新驱动发展战略实施对宏观科技法律制度体系的变革需求。与之相对应的是,近十年来,我国科技法治整体上处于较为缓慢的发展阶段,相关的立法和法律修改活动停滞不前,地方层面的立法照搬照抄《科学技术进步法》和《促进科技成果转化法》的情况未得到改善,科技法治建设总体上滞后于科技产业发展的需要,甚至成为阻碍科技创新和科技产业发展的因素。

　　中共中央和国务院现已提出创新驱动发展战略。党的十八大明确提出"科技创新是提高社会生产力和综合国力的战略支撑,必须摆在国家发展全局的核心位置",强调要坚持走中国特色自主创新道路、实施创新驱动发展战略。《国家创新驱动发展战略纲要》和《中共中央、国务院关于深化体制机制改革加快实施创新驱动发展战略的若干意见》则对创新驱动发展战略的实施计划、步骤和阶段性任务等进行了详细安排。例如,《国家创新驱动发展战略纲要》提出了分三步走的战略目标,即到2020年进入创新型国家行列,基本建成中国特色国家创新体系;到2030年跻身创新型国家前列,发展驱动力实现根本转换,经济社会发展水平和国际竞争力大幅提升;到2050年建成世界科技创新强国,成为世界主要科学中心和创新高地。该战略纲要还从产业技术体系创新、原始创新、区域创新布局、军民融合、创新主体、重大科技项目和工程、高水平人才队伍、创新创业八个方面部署创新驱动战略的战略任务,并提出从体制改革、环境营造、资源投入、扩大开放等方面加大创新驱动战略实施的保障力度。

　　创新驱动发展战略的诸多战略部署需要科技法律制度予以保障实施。例如,《国家创新驱动发展战略纲要》提出,要优化国家自主创新示范区布局,推进国家高新区按照发展高科技、培育新产业的方向转型升级,开展区域全面创新改革试验,增强创新发展的辐射带动功能。这反映到立法中,即要求科技园区管理法律规范对园区功能和管理体制进行改革,园区管理条例的立法理念更需要实现从"高新技术产业园区"向"自主创新示范区"的转变,一方面强化对园区内企业自主创新而非技术引进的鼓励,明确自主创新的财政、税收、人才等方面的支持,为自主创新提供良好的外部环境;另一方面发挥自主创新的示范效应,这要求园区立法强化技术成果转化环境的保障和技术成果应用的辐射效应,并需要建构园区管理机构与周边地方政府间的创新网络协同治理机制。另外,《国家创新驱动发展战略纲要》还提出,要明确各类创新主体在创新链不同环节的功能定位,激发主体活力,系统提升各类主体创新能力,夯实创新发展的基础,健全现代科研院所制度,形成符合创新规律、体现领域特色、实施分类管理的法人治理结构。战略纲要提出激发市场主体在科技创新中的活力,这一方面要求立法完善科技主体法律制度,保障各类科技主体的合法权益;另一方面也要明确政府干预市场的力度,既要保证政府对科技创新的足够扶持,又要避免政府活动对科技市场规律造成过多的干扰。不仅如此,《国家创新驱动发展战略纲要》更是明确提出,要健全保护创新的法治环境,加快创新薄弱环节和领域的立法进程,修改不符合创新导向的法规文件,废除制约创新的制度规定,构建综合配套精细化的法治保障体系。这实际上对科技法的变革提出了新要求。

为应对创新驱动战略实施对科技法提出的挑战,我国科技立法和修法活动也日趋频繁。2015年,我国修改通过了《促进科技成果转化法》,该法丰富了科研权利的设置,提高了成果转化中成果完成人获得收益的比例,明确了国家负担的各类给付性职责,对促进创新驱动发展战略的实施具有一定的积极作用。在此基础上,地方层面也加大了立法和修法的力度。例如,上海市提出了建设科技创新中心战略,通过了《上海市促进科技成果转化条例》,《上海市推进科技创新中心建设条例》等相关条例的制定也在紧锣密鼓地进行中。

创新驱动发展战略的实施和大规模立法活动的开展为科技法律制度研究提供了契机,科技法保障创新的制度机制、政府创新服务职能的法律配置、创新主体的法律规范、创新投入的法律保障等既是推进创新驱动战略实施亟待解决的问题，也是科技法规范修改的重点。本书即以科技创新的流程为主线，专章讨论了创新驱动发展战略实施对科技法的总体要求，以及在此背景下科学技术进步法律制度、政府创新管理法律制度、创新主体法律制度、创新投入法律制度、科技成果转化法律制度和创新环境法律保障制度变革的可能。

第一章 科技法的整体性变革研究

创新驱动战略将创新作为驱动经济社会发展的原动力,据此,科技创新被视为社会发展的基础性问题。在此背景下,作为促进、保障科技进步和技术成果应用的法律规范,科技法应当将其视角从"科技"转向"社会",立基于社会发展需要规范科技研发、成果应用等问题,这带来了科技法的整体性变革。

第一节 科技法概述

一、科技法的概念

概念界定是学术研究的开端,只有在概念的内涵和外延相对稳定的情况下,学术讨论方有可能在同一平台进行。当前学界并未形成统一的"科技法"的定义,其中的原因即在于不同学科对科技法属性的认识各不相同,进而从不同的角度对科技法进行定义。

其一是从行政管理的角度所作的定义,认为科技法是行政机关开展科技行政管理活动所依据的法律规范的总称,亦即将科技法理解为行政法中的部门法。在此意义上,科技法亦等同于"科技行政法"。将科技法定义为行政机关开展科技行政管理活动所依据的法律规范的做法所立足的基础即在于科技法的主要构成,亦即持该种论点的学者认为,科技法中大量存在科技行政管理规范,这构成了科技法区别于其他法律部门的特征,据此,科技法应纳入行政法的范畴内。[①]

其二是将科技法理解为经济法的分支，因此将科技法定义为调节经济活动中的科技创新和成果收益分配关系的法律规范的总称。例如，有学者提出："就目前而言，将科技法纳入经济法律体系中，作为一个重要的分支，科技法的特性完全符合经济法的基本精神，同时也符合学术界的主流意识。"[②]

其三是将科技法理解为宪法性法律，进而将之定义为规范国家行为、设定科技创新和科技成果收益的基本制度框架的法律规范。例如，有学者主张，科技法的主要内容在于设定科技创新的制度结构，因此属于"制度法"，而非调整科技创新中的行为的"行为法"。[③]

其四是将科技法理解为独立的法律部门，因此将之定义为"国家调整因科学技术所产生的各种社会关系的法律规范的总称"[④]。

笔者认为，一方面，科技法既需要规范科技行政管理关系，也需要调整科技创新中国家与市场之间的关系，同时更需要为科学技术的发展和科技市场的运行提供制度规则，其既包含行政法的属性，也包含经济法和宪法性法律的属性；另一方面，科技法亦有其独特性，其主要以科技领域为调整范围，涉及科技发展过程中的研发管理、成果收益分配、技术交易等行为和关系，又综合运用行政规制、刑事处罚、民事责任追究等手段，因此应构成独立的法律部门。作为独立的法律部门，科技法可定义为调整科技创新、科技研发管理、科技成果收益分配和转移转化等过程中的社会关系的法律规范的总称。

二、科技法的特征

科技法作为法律体系的重要组成部分，其当然具有法的一般性特征，

---

① 参见牛忠志主编：《科技法通论》，吉林大学出版社 2007 年版，第 14 页。

② 张宇润等：《科技法的定位和价值目标》，载《中国科技法学学术年会 2006 年年会论文集》，第 3 页。

③ 参见董保忠：《刍议科技法学的学科建设与发展》，载《第五届科技法学论坛论文集（上海·2007 年）》，第 71 页。

④ 王家福：《为科技法学的繁荣而奋斗》，载《科技与法律》1989 年第 1 期。

即强制性、调整性和国家意志性等。当然，作为专门用以调整科技领域的社会关系的法律规范，科技法也具有其特有的属性。

（一）目的鲜明

与其他部门法相比较，科技法具有目的鲜明性的特征。具体而言，规范性是法律的基本属性，所谓法的规范性，是指法律的主要作用在于规范社会关系。因此，在法与社会的关系当中，先有各种各样的社会关系的存在，为理顺这些社会关系，方有法律规范的产生。法律的作用在于调整既有的社会关系，据此维护社会秩序的稳定性。简言之，立法的通常目的在于调整社会关系和维护社会秩序，至于其他价值，如政治认同、经济发展等，则非法律本身的目的，而需要通过法律的执行来实现。科技法则与此不同。科技法的制定固然有调整科技研发和成果转移转化之法律关系的作用，但其更为重要的作用在于促进科技发展。换言之，科技法鲜明的目的性表现为其着力于促进科技进步。

科技法之鲜明目的性主要表现在三个方面：

其一，在立法名称上，科技法多有促进科技进步之意。例如，《促进科技成果转化法》即有"促进"一词。

其二，科技法多在法律条文的第 1 条明确其促进科技进步之目的。例如，《科学技术进步法》第 1 条规定："为了促进科学技术进步，发挥科学技术第一生产力的作用，促进科学技术成果向现实生产力转化，推动科学技术为经济建设和社会发展服务，根据宪法，制定本法。"

其三，在立法内容上，除部分调整科技管理和科技成果收益分配关系的法律规范之外，大部分科技法规范的主要内容在于促进科技发展和科技成果的应用。例如，《科学技术进步法》第 6 条规定，国家鼓励科学技术研究开发与高等教育、产业发展相结合，鼓励自然科学与人文社会科学交叉融合和相互促进。此条的作用不在于调整已有的社会关系，而在于设定国家促进科技进步的职责和方式。

（二）规范范围的特定性

科技立法是一种领域性的立法，"科技法的调整对象不是某一种社会关系，而是科技活动领域中的多种社会关系"①。换言之，科技法与民法、行政法、宪法等部门法的不同之处在于，民法、行政法、宪法调整的是特定种类的社会关系，而科技法的调整对象则为科技领域内的多种社会关系。科技发展领域内的法律关系主要包括以下几类：

其一，科技行政管理关系。科技发展离不开政府的扶持，政府需要通过科技发展规划的制订和实施、科技项目的立项、科技奖励、资金扶持、人才引进等方式促进科技发展。基于依法行政原则，这些活动的开展需要有明确的法律依据，在此过程中所产生的各种关系既由行政法加以调整，也由科技法加以调整。换言之，科技行政管理关系是科技法的重要调整对象。

其二，科研主体的组织关系。科研主体主要包括国有科研院所、高校、企业的研发机构等，各主体在市场经济当中处于不同的地位，具有不同的资质，因此也承担不同的义务。科研主体的地位、权利和义务也是科技法的重要调整对象。

其三，科研经费的投入和使用关系。科研经费同样具有不同的来源，不同主体和不同来源之经费的使用遵循不同的规则。对科研经费的投入、管理和使用关系的调整是科技法的重要任务。

其四，科技成果收益和转移转化关系。科技成果被创造出来之后，成果收益由何人取得、成果的转移转化需要遵循哪些规则、享有哪些收益，也是科技法需要解决的问题。

除此之外，科技法还需要规范高新技术园区、税收优惠、金融保障等多方面事项。当然，尽管科技法规范的范围较广，但其核心在于调整科技进步过程中的研发活动和成果应用关系，这即决定了科技法规范范围的特定性。

（三）规范性与科学性并存

规范性与科学性并存亦是科技法的基本特征之一。在科技法当中，规

---

① 牛忠志主编：《科技法通论》，吉林大学出版社 2007 年版，第 15 页。

范性与科学性的并存表现为科技法规范既是人类社会发展规律的体现,也是科技发展规律的体现。规范性是科技法作为法的一般属性。所谓规范性,是指科技法的基本内容和目的在于调整社会关系,规范社会关系主体的行为。规范性构成了科技法之所以为"法"的基本属性。科技法的科学性则表现为科技法与科技产业发展和科技研发客观规律的一致性。也就是说,科技法作为法律,其需要体现国家意志,调整社会关系;作为科技领域的法律,则需要与科技研发和应用领域的客观规律保持一致,前者属于人文社会科学的范畴,后者则属于自然科学的范畴。

具体来说,科技法的科学性体现在两个方面:在宏观层面,科技法需要体现科技产业在整体上展现的发展规律。科技法的立法目的在于引领科技进步,而科技产业有其自身运行和发展的规律,这属于自然规律的范畴,非人类意志所能够改变。因此,科技法在设定促进科技进步之目的和促进科技进步之手段上面,即需要体现科技发展规律。"科技法更应充分反映科技本身的发展规律,科技法是科技发展规律在法律上的表达。"[①]在微观层面,科技法也需要契合于科技研发的规律。以《实验动物管理条例》为例,该条例第8条规定,从事实验动物饲育工作的单位,必须根据遗传学、微生物学、营养学和饲育环境方面的标准,定期对实验动物进行质量监测。各项作业过程和监测数据应有完整、准确的记录,并建立统计报告制度。该条规定即是使用动物进行实验过程中的行为准则的体现,其既有利于防范科技研发风险的产生,也有利于保障实验数据的准确性。科技法中充斥着大量诸如此类的技术性规范,体现了科技法的科学性。

(四)调整性规则与激励性规则并存

科技法的特色还表现为其在规范条文上既有调整性规则,又有激励性规则。调整性规则是对社会关系进行调整的法律规范。规范性是法律的基本属性,也决定了法律的作用在于调整社会关系,规范社会行为。因此,调整性规则是法律规范的基本构成。科技法中含有大量的调整性规则,这

---

① 沈仲衡编著:《科技法学》,暨南大学出版社2007年版,第10页。

是科技法作为法的一般属性所决定的。当然,与其他法律部门不同,科技法中也存在大量不以现有的法律关系为调整对象,而是引导社会主体实施某种行为的法律规范,即激励性规则。具体而言,从立法技术上看,科技法中的大量规范属于激励型法律规则,主要作用在于通过刺激行为人的心理动机,规范其外在行为,激发社会主体的主观能动性,从而使之积极参与科技创新活动。[①]

例如,《科学技术进步法》第 5 条规定,国家发展科学技术普及事业,普及科学技术知识,提高全体公民的科学文化素质。国家鼓励机关、企业事业组织、社会团体和公民参与和支持科学技术进步活动。本条的主要内容并非对现有的社会关系进行调整,而是设定国家促进科技进步的职责,强调国家对科技进步的激励作用。科技法之所以存在大量激励性规则,是由科技产业发展规律所决定的。科技行业与其他行业存在显著的不同,这表现为科技研发过程不仅需要耗费大量成本,研发失败的风险也无处不在。市场的营利性追求决定企业等市场主体往往不愿意在科技研发方面投入过多的资源。"由于公共物品存在搭便车的负效应,私人不愿意生产,尤其是基础研究投入多、时间长、见效慢,创新成果出来以后很快成了人类共同财富,因此,基础研究创新会出现私人不愿涉足的情况。"[②]因此,国家即需要弥补市场机制的缺陷,通过资金投入、政策扶助等方式促进科技创新。这种情况反映到立法中,即科技法需要设置大量的激励性规则。

三、科技法的渊源

法律渊源即是公认的、权威的法律文本形式和规范集合。"法律渊源是多元规范的集合,法官从中发现裁决案件所需要的裁判规范。"[③]科技法的法律渊源,即是指作为法律规范的科技法的本来来源。科技法的渊源包

---

① 参见付子堂、孟甜甜:《激励型法的学理探析——以美国〈拜杜法案〉为切入点》,载《河南财经政法大学学报》2014 年第 3 期。

② 阳东辉:《论科技法的理论体系构架——以克服科技创新市场失灵为视角》,载《法学论坛》2015 年第 4 期。

③ 彭中礼:《法律渊源词义考》,载《法学研究》2012 年第 6 期。

含宪法、法律、行政法规和地方性法规等。

（一）宪法

宪法是国家的根本大法，国家的重要制度安排都应当在宪法中有所体现，法律的基本原则和精神也应当从宪法中找到其依据。科技法作为法律部门的重要组成，其当然应当以宪法为依据，而宪法本身也对科技发展和科技研发等过程中的社会关系给予了必要关注，宪法文本中能够找到科技法的直接渊源。

我国《宪法》"序言"规定，发展社会主义市场经济，发展社会主义民主，健全社会主义法制，自力更生，艰苦奋斗，逐步实现工业、农业、国防和科学技术的现代化，推动物质文明、政治文明和精神文明协调发展，把我国建设成为富强、民主、文明的社会主义国家。因此，我国《宪法》"序言"即将科技发展设定为社会发展的重要目的之一，这构成了科技法的立法依据。而《宪法》第 14 条则规定，国家通过提高劳动者的积极性和技术水平，推广先进的科学技术，完善经济管理体制和企业经营管理制度，实行各种形式的社会主义责任制，改进劳动组织，以不断提高劳动生产率和经济效益，发展社会生产力。此条将科学技术的推广设定为国家的任务，构成其他法律规范设定国家在促进成果转移转化方面的职责的依据。另外，《宪法》第 19 条要求国家发展教育以提高全国人民的科学文化水平，该条还进一步要求国家发展教育设施以进行政治、文化、科学、技术、业务等方面的教育；第 20 条则规定，国家发展自然科学和社会科学事业，普及科学和技术知识，奖励科学研究成果和技术发明创造。在上述条款中，国家都是作为科技创新和科技推广的主导者而存在的，即不管是在经济、教育抑或科学事业发展中，国家都扮演组织者的角色，负有推动科学事业发展、推进科技进步的职责。与此同时，在"基本权利和义务"一章中，《宪法》还规定了国家提供帮助的职责，即《宪法》第 47 条规定，国家对于从事教育、科学、技术、文学、艺术和其他文化事业的公民的有益于人民的创造性工作，给以鼓励和帮助。这些条款，明确了国家在促进科技进步方面的职责，是科技法的直接渊源。

（二）法律

法律是科技法渊源的主要构成。宪法设置了科技进步的目的和公民进行研究的自由、国家促进科技进步的职责之后，还需要通过全国人大及其常委会制定法律将其予以转化和实施。换言之，法律是科技法体系的主要构造，其既需要将宪法规定的精神和原则予以具体化，又要引领行政立法和地方性立法。在法律层面，我国形成了较为完备的科技法体系，主要包括以下构成：

其一，作为科技基本法的《科学技术进步法》。《科学技术进步法》于1993年7月2日由第八届全国人大常委会第二次会议通过，并于2007年12月29日第十届全国人大常委会第三十一次会议修订。该法共8章75条，分别规定了科学研究、技术开发与科学技术应用、企业技术进步、科学技术研究开发机构、科学技术人员、保障措施等事项。由于该法基本覆盖了与科技进步相关的法律事务，设定了科技法体系的基本框架，且其制定客观上起到了指导其他科技立法的作用，因此该法可视为科技领域的"基本法"。

其二，科技法的部门法，主要有《促进科技成果转化法》和《科学技术普及法》。《促进科技成果转化法》于1996年5月15日由第八届全国人大常委会第十九次会议通过，并于2015年8月29日第十二届全国人大常委会第十六次会议修正。该法共6章52条，分别规定了科技成果转化的组织实施、保障措施、技术权益、法律责任等事项。《科学技术普及法》于2002年6月29日由第九届全国人大常委会第二十八次会议通过，共6章34条，分别规定了科学技术普及的组织管理、科普机构的社会责任、科学技术普及的保障措施等。

其三，科技领域的相关立法，主要有《专利法》《著作权法》等法律规范。这些法律规范之所以被界定为"科技领域的相关立法"，是因为这些法律本身并不作用于科技研发的具体过程，其更多的是对科技成果产生之后在平等主体之间的权属分配进行规定。因此，通常认为知识产权法是民法的组成部分。当然，科研成果权益的保障客观上能够产生激励创新的作用，《专利法》第 1 条也表明，该法的制定在于"保护专利权人的合法权益"，进而"鼓励发明创造，推动发明创造的应用，提高创新能力，促进科学技术进步和经济社会发展"。简言之，知识产权法客观上具有激励科技创新的作用，因此也可以列入科技法的范畴，不过其与主要规定国家促进科技进步和成果转化之职责和制度框架的《科学技术进步法》和《促进科技成果转化法》有显著区别，因此将之列入"科技领域的相关法"的行列。

（三）行政法规

行政法规是指由国务院依宪法和立法法规定的程序和权限制定出来的法律规范的总称。《科学技术进步法》《促进科技成果转化法》和《科学技术普及法》为全国人大及其常委会制定的三部科技领域的法律规定，其分别针对不同事项作出不同规定，构成了我国科技法律规范的内核。在此基础上，国家层面的立法还包括国务院制定的行政法规、规范性文件及各部委制定的规章和规范性文件。就国务院制定的行政法规、规范性文件而言，行政法规主要有：《知识产权海关保护条例》《国家科学技术奖励条例》《专利法实施细则》《商标法实施条例》《著作权法实施条例》《计算机软件保护条例》《集成电路布图设计保护条例》《人类遗传资源管理暂行办法》《实验动物管理条例》等。规范性文件的数量则更多。

（四）地方性法规

地方性法规也是科技法的重要渊源。依我国《立法法》的规定，地方立法机关可以就属于地方性事务的事项和为执行法律、行政法规的规定，需要根据本行政区域的实际情况作具体规定的事项制定地方法规。因此，在上位法规定的范围内，地方可以制定地方性法规。地方立法作为"地方"一级的立法，立法的效力自然低于国家立法，需要遵循国家立法所设置的原则和框架，将其予以具体化，使之能够在本地方实施。一般而言，地方性立法包括实施性立法、自主性立法和补充性立法三种类型。各地制定的地方性科技法规范主要有两类：第一类为实施性立法，即在有上位法规定但规定又不太明了的情况下所制定的将上位法规定予以具体化而使之便于实施的立法，主要有各地制定的科学技术进步条例、促进科技成果转化条例、科学技术普及条例等；第二类为自主性立法，主要用以解决本地科技发展中遇到的问题，如上海市制定了《上海市促进大型科学仪器设施共享规定》《上海市鼓励引进技术的吸收与创新规定》《上海市技术市场条例》等。

（五）规章和规范性文件

就各部委制定的规章和规范性文件而言，规章主要有：《国家科技计划实施中科研不端行为处理办法（试行）》《国家科技计划项目评估评审行为准则与督查办法》《关于受理香港、澳门特别行政区推荐国家科学技术奖的规定》《国家科技计划项目管理暂行办法》《国家科技计划管理暂行规定》《社会力量设立科学技术奖管理办法》《省、部级科学技术奖励管理办法》《国家科学技术奖励条例实施细则》等；规范性文件则主要有：《国家国际科技合作基地管理办法》《国家科技重大专项项目（课题）验收暂行管理办法》《国家科技重大专项知识产权管理暂行规定》《国家大学科技园认定和管理办法》《科技企业孵化器认定和管理办法》《高校学生科技创业实习基地认定办法（试行）》《研发机构采购国产设备退税管理办法》等。

另外，有立法权的地方政府一般也制定了相应的地方政府规章。例如，上海市政府制定了《上海市科学技术奖励规定》《上海市促进张江高科技园区发展的若干规定》《上海科技馆捐赠办法》《上海市引进国外专家暂行办法》《上海市实验动物管理办法》等。

第二节　创新驱动战略与科技法体系的重构

科技法在法律体系中所处的地位是影响科技法发展完善的重要因素。只有在现有的法律体系之中，合理界定科技法的应有定位，并理顺科技法与其他法律规范之间的关系，才能促进科技法本身之内容体系的完善，进而有效发挥科技法之于科技进步的引领作用。科技法在法律体系中的地位主要由两个要素所决定，其一是科技法是不是独立的法律部门，其二是科技法与现有的法律部门处于何种关系。在已有的研究中，科技法被定义为独立的部门法，与民商法、经济法、行政法等法律部门既存在区别，也存在联系。创新驱动发展战略的实施则为科技法这种相对独立的法律体系带来了新的课题。在创新驱动发展战略实施背景下，一方面，科技创新被当作引领发展的第一动力，科技创新不仅是科技产业单个产业发展的问题，而是国民经济有序发展的基础性问题；另一方面，科技创新也不仅需要来自产权保护、成果转化收益等传统科技法律制度的激励，科研权利保障、风险投资、政府补贴、科研管理体制等由宪法、经济法或行政法所设置的制度机制也成为影响科技创新的重要因素。实际上，《国家创新驱动发展战略纲要》也提出，科技创新要与制度创新、管理创新、商业模式创新、业态创新和文化创新相结合，以科技创新为核心带动全面创新，以体制机制改革激发创新活力。为应对科技法运行环境及其任务的新变化，达成《国家创新驱动发展战略纲要》目标，科技法有必要在坚持独立法律地位的基础上，强化与其他法律部门的关系，拓展其外部界限。

一、科技法在法律体系中的独立性

通常认为，划分法律部门的标准为法律调整的不同社会关系和调整手段。依此标准，具有相同的调整对象或调整手段的法律规范即可以成为独立的法律部门。然而，此标准实际上只能解决宪法、民法、行政法、刑法、国际法、诉讼法等传统法律部门的划分标准问题。对于新兴的法律部门，如经济法、教育法、环境法等，这些法律规范在其调整的对象和调整手段上并不具有显著的特殊性，或者说其调整对象囊括了平等主体之间以及相对人与行政机关之间的法律关系，也综合采用了民事手段、行政手段和刑事处罚等手段。当然，目前这些部门法的独立性已毋庸置疑了。因此，从这个角度来看，调整对象和调整手段仅仅是教义学意义上的划分标准，实际情况当中，部门法的划分复杂得多，不仅需要从法律规范结构本身进行分析，更需要考虑到这些法律规范所调整的社会领域的特殊性、其自身体系的完备性以及日益精细化的社会分工对法律规范的需求。从这个角度进行分析，科技法可以作为独立的法律部门存在。

科技法作为独立的法律部门，具有独立法律部门应当具备的要素，这表现为两个方面：

一方面，科技法调整独特的社会领域中的法律关系。如上所述，科技发展领域内的法律关系主要包括以下几类：其一是科技行政管理关系。科技发展离不开政府的扶持，政府需要通过科技发展规划的制订和实施、科技项目的立项、科技奖励、资金扶持、人才引进等方式促进科技发展。基于依法行政原则，这些活动的开展需要有明确的法律依据，在此过程中所产生的各种关系既由行政法加以调整，也由科技法加以调整。换言之，科技行政管理关系是科技法的重要调整对象。其二是科研主体的组织关系。科研主体主要包括国有科研院所、高校、企业的研发机构等，各主体在市场经济当中处于不同的地位，具有不同的资质，因此也承担不同的义务，科研主体的地位、权利和义务也是科技法的重要调整对象。其三是科研经费的投入和使用关系。科研经费同样具有不同的来源，不同主体和不同来源之经费的使用遵循不同的规则。对科研经费之投入、管理和使用关系的调整是科技法的重要任务。其四是科技成果收益和转移转化关系。科技成果被创造出来之后，成果收益由何人取得、成果的转移转化需要遵循哪些规则、享有哪些收益，这也是科技法需要解决的问题。

应该说，以上社会关系也进入了其他法律的调整范围内，如科技行政管理关系归属于行政法的调整范围，科研主体的组织关系则分属公司法、行政法、教育法等部门法调整，科研经费的投入和使用关系由行政法、合同法等法律调整。然而，行政法、民法、教育法等法律规范仅能够调整上述法律关系中的某一方面内容，而不能对该领域内所有法律关系的集合进行综合调整，能够完成此任务的只有科技法，即科技法能够综合调整科技领域内的行政管理、科研主体权利义务等关系。换言之，科技法所调整的社会关系虽不能从性质上与其他部门法调整的社会关系区分开来，但可以从这些社会关系所处的社会领域的不同而将之区别开来。而"科技"领域的独特性则有其宪法依据，《宪法》"序言"和第 19 条、第 89 条都将科技领域与教育、文化、卫生、体育等领域并列以显示该领域的独立性。基于科技法所调整的社会关系所处的社会领域具有独特性，将科技法界定为独立的法律部门即有宪法上的依据。

另一方面,从实证的层面而言,科学技术在当前国民经济发展中占据重要地位,科技法律关系错综复杂,这也要求科技法作为独立的法律部门而存在。"科技法要想成为一个独立法律部门的起码条件是科技在当今社会的经济、政治、文化生活中具有举足轻重的重要作用。如果科技本身对社会来讲可有可无,无足轻重,那么,调整科技活动之法律的独立地位当然就难以为大家所认同。"[①]科技的重要性表现在两个方面:其一,从生产力的构成来看,科技是推进生产力发展的最为重要的因素。生产力主要由劳动者、劳动资料和劳动对象构成,其中劳动资料即是劳动者改造自然界的工具和材料的总称。生产工具在其中具有重要作用,生产工具的更新,带来劳动者技能和劳动对象的全面更新。而生产工具升级换代别无他法,只有应用先进的科学技术方有可能实现这一目的。因此,科技是生产力发展的核心要素。其二,从实证的角度分析,科技对生产力发展的促进作用也是显而易见的,不管是三次工业革命,还是近年来我国国民经济的发展,科技研发和应用在其中的作用都是不可抹杀的。近年来,我国也相当重视科技工作。2014 年 5 月,习近平总书记在上海视察工作时指出,上海要向建设具有全球影响力、国内领先、世界前列的科技创新中心进军。2015 年 1 月,上海市委将"大力实施创新驱动发展战略,加快建设具有全球影响力的科技创新中心"列为该年度唯一的重点调研课题。2015 年 5 月 26 日,上海市委、市政府发布了《关于加快建设具有全球影响力的科技创新中心的意见》。该意见共 22 条,涵盖了上海建设具有全球影响力的科技创新中心的奋斗目标和总体要求、建立市场导向的创新型体制机制、建设创新创业人才高地、营造良好的创新创业环境、优化重大科技创新布局五大方面的内容。在此背景下,科技法治建设也成为科技发展和法治建设的重要目标。尤其是在政府大力推进科技发展的背景下,基于法治政府建设的需要,科技法治建设只能加强而不能削弱。换言之,"法无明文授权不可为",这是

---

① 牛忠志:《论科技法在我国法律体系中的部门法地位——兼论传统法律部门划分标准的与时俱进理解》,载《科技与法律》2007 年第 5 期。

依法治国的基本原理之一。政府推动科技发展，这一举动对于科技创新和社会进步具有很大的积极意义，但政府推动科技发展的措施和手段必须具备明确的法律依据。当前许多科技发展政策提出了诸多改革措施，这些措施的实施，需要政府运用财政资金，也需要政府对外开展行政管理活动，本质上是行政权的行使。法治政府原则要求这些活动的开展需具备明确的法律依据，同时处理好政府权力与市场经济之间的协调关系。在此种背景下，只有将科技法作为独立的法律部门来对待，按法治建设的基本规律和科技发展的基本规律设定科技法的内容体系，才能最大限度地引领科技进步，发挥科技在国民经济发展中的重要作用。

二、科技法与其他部门法的关系

科技法处于中国特色社会主义法律体系之中，作为法律体系的一部分，与其他部门法存在各种各样的联系。

（一）科技法与宪法的关系

宪法是国家的根本大法。我国是实行成文法的国家，法律规范主要存在于成文法当中，因此，《宪法》即是我国宪法规范的主要渊源。除宪法典之外，各类国家机关的组织法、公民基本权利保护立法等宪法性法律，也是我国宪法规范的重要组成部分。科技法与宪法的关系，主要是指科技法规范与宪法典和宪法性法律之间的关系。科技法与宪法的关系主要表现在以下三个方面：

其一，宪法是科技法的重要渊源。如上所述，科技法作为法律部门的重要组成，其当然应当以宪法为依据，而宪法本身也对科技发展和科技研发等过程中的社会关系给予了必要关注，宪法文本中能够找到科技法的直接渊源，如《宪法》第14条、第19条和第20条则构成科技法的直接渊源。

其二，宪法是科技法立法的依据。科技法立法应当以宪法为依据，表现在两个方面：一方面，科技法规范的制定应当在宪法文本中寻找依据。也就是说，宪法中有诸多条款规定了科技事项，科技法在对相关事务进行规定时，一定要寻找宪法上的依据。例如，《宪法》第47条规定，中华人民共和国公民有进行科学研究、文学艺术创作和其他文化活动的自由。此条款对科研自由的规定即成为《科学技术进步法》保障科研主体之权利与自由的依据。更为重要的是,宪法的根本大法地位还体现于其对国家权力的规制上,即在既定的宪政秩序内,人民代表大会通过制定宪法完成了授权,则国家权力的直接来源为宪法。因此,在科技法规范规定政府在科技行政管理方面的职责时,一定要以宪法规定为依据。或者说,科技法在设定科技行政管理权力时,只有找到权力的宪法依据,科技法本身及其所规定的政府权力方具备民主正当性。例如,《宪法》第20条规定,国家发展自然科学和社会科学事业,普及科学和技术知识,奖励科学研究成果和技术发明创造。这实际上直接规定了国家推动科技进步的职责,这即成为《科学技术进步法》规定政府职责的依据。另一方面,科技法的制定不得与宪法相抵触。科技法的制定需要寻找其宪法上的渊源,这只能证成科技法之民主正当性。当然,并不是所有科技事项都可以体现于宪法当中,科技研发和成果转化等过程中的具体事项自然不需要宪法予以规定。据此,科技法也可以在无宪法渊源的情况下规定上述事项。换言之,在无明确宪法依据的情况下,科技法也可以对科技发展中的具体事项进行规定。在这种情况下,科技法的规定不能与宪法的精神相抵触。特别是科技法规范设置国家职责或公民权利的,其一定要与宪法体现的精神保持一致。

其三,科技法是宪法精神的具体化。宪法规定了科技发展的目标、科研权利的保护、科研管理的原则等,科技法的制定目的之一,即是将这些规定予以具体化,转化为具有可操作性的制度机制。例如,我国《宪法》"序言"规定了科学技术现代化的目的,《科学技术进步法》第1条就规定其立法目的为促进科学技术进步,发挥科学技术第一生产力的作用,促进科学技术成果向现实生产力转化,推动科学技术为经济建设和社会发展服务。《宪法》第47条规定了公民有进行科学研究的自由,《科学技术进步法》第42条则规定了公民设立科学研究机构的权利,第43条规定科学研究机构享有依法组织或者参加学术活动,按照国家有关规定自主确定科学技术研究开发方向和项目,自主决定经费使用、机构设置和人员聘用及合理流动

等内部管理事务，以及联合开展科学技术研究开发等权利。《宪法》第 20
条规定国家发展自然科学和社会科学事业，《科学技术进步法》第二章则详
细规定了国家在发展科学事业方面的职责，包括设置自然科学基金、科技
型中小企业创新基金，提供税收优惠，部署和发展基础研究、前沿技术研究
和社会公益性技术研究，以及鼓励和支持农业科学技术的基础研究和应用
研究等方面的职责。这表明，科技法立法既需要以宪法为依据，又需要将
宪法之规范与精神转化为具有可操作性的法律条文。

（二）科技法与行政法的关系

在我国的法律体系当中，科技法与行政法的关系无疑是最为密切的。
其主要原因是，科技行业与其他行业的不同点在于科技发展需要国家予以
大力扶持。国家权力的运用即需要纳入法律尤其是行政法的规范范围内。
因此，很大一部分的科技法是以行政法的形式体现的。科技法与行政法的
关系主要体现在以下两个方面：

其一，科技法与行政法存在交叉。如上所述，科技发展需要国家予以
大力扶持，而国家权力的运用需要遵循法律尤其是行政法的规范。这即是
科技法与行政法存在交叉的基础。二者的交叉表现为两个方面：一方面，
在立法理念上，法治政府理念共同构成科技法和行政法遵循的基本价值。
法治政府是行政法的基本价值之一，行政法的主要内容体系即在于控制行
政权力以建设法治政府。法治政府的理念同样体现于科技法当中。在科
技发展过程中，政府需要以积极行政的方式建构有利的科研环境，保障科
研人员的合法权益，这些行为需要在法治的轨道内开展。因此，法治政府
原则也是科技法立法的基本原则之一。另一方面，科技法的诸多规范也可
以作为行政法规范存在。实际上，科技事务是行政机关开展社会管理活动
的事务之一，依《宪法》第 89 条的规定，国务院综合管理经济工作和城乡建
设、教育、科学、文化、卫生、体育和计划生育、民政、公安、司法行政和监察
等多方面工作。科技作为其中的一项，当然处于行政管理的范围。而在国
务院和地方各级人民政府之组成部门的序列中，一般也设置有直接管理科
技事务的机关，即科技部和地方科学技术委员会、科技局。从这个角度而

言,科技行政管理也是行政管理工作的一部分,其管理过程中所适用的法律规范当然也属于行政法规范。从《科学技术进步法》的具体条文来看,其很多规范的作用也在于设定行政职责或调整行政机关与公民之间的关系。例如,《科学技术进步法》第 11 条规定,国务院科学技术行政部门负责全国科学技术进步工作的宏观管理和统筹协调;国务院其他有关部门在各自的职责范围内,负责有关的科学技术进步工作。县级以上地方人民政府科学技术行政部门负责本行政区域的科学技术进步工作;县级以上地方人民政府其他有关部门在各自的职责范围内,负责有关的科学技术进步工作。第 15 条规定,国家建立科学技术奖励制度,对在科学技术进步活动中作出重要贡献的组织和个人给予奖励。具体办法由国务院规定。国家鼓励国内外的组织或者个人设立科学技术奖项,对科学技术进步给予奖励。前者的作用在于设定政府职责,后者则调整行政机关与相对人之间的行政奖励关系。这些规范都属于行政法规范的范畴。因此,科技法与行政法之间存在交叉关系。

其二,科技法与行政法存在不同。行政法是调整行政法律关系的法律规范的总称。因此,行政法所调整的行政法律关系具有综合性,只要属于行政机关与相对人之间因行政权力之行使而产生的关系都可进入行政法的调整范围内。而科技法则与此不同,科技法仅调整科技领域的法律关系。因此,相较于行政法而言,科技法是作为"领域法"而存在的,它仅调整单一领域的法律关系。更为重要的是,科技法不仅调整科技行政管理部门与相对人之间的关系,还调整平等主体之间的法律关系以及科技主体的组织关系。也就是说,科技法规范不仅包括部分行政法律规范,也包括部分民事法律规范。例如,知识产权法历来被认为是科技法的重要组成部分,知识产权法本身即调整知识产权在平等主体之间的归属使用关系。另外,科技法以创新激励为目的,创新激励作用的产生也需要调整科研机构和科研人员之间的法律关系,如 2015 年修正的《促进科技成果转化法》即将科研人员的科研成果转化收益提升到 50%,这样的法律规范自然不属于行政法律规范,而属于民事法律规范。

（三）科技法与经济法的关系

在当前我国的法律体系当中，科技法与经济法也存在紧密的联系。这是因为科技法与经济法产生的背景都在于国家有干预经济运行之需，或者说，科技具有提升生产力的作用，其是作为一种经济因素存在的，而国家对科技进步的促进，本身即是一种政府干预经济运行的活动。在此意义上而言，科技法与经济法基于基本相同的原因出现，当然，二者之间也存在诸多的不同。

其一，科技法与经济法的交叉。经济法是调整国家经济管理关系的法律规范的总称。漆多俊教授提出了经济法的"三构成"理论，即经济法主要由调整国家对市场强行干预规制、国家直接投资经营、国家对社会经济的引导调控三方面的法律关系的规范所构成。实际上，科技法当中也包含上述三种关系：就国家对科技行业的直接干预和规制而言，知识产权法中规定了知识产权的交易规则，而很多地方也制定了技术市场条例，其目的即在于对科技市场的运行实现规制。另外，国务院还制定了《实验动物管理条例》，其作用在于对科技研发过程实施规制以防范科研不端和科研风险的发生。就国家的直接投资经营而言，我国由政府投资设立了各种各样的科研机构，这些科研机构经多轮改革之后虽取得了独立地位，但财政资金仍然是大多数科研院所经费的主要来源，科技法也不得不设置大量规范规定财政经费的管理和使用。例如，《科学技术进步法》第21条规定："国家鼓励利用财政性资金设立的科学技术基金项目或者科学技术计划项目所形成的知识产权首先在境内使用。前款规定的知识产权向境外的组织或者个人转让或者许可境外的组织或者个人独占实施的，应当经项目管理机构批准；法律、行政法规对批准机构另有规定的，依照其规定。"这即是调整利用财政经费形成的成果的使用关系的法律规范。就国家对社会经济的引导调控而言，科技法主要通过引导的方式促进科技进步，如《科学技术进步法》第9条规定，国家加大财政性资金投入，并制定产业、税收、金融、政府采购等政策，鼓励、引导社会资金投入，推动全社会科学技术研究开发经费持续稳定增长。这即是通过财政投入和政策扶持引导科技进步，是对国家对社会经济的引导调控所形成的法律关系进行的调整。从这个角度而言,科技法规范与经济法规范具有同样的作用,二者存在交叉关系。

其二,科技法与经济法的不同。科技法与经济法虽存在上述交叉,但二者为不同的法律部门,存在诸多不同之处。一方面,如上所述,科技法是作为"领域法"而存在的,其仅调整单一领域的法律关系。而经济法则不存在这种局限性,国家所开展的对经济活动进行干预而产生的法律关系皆进入经济法的调整范围内。换言之,经济法具有比科技法更广阔的调整空间。另一方面,科技法与经济法的调整手段也不尽相同。具体而言,如上所述,经济法主要调整国家对市场强行干预规制、国家直接投资经营、国家对社会经济的引导调控三方面的法律关系,政府规制和政府引导调控是经济法的主要手段,二者在经济法体系中同等重要。而科技法则与此不同,科技法规范主要以引导性规范为主,基于此,《科学技术进步法》使用了众多的"鼓励""支持"等词语。这些"鼓励"和"支持"也体现在地方科技进步条例中,以《上海市科技进步条例》为例,该条例出现"鼓励"和"支持"的频次分别为 20 次和 16 次,且"鼓励"和"支持"之后也规定了一些具体的鼓励措施或支持政策。与此同时,在现行的科技法体系中,规制性的条文较少,就专门的规制性立法而言,目前仅有《实验动物管理条例》。因此,从这个角度而言,科技法与经济法在调整手段的侧重上也有所不同。

三、科技法体系的完善

（一）科技法内部体系的优化

当前科技法体系的层次性并不是很明显,其在一定程度上呈现"平面式"的体系。所谓平面式的法律体系,是指在国家立法层面,各科技法规范如《科学技术进步法》《促进科技成果转化法》和《科学技术普及法》之间在效力上无高低之分,在内容上也较少有交叉,各部法律之间处于平行关系,因而也使该领域缺乏基础性、框架性的立法。具体而言,《科学技术进步法》虽具有一定的"科技基本法"的色彩,如有学者所言:"我国于 1993 年制定的《科学技术进步法》虽未冠以'科技基本法'之名,确有科技基本法之实"①,但其在科技法中的基础性地位还不够显著,这就造成了科技法体系的平面化。此种平面式的法律体系既造成了科技法体系的零散,也弱化了科技法作为一个整体所应当具备的规范功能。据此,科技法应强化《科学技术进步法》的"基本法"地位,建构由基本法和二级部门法构成的多层次的法律体系。

实际上,就法律体系的基本结构而言,基本法与部门法共同构成的法律体系有利于维系法律的统一性。此种结构体系的作用同样存在于单个的部门法中。换言之,在单个的部门法中,部门内的基本法和二级部门法的结构也有利于维系该部门法的体系性。另外,从立法的社会作用来看,各个领域的立法都有其特有的立法目的,由部门法领域内的基本法和二级部门法构成的法律体系能够确保基本法确立的法律目的贯彻于各个二级部门法当中,从而使之形成整体而产生规范社会生活的作用。在此意义上而言,在科技法领域建构由基本法和二级部门法构成的多层次的法律体系既有利于保持各科技法规范的统一性,也能够使之更好地协调相互间关系,共同发挥促进科技进步的功能。

当然,从创新驱动战略实施的要求来看,多层次的科技法体系的建构更有其必要性。具体而言,创新驱动发展战略提出了全方面促进科技创新的要求。例如,在金融保障方面,《国家创新驱动发展战略纲要》提出,要切实加大对基础性、战略性和公益性研究稳定支持力度,完善稳定支持和竞争性支持相协调的机制。在人才保障方面,该纲要提出,加快建设科技创新领军人才和高技能人才队伍。围绕重要学科领域和创新方向造就一批世界水平的科学家、科技领军人才、工程师和高水平创新团队,注重培养一线创新人才和青年科技人才,对青年人才开辟特殊支持渠道,支持高校、科研院所、企业面向全球招聘人才。在平台建设方面,该纲要则提出,要打造区域创新示范引领高地,优化国家自主创新示范区布局。以上几方面的战略任务虽可以在《科学技术进步法》中予以体现,但基于该法较为原则和抽

---

① 朱涛:《论中国科技法的双重体系及其建构》,载《科技与法律》2016 年第 5 期。

象,其实际上难以全面满足创新驱动发展战略实施对规范化的金融、人才和平台的要求,科技金融的融合、人才保障和园区建设等仍有必要制定单行的法律法规。

另外,从实践的角度而言,科技法建构由基本法和二级部门法构成的法律体系也有其可行性。一方面,"基本法律"和"其他法律"是我国宪法规定的法律概念,基本法律由全国人大制定,效力高于由全国人大常委会制定的其他法律。宪法对"基本法律"和"其他法律"的规定尤其是对基本法律和其他法律之立法权的配置,实际上为由科技基本法和二级部门法构成的科技法体系的建构提供了合宪性基础。另一方面,当前我国较为成熟的法律部门中都存在基本法和二级部门法构成的结构。例如,就环境法而言,当前我国制定了《环境保护法》作为基本法,在此基础上,《水法》《水污染防治法》《森林法》《草原法》等分别对相关领域的环境保护问题进行规定,构成了环境法的部门法;就教育法而言,我国制定了《教育法》,其确立了教育法的基本框架和基本原则,在此基础上,《义务教育法》《高等教育法》《教师法》等分别对教育领域的单个事项进行规定,构成了教育法的二级部门法。基于以上成熟的立法经验,为充分发挥科技法在保障创新驱动战略实际方面的作用,我国科技法领域也有必要建构由科技基本法和二级部门法构成的法律体系。

在此意义上而言,科技法应当形成由《科学技术进步法》作为基本法、《促进科技成果转化法》《科学技术普及法》作为部门法,囊括法律、法规、规章等规范形式的法律体系。换言之,该法律体系的完善应完成以下两项工作:其一是强化《科学技术进步法》的基础性法律地位。当前我国《科学技术进步法》基本覆盖了与科技进步相关的法律事务,设定了科技法体系的基本框架,且其制定客观上起到了指导其他科技立法的作用,在科技立法中具有基础性地位。当然,其基础性地位还有待进一步加强,这将在下章中展开讨论。在《科学技术进步法》的基础上,各省一般都制定了各自的科学技术进步条例,这构成了我国科技立法的支柱。其二是完善科技领域的部门法。科技法的部门法包括《促进科技成果转化法》《科学技术普及法》

《实施动物管理条例》《人类遗传资源管理暂行办法》等。为实施这些立法，地方立法机关也制定了诸多的促进科技成果转化条例、科学技术普及条例、省级实施动物管理条例等，一些地方针对当地存在的问题还制定了其他地方性规范，如上海市制定了《上海市促进大型科学仪器设施共享规定》《上海市鼓励引进技术的吸收与创新规定》《上海市技术市场条例》等，这些法律规范调整科技领域中的特定社会关系，也可以作为科技法的部门法而存在。科技领域的相关立法，主要有专利法、著作权法等法律规范，这些法律规范通过对科技成果收益分配的规定而产生激励创新的功能，可以作为科技法的部门法。据此，科技法可形成由基本法和部门法共同构成的多层次法律体系。实际上，也唯有形成多层次的法律体系，各科技法规范之间方可能形成有机整体，进而强化其独立法律部门的地位。

（二）科技法外部界限的延伸

科技法与宪法、行政法和经济法等法律部门既存在区别，又具有不可割裂的联系。在创新驱动发展战略实施背景下，科技法与其他法律部门的联系需要予以加强，科技法更有必要借助此种联系，打破部门法学科之间的界限，拓展其调整范围。具体而言，《国家创新驱动发展战略纲要》提出，建立国家高层次创新决策咨询机制，定期向党中央、国务院报告国内外科技创新动态，提出重大政策建议。转变政府创新管理职能，合理定位政府和市场功能。这实际上涉及两个问题，一是政府管理体制改革问题，二是政府的经济管理职能问题，前者为行政法问题，后者为经济法问题。科技法需要打破其与行政法和经济法的界限，将触角延伸至分别由传统行政法和经济法调整的科技行政管理领域和科技市场管理领域。除此之外，科技法还应当强化与宪法的联系，细化宪法规定的科研权利。因此，科技法有必要作以下延伸：

其一，对接宪法，强化科技权利的保障。基本权利保障是传统宪法的基础性功能，宪法因此被列宁称为"写着人民权利的纸"[①]。当然，权利保障

_____

① 《列宁全集》第 12 卷，人民出版社 1987 年版，第 50 页。

并非宪法的专属功能,事实上,权利保障构成法律最为基本的价值,也是贯穿各法律部门的主旋律。在创新驱动发展战略实施背景下,科技法有必要对接宪法,强化科研权利的保障。具体而言,科技发展的本质即是人的全面发展,即人在充分自由的状态下,发挥主观能动性认识客观规律的过程。而人的全面发展及其主观能动性的发挥,具体到法规范的层面进行解读,则要求人的自由和权利得到保障,只有人的自由和权利尤其是其获得帮助的权利和享有科研成果的权利得到充分保障,发明创造的热情才有可能被激发,科技创新也才有可能实现。实际上,我国宪法也规定了对科研自由和权利的保障,即《宪法》第 47 条规定:"中华人民共和国公民有进行科学研究、文学艺术创作和其他文化活动的自由。国家对于从事教育、科学、技术、文学、艺术和其他文化事业的公民的有益于人民的创造性工作,给以鼓励和帮助。"根据此条的规定,科技法即有必要将其触角延伸至科研自由和权利保障的范围,将《宪法》第 47 条规定的科研自由和权利予以具体化并提供相应的机制保障,既落实宪法的规定,又强化科技法与宪法的联系,延伸科技法的调整范围。

其二,对接行政法,深化科技行政管理体制改革。行政管理体制改革主要由行政法予以调整,"重大改革于法有据"具体到行政管理体制改革领域,即要求行政管理体制改革须在行政法治的轨道内进行。科技行政管理体制是行政管理体制的一部分,当然,科技行政管理体制改革也有其特殊性。具体而言,我国"十三五规划纲要"提出了科技管理体制从研发管理向创新服务转变的要求,这即是科技管理体制改革的特殊性之所在。基于科技管理体制改革的特殊性,改革的开展既要符合行政法治的一般性原则,又要契合科技产业发展的规律,这即是"创新服务"这一科技管理体制改革要求提出的缘由。为保障政府创新服务职能改革的有序开展,科技法有必要对接行政法,丰富和发展科技法中调整行政关系的法律规范,为科技行政管理体制改革的推进提供法治框架。

其三,对接经济法,明确政府对科技市场的干预。政府对市场干预的方式和边界是传统经济法规范的重要内容。经济法被定义为调整国家进行宏观调控和市场规制过程中发生的社会关系的法律规范,这即表明经济法主要处理国家与市场之间的关系。当然,科技本身也是一项经济要素,其可以作用于生产过程中促进产业发展,而国家对科研主体所实施的扶持也属于经济活动的范畴。从这个角度而言,科技法与经济法存在较为紧密的联系,这也是部分学者将科技法视为经济法的分支的原因。《国家创新驱动发展战略纲要》提出要合理定位政府和市场功能,这本身是一个经济法问题。当然,基于科技市场的特殊性,科技法有必要对科技市场中政府职能的定位进行合理界定。换言之,科技法也有必要将其触角延伸到与科技相关的经济法调整范围内,明确政府对科技市场的干预,为科技市场管理体制改革的开展提供法律依据。

第三节　创新驱动战略与科技法基本原则的确立

科技法的基本原则,是指指导科技法立法、执法和司法工作,贯穿科技法各组成部分的原则。对科技法基本原则的探讨是科技法学著作编写工作的基础性任务,诸多著作都对科技法基本原则的内涵和外延列专章进行论述。有学者探讨了科技法基本原则的确立标准,认为科技法基本原则必须符合法律原则的内涵,并且是科技法特有的原则,贯穿于整个科技法领域,而不能是单个科技法规范所特有的原则。据此,该学者界定的科技法基本原则主要有依靠科技进步促进社会发展原则,科技活动自由原则,激励为主、处罚为辅原则,倡导生态科技原则,以及政府主导科技活动原则等。[①] 笔者认为,科技法的基本原则首先是"法律"的原则,法律原则即需要具有一定的规范性。法律原则的规范性,并不是指其直接规定当事人之间的权利义务关系,当然,法律原则的规范性要求其一定要以权利义务或职责为指向对象,在规范缺位时能够起到补充法律漏洞乃至直接充当法律规范的作用。因此,诸如依靠科技进步促进社会发展原则、倡导生态科技原则等,由于缺乏规范性,笔者认为其是科技政策制定的原则,而非科技法制

---

① 参见牛玉忠主编:《科技法通论》,吉林大学出版社 2007 年版,第 46 页。

定和实施所应遵循的原则。在此意义上,笔者从法律原则的规范性出发,结合科技法的基本状态和创新驱动发展战略实施的要求,提炼出科技法的四项基本原则。

一、科研自由原则

科研自由之所以需要确立为科技法的基本原则,其原因在于,相对于其他领域的经济活动而言,科技创新活动是对人的个性和主观能动性要求极高的活动,只有科研人员依其关注点和研究兴趣充分发挥主观能动性,科技创新才可能得到实现。据此,《国家创新驱动发展战略纲要》提出,倡导百家争鸣、尊重科学家个性的学术文化,增强敢为人先、勇于冒尖、大胆质疑的创新自信。重视科研试错探索价值,建立鼓励创新、宽容失败的容错纠错机制。营造宽松的科研氛围,保障科技人员的学术自由。这实际上突出了科研自由对科技创新的重要作用。

所谓科研自由,是指科学研究主体自主从事科研活动、避免其他主体干预的权利。科研自由首先具有主观公权利的面向,其意指科研主体有从事科研活动的自由,具体包括自主设立研究机构、自主解决研发方向和研发步骤、自主决定经费使用、自主从事成果转移等活动。当然,科研自由所具有的这种主观公权利的面向,也要求政府履行相应的义务,这即是科研自由的客观法秩序面向。科研自由的客观法秩序面向要求政府承担两方面的义务:其一是不干预的义务,这是一种不作为义务;其二是作为的义务,主要表现为政府需要通过立法、行政和司法活动保障科研自由免受干预和为自由的实现提供保障。

科研自由原则的法理基础有二:其一是以市场经济为基础的科研自由。具体而言,一方面,科技研发更多的是一种经济活动,科研主体尤其是企业设立的科研主体之所以从事科学研究,其目的在于创造新技术以更新生产工具,提高生产效率。就算是由国家设立的专职从事科学研究的机构,其所研发的技术也需要经受市场的考验。换言之,市场既是科技进步的推动力,也是考验科技创新之实效性的场域。而另一方面,在市场经济条件下，市场运行有其自身规律，政府不宜进行过度的干预。具体到科技研发活动而言，政府也不能对科研主体的研究方向、研究过程等进行过度的干预，否则可能扼杀市场的创造力，造成资源的浪费和科技研发的停滞。在此意义上而言，科研自由即是市场经济的要求，科技法中确立科技自由原则，既可以实现对科研主体之自由权的保障，也可以有效避免政府活动过度干预市场运行。

其二是以思想自由为基础的科研自由原则。学术自由或思想自由是一项值得全人类珍重的价值，学术自由源于思想自由。① 我国宪法对科研自由持肯定态度，依《宪法》第 47 条的规定，科研自由在我国宪法中是作为公民基本权利而存在的。科研自由表征的是科研人员的研究工作不受国家干预的权利。因此，科研自由更多的是作为消极权利而存在的，其价值在于"帮助人们过上一种很自主的理想生活"②。由此，科研自由可以派生出请求国家不予干预和受到干预时请求国家予以救济的权利。"虽然科学研究自由有别于人身自由、宗教自由等传统的自由权，但仍然位于'自由权'的序列，属于'第一代人权'或者'消极人权'，其本质是一种对于国家公权力的防御权，需要通过国家的消极不作为来加以保障。"③

科研自由原则之所以能够作为科技法的基本原则，其缘由不仅在于科研自由之于科技发展的重要性，还在于这一原则切实体现于各科技法规范当中。而科研自由原则在科技法领域中的确立，其最大的意义不仅在于弘扬自由，更在于通过制度化的法律机制防范公权力对科研自由的干预。具体而言，我国宪法明确将科研自由规定为公民基本权利，为其他法律规范对科研自由之体系及其保障机制的建构确立了基础。《科学技术进步法》第 3 条规定，国家保障科学技术研究开发的自由，鼓励科学探索和技术创新，保护科学技术人员的合法权益。这是宪法规定的科研自由原则在《科

---

　　①　参见胡甲刚：《学术自由为什么会纳入宪法保障——基于学术自由入宪的历史背景分析》，载《理论月刊》2015 年第 9 期。

　　②　申小翠：《"自由"的多维内涵及其特点——读〈美国自由的故事〉》，载《广西大学学报（哲学社会科学版）》2015 年第 6 期。

　　③　王德志：《论我国学术自由的宪法基础》，载《中国法学》2012 年第 5 期。

学技术进步法》中的体现。另外,《科学技术进步法》第 43 条还对科研自由
原则进行了具体化规定,从而推进了科研自由的体系化。该条规定:"科学
技术研究开发机构享有下列权利:(一) 依法组织或者参加学术活动;(二)
按照国家有关规定,自主确定科学技术研究开发方向和项目,自主决定经
费使用、机构设置和人员聘用及合理流动等内部管理事务;(三) 与其他科
学技术研究开发机构、高等学校和企业联合开展科学技术研究开发;(四)
获得社会捐赠和资助;……"这实际上表明,受该法保护的科研自由包括组
织或者参加学术活动、确定科学技术研究开发方向和项目等方面的自由。
《促进科技成果转化法》也体现了科研自由原则。该法第 3 条规定,科技成
果转化活动应当尊重市场规律,发挥企业的主体作用,遵循自愿、互利、公
平、诚实信用的原则,依照法律法规规定和合同约定,享有权益,承担风险。
科技成果转化活动中的知识产权受法律保护。这实际上是科研自由在成
果转化领域的延伸。也就是说,只有在成果转化过程中科研主体能够依自
身意愿进行转化并取得收益,其在科技研发过程中的积极性方有可能得到
激发,这即是科研自由原则的价值。

二、科研权利保障原则

科技创新的实现要求科研人员之主观能动性的发挥,允许科研人员发
挥其主观能动性的制度机制为科研自由机制,而激励其发挥主观能动性的
制度机制则为权利保障机制。因此,《国家创新驱动战略纲要》即提出,引
导和支持市场主体创造和运用知识产权,以知识产权利益分享机制为纽
带,促进创新成果知识产权化,将权利保护作为推进创新的原动力。当然,
科技法层面的科研权利不仅限于私法层面的知识产权和成果转化收益,更
包括公法层面的权利,具体表现为请求国家提供帮助的权利。科研权利保
障原则的确立及其在科技法规范中的贯彻将可能为科技创新的实现提供
全方位的驱动力。

科研权利保障原则要求科技法的立法、执法和司法工作的开展都需要
将权利保障作为核心价值,不得剥夺或侵害科研主体和科技市场的其他主

体的合法权益。科研权利保障原则是一项与科研自由原则既有联系又有区别的法律原则。具体而言,科研自由更多地属于"第一代人权"的范畴,强调的是公民的自主性和国家不予干预的义务。而科研权利则具有更为丰富的权利形态,其作为"第二代人权",既具备主观公权利的属性,又具备客观法秩序的属性。从其主观公权利属性出发,公民得请求国家为其科研活动的开展提供必要条件和良好的社会环境,此种请求权的行使,即使国家之客观法秩序从抽象转为具体,国家也要负担相应的给付义务。

科研权利保障原则在我国宪法和科技法中也有所体现。其一,《宪法》第47条后半段规定,国家对于从事教育、科学、技术、文学、艺术和其他文化事业的公民的有益于人民的创造性工作,给以鼓励和帮助。这即宣示了国家对科研权利的保障,这种保障表现为对科研主体予以"鼓励和帮助"上,而鼓励和帮助的具体形式,则规定在其他科技法规范中,主要以行政给付为主要方式。其二,《科学技术进步法》也体现了科研权利保障这一原则。例如,该法第16条规定,国家设立自然科学基金,资助基础研究和科学前沿探索,培养科学技术人才。国家设立科技型中小企业创新基金,资助中小企业开展技术创新。国家在必要时可以设立其他基金,资助科学技术进步活动。这可视为对科研活动之经费上的保障。除此之外,该法还规定了金融扶助、税收优惠、环境保障等多种保障方式。其三,《促进科技成果转化法》同样规定了诸多的科研权利保障措施。该法专列一章即第三章规定科技成果转化的保障,尤其是该法第45条规定:"科技成果完成单位未规定、也未与科技人员约定奖励和报酬的方式和数额的,按照下列标准对完成、转化职务科技成果做出重要贡献的人员给予奖励和报酬:(一)将该项职务科技成果转让、许可给他人实施的,从该项科技成果转让净收入或者许可净收入中提取不低于百分之五十的比例;(二)利用该项职务科技成果作价投资的,从该项科技成果形成的股份或者出资比例中提取不低于百分之五十的比例。……"这一条款充分保障了科研人员的成果收益权,对于促进科技进步和科技成果转化具有积极义务。

三、协同发展原则

在创新驱动发展战略实施背景下，一方面，科技创新被当作引领发展的第一动力，它不仅是科技产业单个产业发展的问题，也是国民经济有序发展的基础性问题。换言之，"创新驱动"即意指运用科技成果驱动经济社会的全面发展，这也是《国家创新驱动发展战略纲要》提出"创新驱动就是创新成为引领发展的第一动力，科技创新与制度创新、管理创新、商业模式创新、业态创新和文化创新相结合"的题中之义。因此，科技法规范的设置和执法活动的开展，不仅应当注重于科技研发的过程，更需要注重发挥科技成果之于经济社会发展的驱动力作用，推进科技与经济社会的协同发展。协同发展原则因此应当确立为科技法的基本原则。所谓协同发展，是指科技进步应当与经济社会发展和生态环境保障、个人权利保障协同发展。协同发展原则作为科技法的基本原则，其要求科技法在追求科技进步的同时兼顾生态环境和个人权利保障等多方面的价值，建构起多种价值调衡的制度机制。

协同发展原则具有以下内涵：其一是科技进步与社会发展协同原则。该原则要求"经济建设和社会发展应当转到依靠科学技术进步和提高劳动者素质的轨道上来，走内涵发展的道路，而不能像以往那样主要依靠资金、劳力、资源等方面的投入而得到的外延式发展"[1]。科技进步与社会发展协同原则要求将科技进步放置于经济社会发展的大环境下进行考量，一方面，社会经济的发展需要依赖技术进步，将科学技术作为推动经济发展的核心要素，从而提高经济增长的含金量。另一方面，技术进步也需要依托经济的发展。如上所述，科技研发更多的是一项经济活动，这项活动既以经济发展为基础，其产生的结果也需要反馈到经济运行当中来。而科技研发本身又是耗资巨大的活动，科技进步与社会发展协同原则即要求政府在投入科研经费时，要考虑到经济发展的进程，使科技研发服务于经济发展。

其二是科技进步与生态保护协同原则。生态保护与科技进步的协同，

---

[1]　沈仲衡编著：《科技法学》，暨南大学出版社 2007 年版，第 35 页。

要求科技研发服从于可持续发展的战略，优先研发能源耗费低、污染排放少的技术。

其三是科技进步与人的全面发展协同原则。这其中包含两方面的含义：一方面，科技进步应以人的发展权保障为目的。发展权属于"第三代人权"，既是集体人权，也是个人权利。作为集体人权，其指向于全人类的共同发展；作为个人权利，其是人的全面自由发展的权利。[①] 科技创新的目的应在于促进全人类的发展，也在于促使个人充分发挥其潜能而实现全面自由发展。另一方面，科技进步还应以提升全人类的生产水平为目的。也就是说，科技研发既要发挥人的潜能，促进其全面发展，研发的成果也要致力于解放生产力，改善普通民众的生活。

协同发展原则在我国科技法当中也有明确体现。首先，《科学技术进步法》第 4 条明确规定了该原则，该条规定，经济建设和社会发展应当依靠科学技术，科学技术进步工作应当为经济建设和社会发展服务。国家鼓励科学技术研究开发，推动应用科学技术改造传统产业、发展高新技术产业和社会事业。此条即明确提出了科学技术进步工作与经济社会发展的关系，同时要求科技进步工作应用于改造传统产业和发展社会事业，前者有利于技术的升级换代和自然环境的保护，后者则直接服务于民众的日常生活。从这个角度而言，该条即体现了协同发展原则。其次，《促进科技成果转化法》第 3 条也规定，科技成果转化活动应当有利于加快实施创新驱动发展战略，促进科技与经济的结合，有利于提高经济效益、社会效益和保护环境、合理利用资源，有利于促进经济建设、社会发展和维护国家安全。这实际上也体现了协同发展原则。最后，除为上述法律规范直接规定为法律原则外，协同发展原则在科技法的具体制度安排中也得以体现。例如，《科学技术进步法》第 23 条规定的对农业科技的扶持，第 28 条规定的珍贵、稀有、濒危的生物种质资源、遗传资源等科学技术资源出境管理制度，《促进科技成果转化法》第 12 条规定的对合理开发和利用资源、节约能源、降低消耗以及防治环境污染、保护生态、提高应对气候变化和防灾减灾能

---

① 参见汪习根：《发展权与中国发展法治化的三维研究》，载《政治与法律》2007 年第 4 期。

力的技术的扶持等,都体现了协同发展原则。

四、政府适度干预原则

创新驱动发展战略的实施既要求政府加大对基础科学研究的扶持力度,又要求合理定位政府在科技市场管理中的权限,这实际上是要求政府保持对科技市场的适度干预。因此,政府适度干预原则应确立为科技法的基本原则之一。政府适度干预有两方面的含义:其一,基于科技研发行业的特殊性,政府有必要对科技发展进行干预。有学者统计了科研经费投入与创新型国家建设之间的关系,得出的结论为:"世界主要创新型国家R&D经费与GDP的比值明显高于发展中国家,这些创新型国家的指标数一般都在2%以上,甚至大多国家高于2.5%;而发展中国家明显落在这些国家之后,这一指标值只能维持在1%以下。"[①]这表明,政府的适度干预对于推动科技发展是必不可少的。实际上,科技产业存在投入大、周期长的特点,市场主体往往不愿意投入过多的经费以支持基础性研究。市场自身存在的缺陷即表明政府有适度干预的必要,这是科技发展规律使然。其二,政府对科技产业的干预必须是有限度的干预。之所以如此,是因为,相较于其他社会活动,科技创新活动对人的主观能动性的发挥具有更高的要求。人的主观能动性与人的权利相牵连,只有在有足够的利益可图时,人的创造性潜能才有可能被激发。此种潜能的发挥是人的发展权追求的目的,同时有利于人类社会的整体发展。因此,政府的干预必须以切实保障科研自由和科研权利为前提,只有在科研自由和科研权利得到充分保障的情况下,科研主体才能够充分发挥其主观能动性,进而推动科学技术的进步。当然,政府干预必须保持在适度的范围内也是市场经济的要求。在市场经济条件下,市场运行有其自身规律,政府不能进行过度的干预。具体到科技研发活动而言,政府也不能对科研主体的研究方向、研究过程等进行过度的干预,否则可能扼杀市场的创造力,造成资源的浪费和科技研发

---

① 李方毅、郑垂勇:《发达国家促进财政科技研发投入的经验与借鉴》,载《科技管理研究》2015年第11期。

的停滞。在此意义上，科研自由是市场经济的要求，科技法中确立政府适度干预原则，既可以实现对科研主体之自由权的保障，也可以有效避免政府活动过度干预市场运行。当然，政府适度干预原则不仅体现于其干预范围的有限性上，也体现在干预手段的非强制性上。也就是说，政府在对科技产业发展进行干预的过程中，不仅应当限于干预市场所不能解决的领域，其干预的手段也应倾向于非强制性的指导、给付等，如此方能最大限度地发挥市场规律的作用。

政府适度干预原则在现行科技法中也有明确体现。其一，依《科学技术进步法》第 10 条、第 11 条的规定，国务院领导全国科学技术进步工作，制定科学技术发展规划，确定国家科学技术重大项目、与科学技术密切相关的重大项目，保障科学技术进步与经济建设和社会发展相协调。国务院科学技术行政部门负责全国科学技术进步工作的宏观管理和统筹协调；国务院其他有关部门在各自的职责范围内，负责有关的科学技术进步工作。在这两个条文的规定中，不管是国务院或其工作部门，其对科技发展的领导和负责一方面主要体现于宏观调控方面，如第 10 条规定的国务院制定科学技术发展规划，国务院工作部门负责全国科学技术进步工作的宏观管理和统筹协调；另一方面，在手段上，国务院主要享有确定国家科学技术重大项目和与科学技术密切相关的重大项目、保障科学技术进步与经济建设和社会发展相协调等方面的职权，这些职权主要以行政指导、行政给付等方式行使，具有非强制性的特征。从这个角度而言，政府适度干预原则也体现于《科学技术进步法》对政府职责的配置当中。其二，《促进科技成果转化法》第 3 条规定，科技成果转化活动应当尊重市场规律，发挥企业的主体作用，遵循自愿、互利、公平、诚实信用的原则，依照法律法规规定和合同约定，享有权益，承担风险。这实际上也表明，国家虽以专门立法的形式力促科技成果的转化，但在具体的转化过程中，市场规律依然起决定性作用，政府的干预应保持在适度的范围内。

第四节　创新驱动战略与科技法实施支点的调整

　　法律的实施是将存在于字面的法律条文付诸现实生活的过程。据此，科技法的实施是将科技法付诸社会实践以使科技法内含的促进科技进步的目的得到实现的过程，其主要途径和方式即是将科技法中规定的职责、权利和义务予以落实，使之成为现实社会存在的法律关系。"科技法的实施包含了人们依据科技法律规定而结成具体法律关系并在其中享有权利和履行义务，以及法律授权的国家机关和社会组织在法律授权范围内执行、适用法律并保障科技法实现的一系列活动。"①

　　科技法的实施主要有三个过程，分别为守法、执法和司法。其一是守法。守法是科研主体依科技法规范的要求处理相互间的法律关系的过程。科研主体自觉遵守科技法规范能够使科技法所追求的目的得到实现，因此也可作为科技法的实施过程。例如，《促进科技成果转化法》第44条规定，职务科技成果转化后，由科技成果完成单位对完成、转化该项科技成果作出重要贡献的人员给予奖励和报酬。科技成果完成单位可以规定或者与科技人员约定奖励和报酬的方式、数额和时限。单位制定相关规定，应当充分听取本单位科技人员的意见，并在本单位公开相关规定。科技成果完成单位依此条的规定设定科研成果转化的奖励比例并依该比例奖励科研人员的，则使科技人员的合法权益得到了保障，符合该法立法的目的，也有利于成果的研发和转化。

　　其二是执法。执法是指行政机关依科技法的规定，通过设定许可、提供项目资金等方式实施科技法的过程。行政执法是法律执行的重要方式，狭义上的"法律实施"甚至等同于"法律执行"，这说明执法工作在法律实施中的重要作用。对科技法而言，执法工作更是科技法实施工作的重中之重，其缘由即在于，国家权力在科技进步当中起到重要作用，《科学技术进步法》和《促进科技成果转化法》的主要目的即在于通过国家权力的行使以

---

　　①　牛玉忠主编：《科技法通论》，吉林大学出版社2007年版，第58页。

促进科技研发和成果转化，这凸显了执法工作在科技法实施中的重要作用。实际上，不管是《科学技术进步法》还是《促进科技成果转化法》，都规定了诸多国家应实施的保障措施，如《科学技术进步法》第 16 条规定，国家设立自然科学基金，资助基础研究和科学前沿探索，培养科学技术人才。国家设立科技型中小企业创新基金，资助中小企业开展技术创新。国家在必要时可以设立其他基金，资助科学技术进步活动。《促进科技成果转化法》第 34 条规定，国家依照有关税收法律、行政法规规定对科技成果转化活动实行税收优惠。这些措施的实施主体皆为行政机关，这也足以说明行政执法工作之于科技法实施的重要性。

其三是司法。司法机制也是法律得以实施的重要保障。法律在制定出来之后，其在社会生活中的落实情况可能与其所追求的目的不一致，或者不同当事人对法律落实的情况具有不同看法并产生了利益上的冲突，此时即需要司法机制调衡此种冲突。"司法从其产生之初始即是社会的产物，是社会控制系统的一部分。司法从原始社会中走来，其取代同态复仇的意义在于以文明的方式解决社会纠纷。"①法律付诸社会实践的过程难以避免纠纷的产生，因此司法成为法律实施必不可少的制度机制。

从现有科技法的执法情况来看，我国科技法将其实施重心置于国家职责上。具体而言，为保证科技法规范的实施，立法机关可谓用心良苦，具体表现为立法机关在科技法规范中设置了大量的政府职责，旨在通过国家行动推动科技创新。以"政府职责"为本位的科技立法为何会产生"播下龙种，生出跳蚤"的效果？笔者认为，科技立法过度强调"国家义务"而忽略了作为国家义务之根基的公民权利，国家义务未落实到保障公民权利上，这即是导致科技立法被虚置化的根源。而 2015 年《促进科技成果转化法》的修正扩大了企业与个人的权利范围，并将国家义务与科研权利进行勾连。此种立法技术的转变应为我们所重视和推广，并以科研权利为基础、以"科技权利—国家义务"关系为主线调整科技立法的内容体系。

---

① 江国华、周海源：《司法理性的职业性与社会性——以裁判效果为视角》，载《学习与探索》2015 年第 1 期。

一、科技法实施支点的偏颇

(一)重职责:科技法中的国家职责设置

"法律如何被实施",这是关系一部法律之生命的重大问题。针对此问题,科技法的立法者选择了从政府职责的角度切入,即在科技法规范中大量设置政府职责,意欲通过政府职责的行使为科技创新创造良好的外部环境。因此,政府职责的设置构成了科技法的主要内容。以《科学技术进步法》为例,该法的"主旋律"即是规定国家应如何促进科技创新。例如,该法第4条规定,国家鼓励科学技术研究开发;第5条规定,国家发展科学技术普及事业,国家鼓励机关、企业事业组织、社会团体和公民参与和支持科学技术进步活动。这些规定都以国家为主体,要求国家通过鼓励、支持等方式促进科技创新。纵使是在该法第二章至第五章,本应以企业、科研院所为主体,规定这些主体从事科学研究的权利、收益和注意事项等,然而,该法并没有如此规定,而是仍以国家为主体,规定国家在促进企业、科研院所和科学技术人员等进行科技创新方面负担的职责。另外,从该法的立法用语来看,以"国家"为主语的表述超过50次,"国家"之后运用"鼓励""发展"等动词标示政府职责。以上这些情况,在《促进科技成果转化法》和《科学技术普及法》等法律规范中同样存在,甚至《促进科技成果转化法》的"促进"前面即隐含了"国家"这一主语。从这个角度而言,现行科技立法更多的是通过规定政府职责的方式,要求运用政府权力推进科技创新。

应该说,以政府职责为本位的科技法规范体系有其宪法依据,宪法即是从设置政府职责的角度建构科技创新推进机制的。具体而言,《宪法》在"序言"中对科技发展进行回顾之后,在"总纲"一章规定了国家在科技创新方面的根本制度和根本任务,即《宪法》第14条从经济发展的角度要求国家推广先进的科学技术以提高经济效益;第19条要求国家发展教育以提高全国人民的科学文化水平,该条还进一步要求国家发展教育设施以进行政治、文化、科学、技术、业务等方面的教育;第20条则规定,国家发展自然科学和社会科学事业,普及科学和技术知识,奖励科学研究成果和技术发明创造。在以上这些条款中,国家都是作为科技创新和科技推广的主导者而存在的,即不管是在经济、教育还是科学事业发展中,国家都扮演组织者的角色,负有推动科学事业发展、推进科技进步的职责。与此同时,在"公民的基本权利和义务"一章中,《宪法》还规定了国家提供帮助之职责,《宪法》第47条规定,国家对于从事教育、科学、技术、文学、艺术和其他文化事业的公民的有益于人民的创造性工作,给以鼓励和帮助。总之,宪法中涉及科技创新的条款以政府职责的设置为主要内容,"政府职责本位"的科技立法有其宪法上的渊源。

以政府职责为本位制定科技创新法律规范也有其存在的必然性。一方面,从《宪法》和《科学技术进步法》等法律规范制定的社会环境来看,运用国家力量来发展科学事业不仅是合理的,更是必要的。《科学技术进步法》等法律规范正是在市场经济体制初步确立的时代背景下制定的,当时的科技水平相对落后,产品和生产方式科技含量低是经济发展的主要障碍之一。在这种历史背景下,科学技术的重要性进一步突现,"科学技术就是生产力"等耳熟能详的话语正是在此背景下产生的。为加快科技发展,社会主义制度的优越性即"集中力量办大事"体现到科技法当中,即表现为通过政府职责的设置,使之能够调动社会资源以投入到科技研发当中,进而促进科学技术的发展。另一方面,科技行业与其他行业也存在显著的不同,表现为科技研发过程不仅需要耗费大量的成本,研发失败的风险也无处不在。市场的营利性追求决定企业等市场主体往往不愿意在科技研发方面投入过多的资源。"由于公共物品存在搭便车的负效应,私人不愿意生产,尤其是基础研究投入多、时间长、见效慢,创新成果出来以后很快成了人类共同财富,因此,基础研究创新会出现私人不愿涉足的情况。"[1]因此,国家需要弥补市场机制的缺陷,通过资金投入、政策扶助等方式促进科技创新。这即是《宪法》和《科学技术进步法》等法律规范需要大量设置国家推进科技创新之职责的原因。

---

① 阳东辉:《论科技法的理论体系构架——以克服科技创新市场失灵为视角》,载《法学论坛》2015年第4期。

然而,过度强调政府职责在促进科技创新中的作用无疑带有一定的计划经济的色彩。科技法中设置政府职责,规定国家在促进科技创新方面应采取的行为,这实际上是赋予了国家调配科研资源的权力。以《科学技术进步法》第 10 条为例,该条设置了国务院在科技行政管理方面的职责,其中包括确定国家科学技术重大项目及与科学技术密切相关的重大项目的权力。国务院通过国家科学技术重大项目和与科学技术密切相关的重大项目的确定即可引导科研资源向特定领域集中,实际上起到调控科研资源的效果。国家对市场资源的调配一定要建立在尊重市场机制的基础上,过多的调控可能会破坏市场的自发秩序。然而,当前我国科技创新法律规范并未认识到这一问题,职责本位的科技立法本质上是对国家之科研资源调配权的肯定,这是与市场经济的基本原则相悖的。与此同时,科技立法中的政府职责更多的只是对国家政治方针、目标的宣示,其所课予国家的义务也只是表明应鼓励和支持科技发展的政治和道德义务,而非一种法律上的强制性义务,[①]这就为科技立法被虚置化埋下了伏笔。

(二)轻权利:科研权利的规范缺失

科技创新法在其体系上以政府职责为本位,与"政府职责"相对应的"科研权利"并未得到充分体现,表现为我国科技创新法更多地把"科研权利"理解为"科研自由",忽略了科研权利本身存在的积极权利面向。

学术自由或科研自由是一项值得全人类珍重的价值,学术自由源于思想自由。[②] 我国《宪法》对科研自由持肯定态度,依《宪法》第 47 条的规定,科研自由在我国《宪法》中是作为公民基本权利而存在的。然而,科研自由与科研权利存在显著区别。科研自由表征的是科研人员的研究工作不受国家干预的权利。因此,科研自由更多的是作为消极权利而存在的,其价

---

① 参见邓炜辉:《论社会权的国家保护义务:起源、体系结构及类型化》,载《法商研究》2015年第 5 期。

② 参见胡甲刚:《学术自由为什么会纳入宪法保障——基于学术自由入宪的历史背景分析》,载《理论月刊》2015 年第 9 期。

值在于"帮助人们过上一种很自主的理想生活"①。由此，科研自由可以派生请求国家不予干预和受到干预时请求国家予以救济的权利。"虽然科学研究自由有别于人身自由、宗教自由等传统的自由权，但仍然位于'自由权'的序列，属于'第一代人权'或者'消极人权'，其本质是一种对于国家公权力的防御权，需要通过国家的消极不作为来加以保障。"②科研权利则具有更为丰富的权利形态，其作为"第二代人权"，既具备主观公权利的属性，又具备客观法秩序的属性。从其主观公权利属性出发，公民得请求国家为其科研活动的开展提供必要条件和良好的社会环境，此种请求权的行使，即使国家之客观法秩序从抽象转为具体，国家也要负担相应的给付义务。从我国宪法中的规定来看，宪法只规定了科研自由而未规定科研权利，这表明宪法肯定科研权利的消极权利属性，而没有肯定其积极权利属性。

宪法的这种规定构成我国科研权利缺失的宪法渊源，使科技立法中的"科研权利"更难寻踪迹。例如，《科学技术进步法》第 3 条规定，国家保障科学技术研究开发的自由，鼓励科学探索和技术创新，保护科学技术人员的合法权益。此条也更多是强调科研自由，即国家保障科研自由和科学技术人员的合法权益，但这个条款几乎没有体现科研机构和科研人员的积极性权利。不仅如此，以企业科技研发活动为主要规范对象的第三章也主要规定国家的鼓励、支持职责和企业的自主经营权。也就是说，这个章节的主要内容在于规定国家鼓励企业开展系列科学研究活动的职责，在国家鼓励下，企业可以实施设立内部科学技术研究开发机构、参与项目研究、开展科学技术普及活动等行为。在这一章中，企业除了享有税收优惠这一项积极权利之外，不存在其他向国家请求给付的权利。同样的，《科学技术进步法》第 43 条规定的科学技术研究开发机构享有的权利，如依法组织或者参加学术活动，自主决定经费使用，与其他科学技术研究开发机构、高等学校和企业联合开展科学技术研究开发等权利，也多是属于自由权的范畴，不

---

① 申小翠：《"自由"的多维内涵及其特点——读〈美国自由的故事〉》，载《广西大学学报（哲学社会科学版）》2015 年第 6 期。

② 王德志：《论我国学术自由的宪法基础》，载《中国法学》2012 年第 5 期。

具备积极权利的属性。另外,《科学技术普及法》《促进科技成果转化法》等法律规范也多是从"不干预"的角度设置科研自由,而未体现科研权利的请求权能。

科研自由取代科研权利的现象在我国立法中普遍存在,吊诡的是,这种现象并没有引起学界的重视。甚至有学者提出,将科研权利归为文化权利而赋予其请求权能将"混淆'科学研究自由'的权利属性,弱化甚至取消科学研究自由的防御权功能"[①]。笔者认为,这种担心是多余的。社会权作为与自由权并列的权利,其表现为一种更为圆满的权利形态,不仅具有要求国家不予干预的权利属性,也具有请求国家为特定给付的权能。在现代社会,科学研究不能由个人通过手工作坊式的操作而进行,需要集中大量的人力物力资源。此种情况下,对投入大、见效慢的基础性研究而言,国家必须实施特定的给付行为。这也是上海市确立建设全球科技创新中心战略并推出《关于深化人才工作体制机制改革促进人才创新创业的实施意见》《关于促进金融服务创新支持上海科技创新中心建设的实施意见》等系列扶持政策的缘由。可以说,消极自由与国家承担给付义务是并行不悖的,国家履行给付义务的行为并不必然侵蚀科研自由的防御权功能。[②] 因此,宪法和科技立法对科研自由的弘扬不应建立在忽略科研权利的基础之上。

二、科技法实施支点偏颇与科技法的虚置化

科技立法的虚置是当前我国科技法治建设工作中最为严重的问题之一,其表现有二:其一,从科技行政管理部门开展行政活动的依据来看,科技法规范并不构成其权力的主要来源。例如,上海市科学技术委员会享有的 84 项权力只有少数几项来自《科学技术进步法》等法律规范的规定,这表明这些法律规范很少被科技行政管理部门所适用。其二,科技法规范设

① 王德志:《论我国学术自由的宪法基础》,载《中国法学》2012 年第 5 期。
② 参见芮雯奕:《德国〈科学自由法〉对我国新型科研院所建设的启示》,载《科技管理研究》2015 年第 19 期。

置的大量激励措施并未得到落实，科研主体无法从中受益。科技立法虚置化的逻辑如下：

（一）作为行政给付启动装置的公民权利

首先应当明确的是，行政机关开展的科技创新激励活动属于行政给付的范畴。行政给付的概念有狭义和广义之分，狭义的行政给付仅着眼于满足公民生存之所需，此时的行政给付即是福利行政的实施方式，主要内容是为公民提供物质帮助。随着社会经济的发展，行政给付的对象实现了从个人到集体的转变，其方式也从单纯的物质帮助演化为政府提供物质、安全、环境、精神等方面的保障。[①] 从这个角度出发，行政给付的本质为权利赋予或者义务减免。而科技法规范也多以权利赋予或义务减免的方式实施激励，如《科学技术进步法》所设置的国家自然科学基金、科技型中小企业创新基金、科技活动税收优惠等即属于行政给付的范畴。

行政给付的制度安排可追溯到福斯多夫（Ernst Forsthoff）提出的"生存照顾义务"。福斯多夫提出，政府负有向民众提供生存照顾的义务，如此才能解决复杂社会背景下公民生存发展之需。[②] 当然，行政法上的生存照顾与行政给付实际上是宪法上的社会权发展的结果，社会权主要为经济、社会、文化等方面的权利，与财产、自由等传统权利不同，社会权具有积极权利的属性。所谓积极权利，是指请求国家为特定的给付行为的权利。据此，宪法上社会权的发展即衍生了行政法上的行政给付义务。在此意义上，权利，尤其是社会权即成为启动行政给付的法律装置。众所周知，基本权利具有主观公权利与客观法秩序两方面的属性。主观公权利的意涵有二：一是主张公民享有免于干预的自由，二是允许通过请求权的行使请求国家履行特定给付义务；客观法秩序则具有制度保障的功能，其立足点为国家，意涵有二：一为国家通过制度建设为公民权利的行使提供必要条件，二为国家须通过特定的给付活动满足公民的权利需求。主观公权利与客

---

① 参见胡敏洁：《给付行政范畴的中国生成》，载《中国法学》2013 年第 2 期。

② 参见陈新民：《公法学札记》，中国政法大学出版社 2001 年版，第 55—78 页。

观法秩序之间具有紧密联系，①二者相互连接、相互作用，为公民编织完美的权利保护制度体系，从而确保法律上设置的行政给付义务能够从字面走向现实。

（二）科研权利缺失与政府职责的空泛化

由于权利是作为行政给付之启动装置而存在的，在该启动装置缺失的状态下，政府的职责即可能走向空泛化。从主观公权利与客观法秩序亦即请求权与给付义务之关系的角度可以看出，我国科技立法中权利的缺失使政府职责的设置趋向于空泛化。

具体而言，我国科技立法确立了科研自由，这实际上对应于主观公权利中的防御权面向；《科学技术进步法》等法律规范中设置的政府职责则对应客观法秩序中的制度建设功能，亦即科技法要求政府"鼓励""支持"科技创新，但没有规定具体的操作措施，这可视为法律要求政府完善鼓励科技创新方面的制度机制。基于这种对应关系我们即可以发现，主观公权利中的请求权功能和客观法秩序中的特别给付义务较少体现在科技立法当中。此种缺失造成的结果是，一方面，公民有科研自由，但其科研自由仅具有排除政府干预的效力；另一方面，积极性权利即请求权和具体给付义务的缺乏使科技立法中关于政府职责的规定仅停留在"制度建设"的层面，至于制度机制本身的具体情况即政府如何"鼓励""支持"科技创新，国家立法没有进行规定，地方立法也未将之予以具体化，此时，政府不负担特别的给付义务，相对应的科研主体缺乏请求国家提供帮助的权利，科技法的实施即表现为政府单方面完善相关激励制度，而科研主体却无法从中受益，这使得政府之创新激励职责的设置仅停留于制度建设层面，而未转化为实实在在的科研权利赋予和保障活动。

（三）政府职责空泛化与创新激励目标的落空

应该说，部门行政法的任务是在行政组织法的框架内，通过管理职责的设置明确行政机关的任务，为行政机关采用适当的执法行为提供依据。

---

① 参见张翔：《基本权利的双重性质》，载《法学研究》2005 年第 3 期。

从各部门行政法制定的情况来看，几乎所有部门行政法的内容都是规定在该特定领域内政府开展行政管理的职责，且这些职责设置具有一定的抽象性，不会指向于明确的行为对象。而在科技立法领域，通过政府职责的设置为何达不到保证法律得以执行的目的？这就需要从科技立法的特殊性进行分析。

　　行政法可分为规制行政法与给付行政法。规制行政法的内容在于为行政权开展对社会生活之管制提供依据，行政许可法、行政处罚法以及环境行政、警察行政法等皆属此列。规制行政法一般设置了规制目的和规制手段，以《环境保护法》第 25 条为例，该条即赋予了县级以上人民政府环境保护主管部门和其他负有环境保护监督管理职责的部门查封、扣押造成污染物排放的设施、设备的权力。该条对政府职责的规定是明确具体的，具有一般人可理解的规范要求，无须公民请求即可直接予以适用。给付行政法则与此不同，给付行政法的任务在于为政府激励社会发展提供依据，其本身虽不能完全抹去控权法的色彩，但其主要目的并非管制社会，而是刺激社会发展。在法律技术上，给付行政法需要规定立法追求的目的，并设置行政机关推动该目的实现的职责，这些职责需要与公民权利相对接，表现为为公民开展社会活动提供保障或满足公民权利要求的给付性义务。换言之，要确保给付行政法的实施，法律就不能仅原则性地规定政府的职责，还需要将职责与公民权利相对接，使职责转化为具体的给付义务。

　　从立法技术上看，科技创新法律规范更多地属于给付行政法的范畴，其目的在于通过权利赋予刺激社会主体的心理动机，激发其主观能动性，从而使之积极参与科技创新活动。[①]《科学技术进步法》使用了众多的"鼓励""发展"等词语，也设置了一系列权利赋予和义务减免制度，这体现了其行政给付法的属性。然而，由于以《科学技术进步法》为代表的科技法规范设置的大多数职责并没有与公民权利相对接而转化为行政给付义务，这些空泛化的职责难以得到履行，从而造成了创新激励目标的落空和科技立法

---

　　① 　参见付子堂、孟甜甜：《激励型法的学理探析——以美国〈拜杜法案〉为切入点》，载《河南财经政法大学学报》2014 年第 3 期。

的虚置化。例如,《科学技术进步法》第 22 条规定,国家鼓励根据国家的产业政策和技术政策引进国外先进技术、装备;第 26 条规定,国家推动科学技术研究开发与产品、服务标准制定相结合,科学技术研究开发与产品设计、制造相结合。根据这些条款,国家负有"鼓励""推动"的职责,但何时推动? 以何种方式推动? 此过程如果没有科研主体的介入,科研主体也不能从中受益,那么这些"鼓励""推动"的职责要么得不到履行,要么只能是行政机关的"自说自话",难以起到促进科技创新的目的,最终造成科技立法虚置化。

三、"双支点"与科技法虚置化的解决路径

《国家创新驱动发展战略纲要》既提出要倡导百家争鸣、尊重科学家个性的学术文化,增强敢为人先、勇于冒尖、大胆质疑的创新自信,保障科技人员的学术自由,在此基础上激发主体活力,系统提升各类主体创新能力,夯实创新发展的基础,又提出要完善激励创新的政策体系、保护创新的法律制度,构建鼓励创新的社会环境,激发全社会创新活力,这实际上既将实施科技创新的重点放置在科技权利的保障上,通过保障科研权利激励创新热情,又强调政府职责对科技创新的作用,要求通过政策激励和法律保护以激励创新。据此,科技法的实施既要考虑到国家职责行使的作用,又要考虑到公民科研权利对创新的推动作用,因此,公民权利和政府职责都应成为科技法实施的着力点,即科技立法应改变以"国家职责"为本位的立法理念,而将科研权利保障作为科技法的核心内容,将"权利"作为启动政府职责的装置,据此方有可能解决科技立法虚置化的现象,使之成为"活"的法。

(一)科研权利的体系化

现行科技法规范将科研权利理解为科研自由,将使科研权利具有的财产性权利和请求权内涵流失,科研权利的权利形态受到减损。实际上,科技立法的目的在于激励创新,科技创新激励不仅要求国家负有不干预的义务,同时要保障公民基于科研活动所产生的收益,并赋予公民请求国家提

供帮助的权利。以上三方面内容只有在"科研权利"这一概念内才能得到全面体现,因此,科技立法需要确立"科研权利"概念并将之体系化。

其一是自由权和科研成果收益权。自由权和科研成果收益权属于消极权利的范畴,它们对科技创新激励具有至关重要的作用。就科研成果收益权而言,当前我国主要由知识产权法调整科研成果收益分配关系。然而,知识产权只是科研成果的部分内容,科研成果除知识产权之外还附带有诸多其他利益。更为重要的是,知识产权法只能调整知识产权的归属关系,而科研成果的收益与分配同时具有激励创新的功能,知识产权法并不能完全体现这一功能。从域外经验来看,科研成果收益权应由科技法规范予以调整,如此才能发挥科技法规范之创新激励的功能。例如,美国《拜杜法》即是通过明确科研成果产权归属以激励创新的,其颁行之后,美国的新专利、新产品及与此相关的金钱收益呈直线上升趋势。[①] 从这个角度而言,我国科技立法需要得以实施并实现激励创新功能的,首先需要将科研成果收益权作为科研权利的子权利,并对科研成果收益分配予以规范化。

其二是获得帮助的权利。科研权利作为社会权,其当然内含有请求国家为特定的给付行为的权能。实际上,依我国《宪法》第 47 条的规定,国家对于从事教育、科学、技术、文学、艺术和其他文化事业的公民的有益于人民的创造性工作,给以鼓励和帮助。但这种鼓励和帮助并没有转化为具体的国家义务,因此公民不能据此要求国家给予帮助。因此,宪法应改"科研自由"为"科研权利",将"科研权利"列入宪法条文中,使之成为受宪法保护的社会权。在此基础上,未来科技法的修订应进一步规定公民请求国家给予帮助的权利,具体可包括请求国家建设共性技术平台、提供科研信息、进行资助和采购等权利。获得帮助的权利的赋予,将在公民权利与国家职责之间架设一道桥梁,国家的"鼓励""支持"等职责转化为具体的义务,科技法规范的条文也才可能得到实施。

其三是发展权。一般认为,发展权源于社会权,又高于社会权。发展

---

① 参见孙远钊:《论科技成果转化与产学研合作——美国〈拜杜法〉35 周年的回顾与展望》,载《科技与法律》2015 年第 5 期。

权属于"第三代人权",既是集体人权,也是个人权利。作为集体人权,其指向于全人类的共同发展;作为个人权利,其是人的全面自由发展的权利。① 实际上,获得帮助的权利作为社会权的构成,其以最低核心义务为理论基础,只能要求国家在现有条件下保障最为基本的经济、社会、文化权利,对于科技创新激励的必要性问题,社会权理论是不能予以充分说明的。因此,政府激励创新的理论基础即有必要超脱于现有的社会权理论,而将创新激励立足于发展权保障的基础之上,亦即政府之所以要采取各种必要的举措激励科技创新,其目的既在于促进全人类的发展,也在于促使个人充分发挥其潜能而实现全面自由发展。如此,以发展权作为政府激励创新的理论基础,也才能够说明政府在满足基本生存条件的基础上采取额外的激励措施的必要性和合理性。发展权体现在科技法规范中,则可通过公民参与权的设置促使国家履行立法职责和执法职责以建构良好的科研环境。

（二）政府义务的具体化

《促进科技成果转化法》已为政府义务的具体化提供了范式。科技法规范要走出被虚置化的困境,需要沿袭《促进科技成果转化法》修改中的做法,将公民权利与国家职责相对接,实现政府义务的具体化。如上所述,公民的科研权利具体包括自由权、科研成果收益权、获得帮助权和发展权,科技法规范有必要依公民权利体系建构国家义务体系。

其一是尊重和保护义务。尊重和保护义务对应于自由权和科研成果收益权。这两项消极权利的实现首先要求政府负担不干预的义务。在此基础上,科技法规范应当对接政府管理体制改革尤其是行政审批改革的改革成果,打破政府在资源及生产经营领域的垄断地位,限缩政府在科技产业发展方面的管制性权力,使政府的资源配置职能让位于市场。② 如此,科研主体的市场主体地位才能得到体现,科学研究的自由也才可能得到尊重。另外,作为消极权利的自由权和科研成果收益权不仅需要获得国家的尊重,更需要获得其保护。为此,科技法规范中有必要进一步处理好科研

---

① 参见汪习根:《发展权与中国发展法治化的三维研究》,载《政治与法律》2007 年第 4 期。

② 参见王克稳:《我国行政审批制度的改革及其法律规制》,载《法学研究》2014 年第 2 期。

成果收益分配关系，强化政府在科研成果保护方面的义务，完善知识产权执法机制，提升科研成果及其收益权的保护力度。

其二是给付义务。对应于公民获得帮助的权利，科技法规范应当建构政府的给付义务。实际上，将公民请求权与政府给付义务结合起来也是科技法规范得以解决其被虚置化的困境的出路。这是因为，在有公民权利催动的情况下，政府将不得不履行其"鼓励"和"支持"的职责，否则将面临不作为的指控。这就奠定了政府职责得以履行和科技法得以实施的基础。《促进科技成果转化法》规定了国家在科研信息供给和政府采购等方面的义务，这种义务一方面有必要延伸到科技研发的其他环节；另一方面，未来的科技法修改还需要扩大政府的给付义务范围，项目资助、共性技术研发和转化平台建设、孵化器发展等皆可成为国家应负担的给付义务。

其三是创新环境建设义务。对应于科研权利中的发展权，科技法规范中应当建构政府的创新环境建设义务。如上所述，如果从社会权的角度定义科研权利，受最低核心义务理论的限制，国家即仅承担最低限度的给付义务以满足最基本的科研需要。而在科技发展过程中，政府"额外"的激励手段是必不可少的，这是因为，相较于其他社会活动，科技创新活动对人的主观能动性的发挥具有更高的要求。人的主观能动性与人的权利相牵连，只有在有足够的利益可图时，人的创造性潜能才有可能被激发。此种潜能的发挥是人的发展权追求的目的，同时有利于人类社会的整体发展。因此，政府的创新环境建设义务即可以以发展权为其理论基础，基于发展权实现的需要，科技法规范须设定政府的创新环境建设义务，具体可包括劳动者和企业家创新激励、金融扶助、园区规划等科研环境建设方面的义务。① 同样的，科技法规范将政府的创新环境建设措施与公民发展权相对接，也能够为这些措施的实施设定启动机制，进而保障科技法规范得以切实执行。

---

① 参见苗妙：《技术创新的法律制度基础：理论与框架》，载《广东财经大学学报》2014 年第 4 期。

（三）程序机制的建构

现行科技法规范不仅侧重于国家职责的设置而忽略科研权利的保障，其在权利和职责之间更缺乏程序性规定予以衔接，这也是科技法难以得到实施的重要原因。实际上，公法上的权利往往是与程序相联结的。这是因为，公法上的权利的相对方为国家，国家履行其作为义务一般以公民提出请求为前提。因此，请求程序的完善与否关系到权利的实现程度，科技法规范在建构科研权利体系和细化政府义务的基础上，在科研权利和政府义务之间还应当建构程序机制以将二者衔接起来。也就是说，科研权利中的获得帮助权和发展权需要得到实现的，其必然要求国家为特定的给付义务，并进一步优化科研环境。而在权利与义务之间需要有一定的沟通和连接的程序机制，这种程序机制的建构将使政府的作为义务从法律义务转变为现实义务，政府不履行该项义务的，将有可能面临法院的违法性评价。具体而言，如上所述，科研权利包含了自由权、科研成果收益权、获得帮助权、发展权等，政府义务也分为尊重、保障、给付、激励等义务，在这些权利与义务之间，科技法皆需建构公民请求政府履行义务的程序机制。

第二章 科学技术进步法律制度研究

科学技术进步法律制度是我国科技创新法律制度的核心组成部分,科学技术进步法律制度规定了科技进步的基本原则、框架和主要制度机制,其他法律规范大多在科学技术进步法律制度的框架内建构促进科学技术进步的制度机制。我国科学技术进步法律制度主要由《科学技术进步法》所建构,该法由第十届全国人大常委会第三十一次会议修订通过,全面规范了我国科技进步的制度框架,因此构成我国科技创新法律规范体系的"基本法"。创新驱动战略的实施既强调产业技术体系创新,又提出了壮大创新主体、实施重大科技项目和工程、建设高水平人才队伍等安排,这些安排既需要在科学技术进步法律制度的框架内完成,又对科学技术进步法律制度提出了新的改革要求。

第一节 科学技术进步法概述

一、科学技术进步法的地位

法律部门之所以能够成为法律部门,除该部门的法律规范具有基本相同的调整手段和调整对象之外,该部门的法律规范能够被整合为独立的法律部门也离不开该部门之"基本法"的作用。一般来说,特定部门的基本法应当规定该部门法的基本原则和总体框架,该部门的其他法律规范应当在该框架内分别对不同事项进行规定。只有这样,该部门的法律规范才有可能成其为"体系"进而证成该部门法的独立地位。以教育法部门为例,教育法正是在《教育法》的整合下，使《教师法》《高等教育法》《民办教育促进法》等得以有序排列组合，也正是因为有这些法律共同构成一个相对完整的法律体系，教育法方有可能成为独立的法律部门。同样的，从国家层面的立法来看，《科学技术进步法》在科技创新法律规范中无疑处于"基本法"的地位。从该法的名称来看，《科学技术进步法》即是规范科技研发转化活动、促进科技创新的法律规范；其他法律规范，如《促进科技成果转化法》《科学技术进步奖励条例》等，无一不是在《科学技术进步法》的框架内对特定科技研发转化活动进行规范的法律条文。《科学技术进步法》在科技创新法体系中的"基本法"地位体现在以下几个方面：

（一）立法顺序上的基础性

从制定时间来看，《科学技术进步法》早于其他科技法规范而制定，这使其他法律规范的制定或多或少地受《科学技术进步法》的影响，以《科学技术进步法》的立法目的和规范条文为依据。具体而言，在我国，《科学技术进步法》于1993年7月2日第八届全国人大常委会第二次会议通过，自1993年10月1日起施行；而《促进科技成果转化法》是1996年5月15日第八届全国人大常委会第十九次会议通过的，《科学技术普及法》则于2002年6月29日由第九届全国人大常委会第二十八次会议通过。在这三部国家层面的立法中，《科学技术进步法》无疑是制定得最早的。就一般的立法技术而言，特定领域中最早的立法当然也是用以解决该领域最基本的问题并搭建该领域之基本法律制度的立法。在此意义上而言，《科学技术进步法》作为基础性立法，首先具有时间上的优势。

（二）体系上的基础性

从法律体系上看，《科学技术进步法》基本涵盖了科技创新领域的基本法律关系。《科学技术进步法》有八章，分别为"总则""科学研究、技术开发与科学技术应用""企业技术进步""科学技术研究开发机构""科学技术人员""保障措施""法律责任""附则"。这八章实际上覆盖了科技研发的整体过程。也就是说，科学研究主要包括科研机构的组织、科技行政管理、企业研发机构的设立、科研经费使用管理、科研人员的权益保障、科研成果转化、科研环境的打造等，历经这些过程，科研成果才有可能从"创意"经由科研机构提供条件和科研人员研发而成为"成果"，并进一步转化为生产力。《科学技术进步法》对以上所有环节中可能产生的法律关系都有所规范，其在体系上具有全面性。其他法律规范，如《促进科技成果转化法》《科学技术普及法》和《科学技术进步奖励条例》等，无一不是在《科学技术进步法》的框架内对特定科技研发转化活动进行规范的法律条文。具体而言，《促进科技成果转化法》主要规范"为提高生产力水平而对科技成果所进行的后续试验、开发、应用、推广直至形成新技术、新工艺、新材料、新产品，发展新产业等活动"；《科学技术普及法》主要规范"国家和社会普及科学技术知识、倡导科学方法、传播科学思想、弘扬科学精神的活动"；《国家科学技术奖励条例》主要规范国家科学技术奖的申报、评审等活动。以上这些法律规范仅针对科技研发或应用的某一方面的法律关系进行调整，而非全面调整科技研发应用过程中的所有法律关系。

（三）内容上的基础性

从内容上看，《促进科技成果转化法》《科学技术普及法》和《科学技术进步奖励条例》等法律规范的诸多条文实际上是以《科学技术进步法》为直接依据的。如上所述，《科学技术进步法》主要有八章，覆盖了科技研发的整体过程。而其他法律规范更多的是作为科技创新法律领域中的"部门法"而存在的，这些法律规范在对科技创新的某一方面之法律关系进行调整时，自觉或不自觉地把《科学技术进步法》作为其依据。例如，《科学技术进步法》第9条规定了科研经费的财政保障体系，该条规定，国家加大财政性资金投入，并制定产业、税收、金融、政府采购等政策，鼓励、引导社会资金投入，推动全社会科学技术研究开发经费持续稳定增长。该条规定的科研经费的保障实际上不仅存在于科技研发的过程中，在科研成果转化阶段的经费投入同样需要适用该条规定以强化财政经费的保障。据此，《促进科技成果转化法》第4条规定，国家对科技成果转化合理安排财政资金投入，引导社会资金投入，推动科技成果转化资金投入的多元化。可以说，《促进科技成果转化法》第4条规定实际上是《科学技术进步法》第9条规定在科技成果转化领域的具体化。另外,《科学技术进步法》第 5 条规定,国家发展科学技术普及事业,普及科学技术知识,提高全体公民的科学文化素质。这实际上构成《科学技术普及法》的立法依据。《科学技术普及法》第 1 条即规定,为了实施科教兴国战略和可持续发展战略,加强科学技术普及工作,提高公民的科学文化素质,推动经济发展和社会进步,根据宪法和有关法律,制定本法。这里的"有关法律",即包括了《科学技术进步法》。从这个角度而言,《科学技术进步法》可以构成其他科技创新法律规范的立法依据,这也是证成《科学技术进步法》之基本法律地位的重要因素。

二、科学技术进步法的特征

《科学技术进步法》在科技创新法律体系中占据基础性立法的地位,"基本法"即是《科学技术进步法》最大的法律属性,这一法律属性也决定了《科学技术进步法》具有纲领性、全面性、综合性、目的鲜明性、政府主导性等特征。

(一)纲领性

所谓纲领性,是指《科学技术进步法》是作为科技创新的纲领性立法而存在的。《科学技术进步法》的纲领性立法地位主要通过两个方面得以体现:

其一,《科学技术进步法》全面体现了科教兴国的战略要求,是科技发展政策的集合。国家战略和政策也是国家意志的重要表现形式。自改革开放以来,我国相当重视科技之于经济发展的推动作用,各种促进科技发展的国家政策正是在此背景下出台的。尤其是邓小平同志提出"科学技术是第一生产力"的命题之后,科技政策的制定、实施和法治化逐步成为重要的国家战略。1985 年 3 月,中共中央发布的《关于科学技术体制改革的决定》提出"经济建设必须依靠科学技术、科学技术工作必须面向经济建设",之后相继实施了"星火计划""863 计划"等,国家对科学技术的发展和国家必须要依靠科学技术的进步已经有了较深入的认识和思考,[①]这些认识和思考先是体现到各种国家政策当中。这种背景下出台的《科学技术进步法》即是这些科技发展政策的升华,同时也划定了未来数年内科技发展的基本框架。从这个角度而言,包含国家对科技发展之有益思考的《科学技术进步法》即构成科技发展的纲领性文件。

其二,《科学技术进步法》的纲领性地位还体现于其对其他立法的统领上。如上所述,《科学技术进步法》实际上覆盖了科技研发的整体过程,其他法律规范在对科技创新的某一方面之法律关系进行调整时,通常会将《科学技术进步法》作为其依据。在《科学技术进步法》制定之后,国务院及有关部门在科技奖励、知识产权保护、科技成果转化及产业化、科技计划管理、技术市场发展、技术出口等方面制定了近五十部行政法规和部门规章,发布了多项产业技术政策和财税优惠政策。全国有大部分省、自治区、直辖市结合本地实际,制定了科技进步条例及各具特色的地方性科技法规约二百多件。[②]从这个角度而言,《科学技术进步法》即是科技立法的纲领性文件,其不仅体现国家追求科技进步的意志,还划定科技法涉及的调整范围,统领科技法规范的制定。

(二)全面性

所谓全面性,是指《科学技术进步法》的内容相当全面,覆盖了科技研发和成果转化的整体过程。《科学技术进步法》的全面性与纲领性紧密相关,作为纲领性的立法,《科学技术进步法》需要全面覆盖科技法规范应调整的社会领域;而《科学技术进步法》的这种全面性,也为其统领科技领域中各部门法规范的制定奠定了基础。《科学技术进步法》的全面性表现在两个方面:

其一,从形式上看,该法以"科学技术进步"为名称,其立法目的为"促进科学技术进步,发挥科学技术第一生产力的作用,促进科学技术成果向现实生产力转化,推动科学技术为经济建设和社会发展服务",这表明促进

---

① 参见何礼果:《现代科技法研究》,北京交通大学出版社 2006 年版,第 242 页。
② 参见徐友刚:《浅议科技进步法的操作性》,载《科技与法律》2007 年第 2 期。

科学发展和技术进步即为该法的目的,这个目的实际上也是科技立法的全部目的。换言之,在立法目的上,该法以科学技术进步为目的,即表明该法可能覆盖全部与科技进步相关的法律事务。

其二,从内容来看,《科学技术进步法》设八章,覆盖了科技研发的整体过程。科学研究主要包括科研机构的组织、科技行政管理、企业研发机构的设立、科研经费使用管理、科研人员的权益保障、科研成果转化、科研环境的打造等,历经这些过程,科研成果才有可能从“创意”经由科研机构提供条件和科研人员研发而成为“成果”,并进一步转化为生产力。《科学技术进步法》对以上所有环节中可能产生的法律关系都有所规范,其在内容上具有全面性。

（三）综合性

《科学技术进步法》的综合性主要体现于其调整的法律关系的综合性,即《科学技术进步法》综合调整行政法律关系、经济法律关系、公司法律关系等,并综合运用行政、经济、民事等方面的调整手段。

其一是行政法律关系。行政法律关系是《科学技术进步法》调整的重要对象。例如,《科学技术进步法》第10条规定,国务院领导全国科学技术进步工作,制定科学技术发展规划,确定国家科学技术重大项目、与科学技术密切相关的重大项目,保障科学技术进步与经济建设和社会发展相协调。地方各级人民政府应当采取有效措施,推进科学技术进步。此条对国务院职权的赋予,本质上是对行政法律关系的调整。另外,该法第16条还调整科技创新领域的行政奖励关系、第24条调整行政审批关系、第25条调整政府采购关系,其他的“支持”“鼓励”措施可能涉及行政指导、行政给付等行政法律关系。

其二是经济法律关系。例如,《科学技术进步法》第7条规定,国家制定和实施知识产权战略,建立和完善知识产权制度;第8条规定,国家建立和完善有利于自主创新的科学技术评价制度;第9条规定,国家加大财政性资金投入,并制定产业、税收、金融、政府采购等政策,鼓励、引导社会资金投入,这些活动本质上都属于国家对经济运行所进行的宏观调控行为,因此形成的法律关系当然为经济法律关系，这些关系同样落入《科学技术进步法》的调整范围内。

其三是公司法律关系。公司法律关系主要调整公司的资格、组织、运行等，《科学技术进步法》也涉及此方面的内容。例如，该法第 39 条规定，国有企业应当建立健全有利于技术创新的分配制度，完善激励约束机制。国有企业负责人对企业的技术进步负责。对国有企业负责人的业绩考核，应当将企业的创新投入、创新能力建设、创新成效等情况纳入考核的范围。以上内容属于公司内部运行事务，应由公司章程和公司法予以调整。当然，出于激励国有企业进行科技研发的目的，该法对国有企业在技术创新方面的制度设置进行了指导。

综上，《科学技术进步法》调整的法律关系具有综合性，这也同时表明其综合运用了行政、经济、民事等方面的手段以调整科研过程中产生的社会关系。

（四）目的鲜明性

《科学技术进步法》以促进科学技术的进步为其目的，这一目的贯穿该法的始终。具体而言，一方面，该法以"科学技术进步"为名，在第 1 条明确宣示了立法目的，即促进科学技术进步，发挥科学技术第一生产力的作用，促进科学技术成果向现实生产力转化，推动科学技术为经济建设和社会发展服务。另一方面，这一立法目的也贯穿该法的全面内容。例如，该法对科技行政管理职权的配备、鼓励政策的设定、科技企业经营管理的宏观调控、科研人员的权益保障等，无一不是以促进科学技术进步为目的。从这个角度而言，《科学技术进步法》的特征还表现为其鲜明地宣示了促进科学技术进步这一立法目的。

第二节　科学技术进步立法概况

一、国家层面的立法

自 1993 年制定之后，《科学技术进步法》奠定了科技法体系的基础，促进了《促进科技成果转化法》《科学技术普及法》等法律和相关地方性法规的制定，大幅提升了科技法治化水平，同时也打造了优良的社会环境，促进了科学技术的发展，提升了科技在经济发展当中的含量。当然，随着社会经济的进一步发展，《科学技术进步法》也出现了落后于社会现实的情况，表现在以下几个方面：

其一，在科技政策方面，《科学技术进步法》制定后的十年内，诸多更新、更符合于科学发展规律的科技政策被提出。例如，1995年，我国确立了科教兴国战略。"这是带有根本性和长期性的战略，它不仅是指导科技部门的行为准则，而且是指导全国科技工作的行动纲领。因此，迫切需要把科教兴国的战略以法律形式确认，通过法律保障使其成为调整全社会科技关系的强制性行为规范。"①除此之外，1999年，中共中央、国务院在北京召开全国技术创新大会，要求部署贯彻落实《中共中央、国务院关于加强技术创新，发展高科技，实现产业化的决定》，进一步实施科教兴国战略，建设国家知识创新体系，加速科技成果向现实生产力转化；《国家中长期科学和技术发展规划纲要》也确定了未来一段时期内我国科技发展的方针、原则、目标和战略布置。在此背景下，作为国家意志最新体现的科技发展政策应当及时体现于《科学技术进步法》当中。

其二，从经济发展情况来看，在《科学技术进步法》制定之初，我国市场经济体制也才刚刚确立，市场机制尚未完善。因此，在当时的背景下，《科学技术进步法》也未能够理清政府与市场的关系，这就造成了政府干预过多、市场主体地位未得到保障的情况。"当时政府在科技与经济发展中的计划作用还比较明显，国家一直作为科技投入的主体，该法强调了政府在科技发展中的重要作用。但随着市场经济体制的完善和政府职能的转变，企业被推向市场，但却没有能在科技创新过程中发挥正常主体作用，出现了科技创新主体错位现象。"②这种情况下，如何理顺政府与市场之间的关

---

① 董颖：《创新型国家的法制保障——评修订后的科技进步法》，载《经济论坛》2008年第7期。
② 吴建南、温挺挺：《〈科学技术进步法〉实施问题分析与修订建议研究》，载《科技进步与对策》2005年第2期。

系，确立和保障科技企业的市场主体地位，这即是《科学技术进步法》亟待解决的问题。

其三，就科研人才队伍保障而言，在《科学技术进步法》制定之初，市场经济刚刚起步，在单位制体制之下，科研人员的身份和经济条件都有所保障。然而，随着市场经济的进一步发展，一方面是单位体制的瓦解，"单位"在身份和经济条件保障等方面的能力下降；另一方面是民营经济的兴起提高了劳动者的收入，与之相对应的则是科研机构中的科研人员的经济条件并没有得到质的改善，从而造成了科研人才队伍的流失。与此同时，人才的跨地区、跨国流动日益频繁，科研院所的改制也被提上日程。这种情况下，改制后的科研院所的组织、地位和经费问题以及科研人员的户籍、住所、社会保障等问题，也成为推动《科学技术进步法》修改的重要因素。

在此背景下，2007年，《科学技术进步法》主要从以下几个方面进行了修改：

其一，在指导思想方面，《科学技术进步法》加入了科学发展观和科教兴国战略。该法第2条即明确规定，国家坚持科学发展观，实施科教兴国战略，实行自主创新、重点跨越、支撑发展、引领未来的科学技术工作指导方针，构建国家创新体系，建设创新型国家。将科教兴国战略确立为该法的指导思想，这表明科技进步不仅应服务于经济发展，科技与教育也需要更紧密地结合起来，这即为产学研的结合提供了宽松的社会环境。

其二，在政府与市场关系方面，企业的市场主体地位更为突出。主要表现为2007年修订的《科学技术进步法》专设"企业技术进步"一章用以调整企业科研活动。该章第1条即该法第30条规定，国家建立以企业为主体，以市场为导向，企业同科学技术研究开发机构、高等学校相结合的技术创新体系，引导和扶持企业技术创新活动，发挥企业在技术创新中的主体作用。这一条款明确突出了企业的市场主体资格，也表明了市场规律在科技创新中的基础性地位。在此基础上，政府的职责则演化为保障性职责，主要作用于科研环境的打造。例如，修订后的《科学技术进步法》在规定政府职责时，主要强调其宏观调控的职责，在具体的职权上，第65条规定，国务院科学技术行政部门应当会同国务院有关主管部门,建立科学技术研究基地、科学仪器设备和科学技术文献、科学技术数据、科学技术自然资源、科学技术普及资源等科学技术资源的信息系统,及时向社会公布科学技术资源的分布、使用情况。这表明,《科学技术进步法》注重政府在科研领域的保障职责而非领导职责。

其三,更加注重对科研人员权益的保障。1993 年通过的《科学技术进步法》规定:"国家和全社会尊重知识、尊重人才,尊重科学技术工作者的创造性劳动,保护知识产权。"修订后的《科学技术进步法》则强化了知识产权的保障,该法第 7 条规定,国家制定和实施知识产权战略,建立和完善知识产权制度,营造尊重知识产权的社会环境,依法保护知识产权,激励自主创新。在此基础上,该法还进一步明确了利用财政经费的科研成果的产权归属,即该法第 20 条规定,利用财政性资金设立的科学技术基金项目或者科学技术计划项目所形成的发明专利权、计算机软件著作权、集成电路布图设计专有权和植物新品种权,除涉及国家安全、国家利益和重大社会公共利益的外,授权项目承担者依法取得。这一条实际上参照了美国的《拜杜法》,对于提升科研人员的积极性,促进科技成果的研发和转化具有重要意义。除此之外,修订后的《科学技术进步法》还建立了科研失败的宽容机制、完善了科学技术资源共享制度、强化了农业基础科技研究,[①]这对该法适应新环境下科技工作需要具有积极意义。

修订后的《科学技术进步法》分 8 章共 75 条。第一章为"总则",主要规定该法的立法目的、科技发展的基本战略、基本原则、科技行政管理职责的配备、科技行政决策的程序、科学技术奖励制度等;第二章为"科学研究、技术开发与科学技术应用",主要规定自然科学基金、中小企业创新基金等各类基金的设置、税收优惠的范围、科技研发和成果转化的金融扶持、利用财政性资金设立的科学技术基金项目的成果归属、高新技术产业开发区的设立、技术市场的培育和发展等;第三章为"企业技术进步",主要规定企业

---

① 参见张明龙、章亮、张琼妮:《巩固促进科技创新的法律基础——〈科技进步法〉修改内容研究》,载《河南科技大学学报(社会科学版)》2010 年第 5 期。

的市场主体、政府对企业的扶持、企业知识产权的保护、国有企业的技术创新分配制度等；第四章为"科学技术研究开发机构"，主要规定科学技术研究开发机构的布局和设立、科学技术研究开发机构的权利、利用财政性资金设立的科学技术研究开发机构的内部管理体制等；第五章为"科学技术人员"，主要规定科学技术人员的工资和福利待遇、职务晋升、科学技术人员的交流、科研失败的宽容制度等；第六章为"保障措施"，主要规定财政、研究基地、科学仪器、设备等方面的保障；第七章为"法律责任"；第八章为"附则"，主要规定该法生效的时间。

二、地方层面的立法

在我国 31 个省级行政区中，有 29 个行政区制定了科学技术进步条例，占比为 93.5%；在市级立法中，27 个省会城市、18 个有立法权的市[①]和 4 个经济特区共制定了 26 部科学技术进步条例，占比为 53.1%。这些条例的内容差异较大，以《科学技术进步法》作为范本进行比较，可以将上述立法划分为创新型立法和照搬型立法。

（一）创新型立法

创新型立法是指在《科学技术进步法》的范围内形成了较大的制度创新的立法。地方科学技术进步条例的创新具体包括两个方面：

其一，体系上的创新，即地方科学技术进步条例的体系与《科学技术进步法》存在较大区别的，可定位为体系上的创新。通过将各地方科学技术进步条例与《科学技术进步法》的体系进行比较，笔者认为，各地科学技术进步条例的体系创新主要体现在高新技术及其产业化、研发资金投入等方面（见表 2-1）。

---

① 根据 2000 年制定的《立法法》的规定，只有省会所在市、经济特区所在市和国务院批准的较大的市才具有地方立法权，2015 年《立法法》修改后将具有地方立法权的市扩大至所有设区的市。当然，《立法法》修改之后，截至目前尚没有资料表明新增的具有立法权的市制定了科学技术进步条例。因此，本书在统计市级科学技术进步条例时，依然以原《立法法》中规定的具有地方立法权的市为基数。

表 2-1　国内各地科学技术进步条例体系创新表

体系创新	数量	地区
高新技术及其产业化	8	安徽、合肥、福建、河南、吉林、青岛、山西、四川
研发资金投入	7	合肥、武汉、吉林、宁夏、山西、四川、新疆
科学技术交流	5	福建、广东、吉林、宁夏、四川
创新服务	5	黑龙江、山东、青岛、上海、浙江
组织管理	4	河南、武汉、内蒙古、西安
创新人才保障	3	江西、辽宁、重庆

由表 2-1 可见,在全国现有的 55 部地方科学技术进步条例中,有 8 部列专章规定了高新技术研发及其产业化,有 7 部在研发资金投入方面实现了创新。特别需要说明的是,福建、广东、吉林、宁夏、四川列专章规定了科学技术交流,尤其是《福建省科学技术进步条例》规定的是闽台科学技术交流与合作,体现了该法的地方特色。

其二,内容上的创新。《科学技术进步法》在激励科技创新方面,很多条款仅仅原则性地表示“鼓励”或者“支持”,地方性立法在此基础上创设相应的激励机制的,则可认定为创新型立法。根据数据收集情况,笔者将在《科学技术进步法》基础上创设 3 项以上制度的地方立法界定为创新型立法,这同时表明未被界定为创新型立法的地方立法也有可能存在 1 至 2 项制度创新。依此标准,被界定为创新型立法的有广东、海南、黑龙江、湖北、陕西、天津 6 省和广州、洛阳、青岛 3 市的立法。综合 29 部省级及部分市级立法,各地方科技进步条例主要在人才引进、产学研相结合、金融制度、职务成果实施和收益分配、科研机构改革、高新技术园区建设等方面进行创新,具体如表 2-2 所示。

表 2-2　国内各地科学技术进步条例制度创新表

制度创新	数量	地区
人才引进	8	合肥、广州、海南、江苏、青岛、陕西、天津、浙江
职务成果实施和收益分配	8	贵州、洛阳、湖北、江苏、江西、青岛、陕西、重庆
产学研相结合	6	广州、深圳、黑龙江、青岛、陕西、天津
金融制度	6	广州、深圳、洛阳、黑龙江、青岛、天津
科研机构改革	4	海南、宁夏、济南、广东
高新技术园区建设	3	黑龙江、山西、陕西

从表 2-2 中可见，各地方科技进步条例非常注重人才引进制度的创新。例如，合肥的科技进步条例规定，引进科技人才，不受事业编制、户口和职称指标的限制，配偶和子女可以随调随迁；广州规定，市、区、县级市人民政府建立科技人才住房保障制度；浙江则将企业用于引进高层次人才的配套科研经费列入成本。职务成果实施和收益分配也是各地方科技进步条例进行创新的主要方面，在科技成果实施方面，贵州规定项目承担者通过财政性资金实施科学技术项目取得的科学技术成果和知识产权，应当依法实施转化。3 年内没有实施转化的，政府可以无偿实施转化。湖北则规定，职务科学技术成果形成后一年内未实施转化的，成果完成人提前两个月告知本单位后，在不变更职务科学技术成果权属的前提下，可以创办企业自行转化或者以技术入股方式进行转化。在收益分配方面，湖北规定成果完成人最高可获得 70％ 的成果转化收益，重庆则将完成人获得收益的比例规定为 20％—70％。

除表 2-1、2-2 所列的创新制度之外，具有借鉴意义的还有以下几项制度：其一，黑龙江、湖北规定，高等学校、科学技术研究开发机构的科学技术人员参与创办科技型企业和成果转化的，科学技术人员可以保留原单位身份 3 年；其二，湖北规定，对中小高新技术企业进行投资的机构，投资额可以抵扣部分应纳税所得额；其三，青岛规定科技型中小企业在符合条件时可以减免缴纳城镇土地使用税；其四，江西、四川设置了科技成果转化资金。

（二）照搬型立法

除上文所列的 6 省 3 市之外，其他地方如湖南、福建、重庆、天津、四川、山东、山西等地的科学技术进步条例基本上照搬了《科学技术进步法》的规定。例如，《重庆市科技创新促进条例》仅增设了"科技创新人才"一章，并在该章中就职务科技成果强制实施进行了细化规定，其他方面几乎没有任何创新。另外，《上海市科学技术进步条例》也是典型的照搬型立法：其一，就立法体系而言，《上海市科学技术进步条例》设置了八章，分别为"总则""企业技术进步""科学技术研究开发机构与科学技术人员""科学

技术资源共享与服务""科学技术普及""保障措施""法律责任""附则"，而
《科学技术进步法》的八章分别为"总则""科学研究、技术开发与科学技术
应用""企业技术进步""科学技术研究开发机构""科学技术人员""保障措
施""法律责任""附则"。从章节目录来看，《上海市科学技术进步条例》多
了"科学技术资源共享与服务""科学技术普及"两章，但这两章涉及的内容
在《科学技术进步法》的具体条款中都有体现。其二，在具体内容设置上，
《上海市科学技术进步条例》几乎全面照搬了《科学技术进步法》的规定。
例如，在条例的适用范围、科技行政管理、外国技术引进等方面，《上海市科
学技术进步条例》与《科学技术进步法》的规定并无二致。这种情况在湖
南、福建、重庆、天津、四川、山东、山西等地的相关立法中也同样存在。

第三节　《科学技术进步法》的主要制度

《科学技术进步法》规定了科学研究、技术开发与科学技术应用、企业
技术进步、科学技术人员、保障措施等内容。总体而言，这些规定构成以下
制度机制：

一、科技行政管理制度

在《科学技术进步法》中，科技行政管理制度主要由三方面内容组成：

（一）科技行政管理机构的设立

《科学技术进步法》确定的科技行政管理组织有三：一是国务院。《科
学技术进步法》第 10 条规定，国务院领导全国科学技术进步工作，制定科
学技术发展规划，确定国家科学技术重大项目、与科学技术密切相关的重
大项目，保障科学技术进步与经济建设和社会发展相协调。实际上，宪法
也规定了国务院对科技行政工作的管理职权。我国《宪法》第 89 条规定，
国务院领导和管理教育、科学、文化、卫生、体育和计划生育工作。二是地
方各级人民政府。《科学技术进步法》第 10 条规定，地方各级人民政府应
当采取有效措施，推进科学技术进步。这一条在《地方各级人大和地方各

级人民政府组织法》中也有其依据，即该法第 59 条规定，地方政府管理本行政区域内的经济、教育、科学、文化、卫生等工作。三是科技行政管理部门，即《科学技术进步法》第 11 条规定，国务院科学技术行政部门负责全国科学技术进步工作的宏观管理和统筹协调；县级以上地方人民政府科学技术行政部门负责本行政区域的科学技术进步工作；县级以上地方人民政府其他有关部门在各自的职责范围内，负责有关的科学技术进步工作。除此之外，依《科学技术进步法》第 11 条的规定，国务院其他有关部门在各自的职责范围内，负责有关的科学技术进步工作。

（二）科技行政管理职权的配备

《科学技术进步法》对各行政管理部门之职权的规定较为宽泛，除第 10 条规定的国务院的行政规划权、确定国家科学技术重大项目权、地方各级人民政府采取有关措施的权力和科技行政管理部门负责科技进步事务的权力等，该法还规定了科技行政管理部门的诸多职权。例如，该法第 16 条规定了科技行政管理部门设立自然科学基金的权力，第 19 条规定了部署和发展基础研究、前沿技术研究和社会公益性技术研究以及支持基础研究、前沿技术研究和社会公益性技术研究持续、稳定发展等方面的权力，这些权力是科技行政管理部门开展行政管理活动的依据。

（三）科技行政管理工作制度的设置

《科学技术进步法》也规定了多项科学技术进步的工作制度：一是协调机制。该法第 12 条规定，国家建立科学技术进步工作协调机制，研究科学技术进步工作中的重大问题，协调国家科学技术基金和国家科学技术计划项目的设立及相互衔接，协调军用与民用科学技术资源配置、科学技术研究开发机构的整合以及科学技术研究开发与高等教育、产业发展相结合等重大事项。科学技术进步工作协调机制的主要作用即在于协调项目研究、资源配置、科技主体之间的关系等。二是财政经费扶持制度。该法第 9 条规定，国家加大财政性资金投入，并制定产业、税收、金融、政府采购等政策，鼓励、引导社会资金投入，推动全社会科学技术研究开发经费持续稳定增长。此条即规定了财政经费的投入。除此之外，该法第 19 条、第 20 条规定了财政经费的使用,第 68 条规定了不当使用财政经费的责任等,这即是财政经费扶持制度的主要构成。三是科学技术奖励制度。该法第 15 条规定,国家建立科学技术奖励制度,对在科学技术进步活动中作出重要贡献的组织和个人给予奖励。在此基础上,国务院制定了《国家科学技术奖励条例》,对科学技术奖励的条件、程序等进行了详细规定。

二、基础研究和应用制度

基础研究是《科学技术进步法》的主要内容之一。《科学技术进步法》之所以需要专门设置基础研究和应用制度,其缘由即在于,一方面,基础研究具有非营利性特点,是市场不能予以解决的问题。也就是说,基础科学研究建立在先进的技术设备和实验条件的基础之上,基础研究的开展,不仅需要召集各有专长的研究团队,也需要筹集各种各样的技术设备,而实验的开展更需要耗费昂贵的材料。因此,基础研究的开展需要以强大的人力物力支持为条件。实际上,现有研究也表明,科研投入与科研成果产出呈正相关的关系。[①] 与之相对应的则是基础研究可能较少产生直接经济收益,如数学、天体物理等方面的研究并不能直接应用于社会生产当中。另一方面,基础研究对科学研究的开展又具有不可替代的重要作用。例如,现代航空、运输等技术无一不是建立在力学、数学等基础研究的基础之上。据此,在市场力所不能及的情况下,由《科学技术进步法》设置基础研究和应用制度,其目的即在于解决技术发展所依赖的基础科学问题,促进科学技术的均衡发展。《科学技术进步法》规定的基础研究和应用制度主要包括以下内容:

(一)自然科学基金制度

《科学技术进步法》第 16 条规定,国家设立自然科学基金,资助基础研究和科学前沿探索,培养科学技术人才。通过自然科学基金的设立,国家即可以引导科研力量向基础性研究集中,从而达成促进基础性研究发展的

[①]　参见刘灿、任胜利:《世界各主要国家或地区科研投入与产出的比较分析》,载《中国科学基金》2016 年第 3 期。

效果。实际上,从国家自然科学基金历年的项目情况来看,每年度的自然科学基金也有相当大比例用来扶持基础性研究。

（二）基础性研究的部署

《科学技术进步法》第 19 条规定,国家遵循科学技术活动服务国家目标与鼓励自由探索相结合的原则,超前部署和发展基础研究、前沿技术研究和社会公益性技术研究,支持基础研究、前沿技术研究和社会公益性技术研究持续、稳定发展。也是说,除了通过自然科学基金引导科研力量从事基础性研究之外,国家还可以通过直接部署的方式促进基础性研究的发展。当然,此种部署主要由国有科研院所执行。

（三）技术应用制度

《科学技术进步法》通过强制许可的方式促使技术的应用。具体而言,该法第 20 条第 2 款规定,项目承担者应当依法实施利用财政资金设立的科学技术基金项目所取得的知识产权,同时采取保护措施,并就实施和保护情况向项目管理机构提交年度报告;在合理期限内没有实施的,国家可以无偿实施,也可以许可他人有偿实施或者无偿实施。

三、研究开发机构管理制度

研究开发机构是承担科学研究任务的组织,研究开发机构的管理因此成为国家执行其科研计划的重要步骤。在《科学技术进步法》中,研究开发机构管理制度主要包括以下三个部分:

（一）研究开发机构的设立

依《科学技术进步法》第 42 条的规定,公民、法人或者其他组织有权依法设立科学技术研究开发机构。国外的组织或者个人可以在中国境内依法独立设立科学技术研究开发机构,也可以与中国境内的组织或者个人依法联合设立科学技术研究开发机构。从事基础研究、前沿技术研究、社会公益性技术研究的科学技术研究开发机构,可以利用财政性资金设立。利用财政性资金设立科学技术研究开发机构,应当优化配置,防止重复设置;对重复设置的科学技术研究开发机构,应当予以整合。科学技术研究开发机构、高等学校可以依法设立博士后工作站。科学技术研究开发机构可以依法在国外设立分支机构。据此，公民、法人和其他组织皆有设立科学研究机构的权利。

（二）研究开发机构的权利

我国《科学技术进步法》为研究开发机构设置了明确具体的权利。实际上，研究开发机构的权利源于宪法的规定，我国宪法规定了公民有进行科学研究的权利，国家应提供帮助，这即成为研究开发机构权利的宪法依据。就具体的权利形态而言，依《科学技术进步法》第 43 条的规定，科学技术研究开发机构的权利具体包括：（1）依法组织或者参加学术活动；（2）按照国家有关规定，自主确定科学技术研究开发方向和项目，自主决定经费使用、机构设置和人员聘用及合理流动等内部管理事务；（3）与其他科学技术研究开发机构、高等学校和企业联合开展科学技术研究开发；（4）获得社会捐赠和资助；（5）法律、行政法规规定的其他权利。当然，从上述权利来看，不管是参加学术活动、确定科学技术研究开发方向的权利，还是合作从事科学研究的权利，都属于自由权的范畴。作为消极权利，这些权利能够确保研究开发机构科学研究活动的开展不受国家干预，但该法没有规定科学研究开发机构的积极性权利，即没有规定科学研究开发机构请求国家予以特定给付的权利，积极权利的缺失是《科学技术进步法》难以有效实施的主要原因之一。[①]

（三）研究开发机构的内部组织和管理

依《科学技术进步法》的规定，就利用财政资金设立科学技术研究开发机构而言，其应当设立现代院所制度，即一方面实施院长或者所长负责制，据此实现科研院所与行政部门的分离，保障研究的独立性；另一方面需要建立科学技术委员会咨询制和职工代表大会监督制等制度，以此确保科学研究人员的正当利益及其独立性。另外，该法也对利用财政资金设立的科

---

① 参见周海源：《从政府职责到科研权利：科技法虚置化的成因与出路》，载《华中科技大学学报（社会科学版）》2016 年第 6 期。

学技术研究开发机构提出特别要求，即应当为国家目标和社会公共利益服务；有条件的，应当向公众开放普及科学技术的场馆或者设施，开展科学技术普及活动。也就是说，《科学技术进步法》要求利用财政资金设立的科学技术研究开发机构承担一定的社会服务功能，研究成果服务于国家战略和社会发展，同时将其公共资源向社会开放以实现科学技术普及的目的。

四、科学技术进步保障制度

《科学技术进步法》设立了诸多的科学技术进步保障制度。实际上，科技研发和成果转化存在投入大、风险高的困境，科学研究需要加大政府投入，这是现代科技发展的基本规律。也就是说，与传统的手工作坊式的科学研究不同，现代科学研究建立在先进的技术设备和实验条件的基础之上，研究的开展需要以强大的人力物力支持为条件。现有研究也表明，科研投入与科研成果产出呈正相关的关系。与科学研究的资金投入需求大相对应的是，科研收益的风险也较高。一方面是科学研究存在失败的风险。从其本质上而言，科学研究是对人类未知的领域所进行的探索，既然是未知的，探索的结果如何当然也是不确定的。另一方面，科学技术研发和转化也存在失败的风险。例如，一项成果被研发出来之后，其或许在实验环境下具有可操作性，但要将技术转化为能够在工厂环境下复制出来的生产设备或产品，则需要更为严谨的实验和论证，这即决定了这一过程具有相当大的不可预测性。另外，就公益性、基础性的科学技术研究而言，其甚至可能存在不能获得收益的风险。这种情形即决定了市场资金投入难以全面满足科技产业发展的需要。基于此，科技行业的发展离不开政府的扶助。这即是《科学技术进步法》需要设置诸多保障措施的原因。该法中的保障措施主要包括以下几个方面：

（一）人才保障

人才是科技发展的不竭动力。科技产业与其他产业发展的不同之处即在于，科技发展对科学技术人员有更高的要求，即科学技术人员不是按部就班地从事重复的操作工作，而需要在研究过程中归纳经验和提出新的创意或想法,在此基础上方有可能实现科技创新。这决定了科学技术人员必须最大限度地发挥其主观能动性,这是科技获得进步的前提。而《科学技术进步法》则需要为科学技术人员发挥其主观能动性提供空间和诱导。其中,利益诱导是人之主观能动性得以发挥的有力催因。因此,《科学技术进步法》规定了诸多科学技术人员权利赋予和保障措施。例如,《科学技术进步法》第 48 条明确规定,科学技术人员是社会主义现代化建设事业的重要力量。国家采取各种措施,提高科学技术人员的社会地位,通过各种途径,培养和造就各种专门的科学技术人才,创造有利的环境和条件,充分发挥科学技术人员的作用。在此基础上,其他条款还将第 48 条予以具体化,如第 49 条规定了科学技术人员的福利待遇;第 50 条、第 51 条规定了科学技术人员接受继续教育的权利和就业、研究方面的自主选择权;第 52 条则规定了科学技术人员在艰苦、边远地区或者恶劣、危险环境中工作的补贴和健康防护;第 53 条规定了青年科学技术人员、少数民族科学技术人员、女性科学技术人员的平等权利等。

（二）财政资金保障

如上所述,科技研发和成果转化存在投入大、风险高的困境,科学研究需要加大政府投入,这是现代科技发展的基本规律。为此,《科学技术进步法》规定了较为完善的财政资金扶持制度。《科学技术进步法》第 59 条即明确提出,国家逐步提高科学技术经费投入的总体水平;国家财政用于科学技术经费的增长幅度,应当高于国家财政经常性收入的增长幅度。全社会科学技术研究开发经费应当占国内生产总值适当的比例,并逐步提高。这是对财政资金扶持的原则性规定,即要求国家提高科学技术经费的投入,且其比例不低于国内生产总值的增长比例。在此基础上,该法第 60 条规定了财政资金投入的方向,即主要投入于科学技术基础条件与设施建设,基础研究,对经济建设和社会发展具有战略性、基础性、前瞻性作用的前沿技术研究、社会公益性技术研究和重大共性关键技术研究、重大共性关键技术应用和高新技术产业化示范,农业新品种、新技术的研究开发和农业科学技术成果的应用、推广等方向。当然,国家和地方在特定时期内还可能对科技发展进行战略布局,进入布局范围内的重大项目研究当然也是财政资金扶持的重要方向。该法第 62 条规定了财政资金的使用管理,即确定利用财政性资金设立的科学技术基金项目,应当坚持宏观引导、自主申请、平等竞争、同行评审、择优支持的原则;确定利用财政性资金设立的科学技术计划项目的项目承担者,应当按照国家有关规定择优确定。利用财政性资金设立的科学技术基金项目、科学技术计划项目的管理机构,应当建立评审专家库,建立健全科学技术基金项目、科学技术计划项目的专家评审制度和评审专家的遴选、回避、问责制度。

（三）物质帮助

依宪法的规定,国家对于从事有利于社会的科学研究的人员应给予帮助,此种帮助不仅包括财政资金上的帮助,还包括直接的物质帮助。当然,国家对科学技术人员的物质帮助应当注重共享性,即其提供的物质条件应当向全体科学技术人员开放,只要符合特定条件的人员即可以使用这些资源。依《科学技术进步法》的规定,国家提供的直接物质帮助主要为国家科学技术研究实验基地,即该法第 63 条规定,国家遵循统筹规划、优化配置的原则,整合和设置国家科学技术研究实验基地。另外,该法第 65 条规定,国务院科学技术行政部门应当会同国务院有关主管部门,建立科学技术研究基地、科学仪器设备和科学技术文献、科学技术数据、科学技术自然资源、科学技术普及资源等科学技术资源的信息系统,及时向社会公布科学技术资源的分布、使用情况。此条规定的科学技术研究基地、科学仪器设备和科学技术文献等资源信息系统实际上也是国家提供的直接物质帮助。当然,国家还有可能通过间接方式提供物质帮助。例如,该法第 63 条同时规定,国家鼓励设置综合性科学技术实验服务单位,为科学技术研究开发机构、高等学校、企业和科学技术人员提供或者委托他人提供科学技术实验服务。依此条的规定,国家鼓励综合性科学技术实验服务单位为科研机构提供的帮助即是一种间接帮助。

五、法律责任制度

《科学技术进步法》规定的法律责任主要包括以下几种类型:

（一）财经法律责任

该法第 67 条规定，虚报、冒领、贪污、挪用、截留用于科学技术进步的财政性资金，依照有关财政违法行为处罚处分的规定责令改正，追回有关财政性资金和违法所得，依法给予行政处罚；对直接负责的主管人员和其他直接责任人员依法给予处分。

（二）违反财政资金使用义务的责任

该法第 68 条规定，利用财政性资金和国有资本购置大型科学仪器、设备后，不履行大型科学仪器、设备等科学技术资源共享使用义务的，由有关主管部门责令改正，对直接负责的主管人员和其他直接责任人员依法给予处分。

（三）侵犯科研自主权的责任

该法第 69 条规定，滥用职权，限制、压制科学技术研究开发活动的，对直接负责的主管人员和其他直接责任人员依法给予处分。

（四）违反科研伦理的责任

该法第 70 条规定，违反本法规定，抄袭、剽窃他人科学技术成果，或者在科学技术活动中弄虚作假的，由科学技术人员所在单位或者单位主管机关责令改正，对直接负责的主管人员和其他直接责任人员依法给予处分；获得用于科学技术进步的财政性资金或者有违法所得的，由有关主管部门追回财政性资金和违法所得；情节严重的，由所在单位或者单位主管机关向社会公布其违法行为，禁止其在一定期限内申请国家科学技术基金项目和国家科学技术计划项目。除此之外，该法还规定了骗取国家科学技术奖励、滥用职权、玩忽职守、徇私舞弊等行为的责任。

第四节　《科学技术进步法》的完善

一、强化《科学技术进步法》的"基本法"地位

本书第一章已对《科学技术进步法》的"科技基本法"地位进行了充分

论述。当然，《科学技术进步法》的此种基本法律地位，更多的是学界的"一厢情愿"，而未得到相关权威文件的证实。实际上，阻碍《科学技术进步法》成为基本法律的最大因素在于，该法并非由全国人大制定，而是由全国人大常委会制定。具体而言，依《宪法》第62条的规定，制定基本法律为全国人大的职权，而全国人大常委会并不具备此项职权。据此，由全国人大常委会制定的《科学技术进步法》似乎并不是基本法律。然而，从当时的实际情况来看，按照全国人大常委会的立法规划，《科学技术进步法》本应是由全国人大制定通过的基本法律，但受当时立法的准备工作、立法议程等外部因素的影响，1993年7月2日，其由第八届全国人大常委会第二次会议审议通过。① 因此，从这个角度而言，《科学技术进步法》未由全国人大制定通过而成为"基本法律"实属意外。当然，《科学技术进步法》不具备形式意义上的基本法律的地位，但并不代表其不具有统领科技创新立法的地位。实际上，从上文分析可见，《科学技术进步法》是作为其他科技创新法的框架性立法而存在的。因此，从这个角度而言，《科学技术进步法》欠缺的是作为基本法律的形式要件而非实质要件，未来对《科学技术进步法》作修改只要弥足这一形式要素，《科学技术进步法》即可完整具备科技创新领域之基本法律的地位。

作为基本法律，《科学技术进步法》有必要对涉及科技研发、科技服务市场和科技行政管理的活动进行规范。在此意义上，《科学技术进步法》在体系上应当由"总则""科技行政管理""科技创新主体""科学研究活动""科技成果归属、转移和实施""科技市场建设""科技进步奖励""科技园区建设""科技创新保障"等部分构成。"总则"一章可规定该法的基本原则、适用范围、效力等一般性事项。"科技行政管理"可将现行《科学技术进步法》中关于科技行政管理的内容予以继承，并结合政府职能转变和政府管理方式创新等改革实践作出新规定，重点在于明确政府管理职权；"科技成果归属、转移和实施"需要具体规定科技成果归于何人，成果转移权行使的要求，实施的期限、方式，以及实施义务等内容；"科技园区建设"则需要规定

---

① 参见沈仲衡编著：《科技法学》，暨南大学出版社2007年版，第32页。

科技园区的准入标准、准入程序、园区规划、园区服务等内容,这将在下文予以重点论述。

二、完善《科学技术进步法》的内容体系

(一)政府创新管理体制

创新驱动发展战略的实施要靠"双轮"驱动,即科技创新和体制机制创新,其中体制机制创新就是要调整一切不适应创新驱动发展的生产关系,统筹推进科技、经济和政府治理三方面体制机制改革。在此过程中,政府对科技产业的管理体制改革至关重要。体制机制改革的要求体现到科技法层面,则首先需要对《科学技术进步法》中的科技行政管理体制进行改革,主要需要从以下几个方面进行改革:

一是明确管理职权。《科学技术进步法》第 10 条、第 11 条分别规定了各级政府及其科技行政部门在科技工作中的职责,但这两条的规定过于原则、抽象,赋予科技行政管理部门的权力也难以使之承担起促进科技创新的任务。具体可作如下修改:(1)明确各级政府职权。《科学技术进步法》可规定,各级人民政府领导本行政区内的科学技术进步工作,组织制定科学技术进步发展规划,筹备科研经费,并负责对科学技术进步发展规划的实施情况进行监督检查;确定本行政区内科学技术发展的目标、任务和重点领域,安排科技研发的重大项目,组织有关部门开展科学技术发展战略研究。(2)强化科学技术行政部门职权。科学技术行政部门作为开展科技行政管理、推动科技创新发展的主要行政部门,其所开展的行政管理活动关涉到政府的科技发展战略能否实现的问题。从当前科学技术行政部门的职权来看,其大部分的权力都是推荐、申报、评估等程序性权力,在行政规划、行政奖励、行政指导、行政合同等方面的软性权力实际上难以有效激励科技发展。因此,科技行政管理部门激励科技发展的软性权力应当予以增加。为此,《科学技术进步法》可规定,各级科学技术行政部门负责科学技术进步工作的综合管理和统筹协调,实施科学技术进步发展规划,在其职权范围内可采用行政奖励、行政合同、行政指导等方式引导企业开展科

技创新。

二是规范行政管理活动。近年来，我国进行了行政审批制度改革，《科学技术进步法》应当吸收这些改革的成果，对各级政府与科技行政部门在科技创新工作中的权力和责任进行明确，进一步减少政府强制干预科技市场运行的权力，其中最重要的即是减少和限制管理部门的审批权。为此，该法可增加规定，各级政府应进一步深化审批体制改革，对于能够由市场竞争调节或企业自主决定的事项，逐步取消行政审批；放宽新兴行业市场准入管制，取消企业创新投资项目备案审批制度，简化工商、税务等管理部门的审批、登记流程。

三是创新激励方式。如上所述，科技创新发展需要建立在尊重市场规律和保障个人自由的基础之上。因此，在科技创新领域，政府需要开展行政管理活动的，其应以激励手段为主，以规制手段为辅。从各级科技行政管理部门享有的权力来看，其权力也大多是指导、奖励等激励型的权力。当然，基于科技发展的重要性，当前政府享有的激励性手段过少。究其原因，还在于学理上通常认为，纵使是激励型行政活动的开展也需要严格遵循"法无明文规定不可为"的行政法原则，激励型行政活动的开展要求有明确的法律依据。笔者认为，很多激励型手段（如行政指导、行政合同等手段）的开展，并不会限制、损害公民的权利或利益，也不会形成财政负担。为此，这些手段的运用可以适用较为宽松的控权标准。体现在《科学技术进步法》中，该法可增加规定，各级人民政府根据本法规定的原则，结合本地实际，可以采取更加有利于促进科技研发和科技成果转化的措施。

（二）国家自主创新示范区建设

《国家创新驱动发展战略纲要》将培育具有国际竞争力的产业集群和区域经济作为推进优化区域创新布局、促进科技发展的重要支点，产业集群的发展需要科技园区这一平台作为载体，科技园区能够发挥产业发展的集聚力，因此园区发展是科技进步的重要推进力。国家对科技园区发展的重视也可以从科技产业园区升级为自主创新示范区中体现。因此，《科学技术进步法》应为科技园区及其管理体制的设立提供制度空间。

一是园区规划。《科学技术进步法》应建立示范区与地方政府有关部门就示范区与周边地区的基础设施、公共设施以及其他配套设施进行统筹的协调机制。

二是管委会性质和职权。《科学技术进步法》应明确规定科技园区管委会作为一级政府的派出机构的法律地位,同时明确各地政府在不违反法律、法规关于授权、委托规定的情况下,可以授予其行使本级人民政府必要的经济管理权限和职能。在这个基础上可明确园区管委会服务职能,即可规定:园区管委会应当建立和完善创新创业服务体系,支持金融、法律、知识产权、管理和信息咨询等方面的服务行业的发展。

三是中介服务集群化发展。园区发展规划及其优惠政策制定应考虑中介服务集群化发展的需要。因此,《科学技术进步法》可规定,科技园区的规划和建设应注重完善园区中介服务功能,大力引进研究开发、技术转移、检验检测认证、创业孵化、知识产权、科技咨询、科技金融等专业科技服务,符合《科学技术进步法》规定的中介服务企业可以获得与园区科研开发企业同等的优惠政策。

四是科技园区的进入与迁出。《科学技术进步法》可规定可以申请进入科技园区的企业或项目,具体可包括以下企业或项目:科技行政管理部门认定的高新技术企业或者项目;国内外知名高新技术企业;为高新区的高新技术企业提供相关配套服务的企业或者机构。在此基础上,还应进一步明确规定可进入高新区的企业或者项目的申报程序。

（三）科技创新主体

《国家创新驱动发展战略》将壮大创新主体作为引领创新发展的重要抓手,创新主体的发展需要相关的制度机制予以保障,这体现到《科学技术进步法》当中,即要求该法强化企业的主体地位,推进科研院所管理机制改革,完善国有企业的激励机制,并强化对科技服务企业的扶持力度。

一是强化企业主体地位。企业在科技创新中的主体地位只能增强不能削弱,为此,《科学技术进步法》可规定,除法律明文规定外,企业在科学技术开发和应用方面享有自主权,不受行政机关干预。在此基础上,该法还应当充分保障各类企业的平等地位，可增加规定：各类企业在技术创新上地位平等，享受同等待遇。

二是科研院所改革和分类管理。科研院所管理体制改革也应当是《科学技术进步法》修改的重要任务。该法可作以下修改：其一，就科研院所分类管理而言，《科学技术进步法》可规定，推进科研院所分类管理制度改革，对于基础研究和社会公益类科研院所，提供稳定的人员经费和科研经费财政保障；建立政府稳定资助、竞争性项目经费等财政扶持方式扶持前沿和共性技术类科研院所。促进应用技术类科研机构由事业法人转变为科技型企业法人、部分或者整体进入企业、转变为企业型中介服务机构等，改制后的科研院所实行企业管理体制，但可保留其继续享受国家和省关于研究开发机构的优惠政策的资格。其二，就科学技术人员收入制度而言，《科学技术进步法》可设置聘任制和年薪制，并规范安家费、科研启动经费的给付，加大创新型、技术型人才的支持力度。

三是国有企业激励机制。《科学技术进步法》可规定，在国有企业负责人业绩考核过程中，实行创新投入等同利润的考核办法，对主动承接国家和本市重大专项、科技计划，战略新兴产业领域产业化项目，收购创新资源和境外研发中心所产生的费用，经认定可视同考核利润。另外，对于国企科研人才激励，该法可规定：鼓励国有企业改革薪酬制度，对高层次科技人才可实施年薪工资、协议工资和项目工资等。鼓励国有企业开展员工持股试点。

四是科技服务企业发展。科技服务市场的完善能为科技企业发展提供良好的市场环境和服务。因此，《科学技术进步法》应进一步规范和强化对科技服务企业的扶助。其一是科技服务企业的地位。《科学技术进步法》应明确将科技服务企业作为广义的"科技研发企业"对待，科技研发企业享有的各种优惠政策，也应惠及符合特定条件的科技服务企业。其二是孵化机构的发展。该法可规定，国家采取措施引导多元化投资主体投资完善现有科技企业孵化器或者新建各类科技企业孵化器和加速器，在规划、用地、财政资金等方面给予支持。科技企业孵化器和加速器应当不断提高专业化服务水平,按照市场机制的原则,为进驻企业提供专业孵化、创业引导和持股孵化的服务,实现自主经营、自我约束、自我发展。

（四）创新投入制度

《国家创新驱动发展战略纲要》提出,要多渠道增加创新投入,切实加大对基础性、战略性和公益性研究稳定支持力度,完善稳定支持和竞争性支持相协调的机制。探索建立符合中国国情、适合科技创业企业发展的金融服务模式。鼓励银行业金融机构创新金融产品,拓展多层次资本市场支持创新的功能,积极发展天使投资,壮大创业投资规模,运用互联网金融支持创新。这反映到法律层面,则要求《科学技术进步法》的修改需要进一步完善科技与金融相结合的制度,为科技企业提供充足的创业风险保障。

一是银行业激励。《促进科技成果转化法》规定,国家鼓励银行业金融机构在组织形式、管理机制、金融产品和服务等方面进行创新,鼓励开展知识产权质押贷款、股权质押贷款等贷款业务,为科技成果转化提供金融支持。《科学技术进步法》可将此条激励措施扩大至科技研发和转化的全部过程。具体可规定,鼓励银行业设立科技投资银行,支持设立民营科技银行,为科技企业提供融资、股权投资、并购融资等金融服务。鼓励银行开展知识产权质押贷款、股权质押贷款等贷款业务;政府建立政策性贷款风险补偿准备金制度,对于商业银行开展对科技型企业的知识产权质押、信用贷款、信用保险所发生的亏损,实行财政性有限补偿制度。

二是担保业激励。担保制度的健全是投资得以增长的有力保障,在鼓励科技创新的背景下,《科学技术进步法》也有必要通过促进担保业的发展而为科研投资提供保障。因此,《科学技术进步法》可以规定,政府建立政策性信用担保风险准备金制度,对于政府设立的再担保机构为科技创新提供再担保所发生的亏损,实行财政性有限补偿制度。

三是保险业激励。《科学技术进步法》采用了大量的金融举措为科技进步提供资金支持。当然,对现有的金融与科技整合的手段,《科学技术进步法》还应进一步予以具体化,可规定:鼓励商业保险公司开发科技研发风险险种,对商业保险公司因办理科技研发风险险种的盈利额给予税收优惠；发生亏损的，从政策性贷款风险补偿准备金中给予一定比例的补偿。

四是完善企业研发风险保障制度。作为一种市场化的投资方式，天使投资和股权众筹平台既可减少政府通过投资对科技创新企业之生产经营活动的干预，又可为中小企业尤其是科技型中小企业发展提供充足的资金支持，也可最大限度地收集社会闲散资金，使之能够投入到生产领域，达到充分调动社会资源的目的。为充分保障天使投资和股权众筹这两种方式的合法性，同时规范这两种投资方式的管理，《科学技术进步法》有必要将之纳入规范范围内。

（五）科技创新保障

一是投入保障和监管。其一是投入保障。《科学技术进步法》可规定，加大财政资金用于软投入的比例，将基础研究项目人员经费比例提高为60%；建立针对基础前沿类科技计划的持续性财政支持机制，财政支出由一次划拨改为年度划拨；对市场需求明确的技术创新活动，可通过风险补偿、后补助、创投引导等方式促进科技成果深化开发和成果转化、产业化。其二是科研经费监管。《科学技术进步法》可规定，建立科研计划专项经费巡查管理制度，由科技行政管理部门对承担科研计划项目（课题）的单位开展检查。科技行政管理部门选取部分项目（课题），组织巡查组进行现场检查。巡查组在巡查中发现违规行为的，应在巡查工作记录表中详细记录并收集相关证据，在总结中向科技行政管理部门报告。对巡查中发现的违规行为，情节严重的，科技行政管理部门依据有关管理规定，采取包括约谈单位法定代表人、通报批评、暂停项目（课题）拨款、不通过财务验收、终止项目（课题）执行、追回已拨项目（课题）经费、取消项目（课题）承担者一定期限内的项目（课题）申报资格等处理措施，并可向社会公开处理结果。

二是科技人才的保障机制建设。《科学技术进步法》应具体化其人才保障措施，具体可作以下规定：其一，缩短外籍高层次人才永久居留证申办周期，简化外籍高层次人才居留证件、人才签证和外国专家证办理程序。其二，各级人民政府建立科技人才住房保障制度，为符合条件的科技人才提供周转用房和适当的住房补贴；鼓励有条件的科技园区和企业建设科技人才公寓。其三,实施创新创业团队和领军人才计划,吸引海内外的高层次人才。对符合条件的,给予一定金额的创业和科研启动经费、创业借款贴息和安家费补贴;在户口迁移、配偶就业和子女入学等方面提供便利和优惠。

三是税收优惠。《科学技术进步法》还可以进一步扩大抵扣范围,将查新费、知识产权申请费、外聘专家费、研发用房屋等固定资产折旧费与租赁费、科技型企业人才引进的配套经费作为成本予以抵扣;另外,也可考虑减免符合特定情况的中小企业的土地使用税。

四是细化产学研结合的方式。"产学研协同创新的关键是形成以企业、大学与科研院所为主体,以政府、创新平台、中介组织等为辅助的多元主体协同互动的网络创新模式。"①因此,产学研结合不仅是发挥企业主体地位的重要方式,也是整合科研资源、促进科技进步的有力手段,《科学技术进步法》应进一步保障企业与高校、科研院所合作的方式,具体可以规定,企业可以通过项目合作、共建研发基地和创新联盟,以及购买高校、科学技术研究开发机构科学技术成果等方式加强与高校、科研院所的合作。

第五节　地方科技进步条例的完善

一、地方科技进步条例的实施难问题

立法的目的在于实施,法律经颁行之后,只有被严格执行和适用,内含于法律之中的人们对美好生活的期待方有可能得到实现。相反,法律得不到实施,不仅造成立法资源的浪费,也使人们意欲通过立法改善生活环境的愿望落空。我国历来重视科技创新法律规范的制定,早在 1993 年即制定了《科学技术进步法》,并于 2007 年进行了修订,各地一般也制定了科技进步条例。然而,各地的科技进步条例制定之后,其很少得到良好的实施,

---

① 董恒敏、李柏洲:《产学研协同创新驱动模式——基于河南驼人集团的案例研究》,载《科技进步与对策》2015 年第 5 期。

科技进步条例被虚置的情况较为严重，具体表现在以下三个方面：

其一，从立法转化的角度来看，地方科技进步条例缺乏配套立法的转化。以《上海市科技进步条例》为例，该条例共有 8 章 49 条。由于上海市金融行业较为发达，其在金融方面制定了部分规范以落实科技进步条例中的金融扶持措施，如制定了《上海市科技型中小企业技术创新资金管理办法》以落实该条例第 18 条的规定，制定了《上海市创业投资引导基金管理暂行办法》落实该条例第 15 条的规定。然而，除此之外，该条例所提出的诸多鼓励措施则没有相关下位法予以具体化，如该条例第 10 条规定的鼓励开展国内外科学技术合作与交流，第 13 条规定的鼓励引进国外先进技术、装备，第 14 条规定的鼓励企业实施技术标准战略，以及第 21 条规定的鼓励企业建立研究开发机构等，皆没有相应下位法予以具体化，科技行政管理部门也未配备此方面的权力，这表明以上条款缺乏相应的实施机制。更为重要的是，相较而言，上海市相关配套立法已算较为完善，而上海市就科技进步条例的配套立法尚存在上述不足，推而论之，这种情况在其他地方可能更为严重。

其二，从行政执法的角度来看，科技进步条例未能有效规范科技行政管理部门的权力。就其属性而言，科技进步条例属于科技创新法的范畴，科技创新法的主要作用在于通过科技资源的配置和科研环境的打造以促进科技研发的开展和成果转化的实施。为实现此目的，科技进步条例即需要规定行政机关在科技资源配置和科研环境打造过程中的权力。简言之，行政权力的配置和控制是科技进步条例的主要内容之一。然而，从实践情况来看，科技进步条例似乎难以起到规范科技行政管理部门之权力的作用。从上海市科技行政管理部门权力清单来看，该部门很多权力并非来源于法律尤其是《科学技术进步法》和科技进步条例的赋予，而是由其他文件赋予。在该份权力清单所列的 84 项权力中，只有"科学技术奖评选""鼓励开展青少年科普教育工作""制定科学技术进步发展规划"等少数几项权力来源于《科学技术进步法》和科技进步条例的规定；与此同时，高达 35 项权力没有获得来自法规、规章以上的法律规范的授权，占比为 41.7%。其中，行政检查为 1 项,占所有行政检查权力的 50％;行政确认为 2 项,占比为 100％;行政备案为 1 项,占比为 100％;行政指导为 5 项,占比为 35.7％;行政规划为 2 项,占比为 40％;其他权力为 24 项,占比为 58.5％。[①] 这表明科技进步条例并未起到规范科技行政管理权力的作用。

其三,从司法适用的角度来看,科技进步条例未成为司法审判的依据。笔者以"科学技术进步条例"为关键词在北大法律信息网的案例库中进行检索,搜到的案例仅有 3 件,行政案件 2 件,其中信息公开诉讼一件,即法院适用《浙江省科学技术进步条例》判断科协的被告主体资格;其他行政行为诉讼一件,即法院适用《江苏省科学技术进步条例》确定科技局的职权;刑事案件一件,即法院适用《福建省科学技术进步条例》判断科研工作人员利用自身科技研发技能为企业开展有偿服务的合法性。科技进步条例未被法院在司法过程中适用,绝不表明条例的实施能防范纠纷的产生,相反,这种状况只能表明条例较少得以实施。

二、照搬型立法与地方科技进步条例实施难的关联

地方科技进步条例之所以难以得以实施,与地方科技进步条例照搬上位立法相关规定的情况有紧密联系。除北京、西藏之外,全国 29 个省、直辖市、自治区和部分省会城市、具有立法权的城市都制定了科技进步条例。这些条例差异较大,以《科学技术进步法》作为范本进行比较,笔者将在《科学技术进步法》基础上创设 3 项以上制度的地方立法界定为创新型立法,这同时表明未被界定为创新型立法的地方也有可能存在 1 至 2 项制度创新。依此标准,在 29 部省级及部分市级立法中,除广东、海南等 6 省和广州等 3 市的立法外,其他地方如湖南、福建、重庆、天津、四川、山东、山西等地的科技进步条例基本上照搬《科学技术进步法》的规定。照搬型立法的"照搬"一般体现在两个方面:其一是体系上的照搬。例如,《上海市科学技

---

① 上述数据由笔者在参加"上海市科委行政权力清单审查清理和深度改革研究"项目过程中进行统计所得。本次统计以上海市科委行政权力清单改革的阶段性成果为依据,后续改革还在推行中,最终情况以上海市科委发布的官方文件为准。

术进步条例》与《科学技术进步法》在章节设置上基本一致。虽然《上海市科学技术进步条例》增设了"科学技术资源共享与服务""科学技术普及"两章，但这两章涉及的内容在《科学技术进步法》的具体条款中都有体现。其二是内容上的照搬。如果说科技创新涉及事项的一致性决定了地方科技进步条例不可能在体系上有所突破的话，在内容设置上，诸多地方的科技进步条例与《科学技术进步法》显现出来高度的一致性，反映出这些地方性条例的照搬程度。例如，《湖南省科技进步条例》几乎全面照搬了《科学技术进步法》的规定，在条例的适用范围、科技行政管理、外国技术引进等，与《科学技术进步法》的规定并无二致。照搬型的立法，在规范的层面造成地方科技进步条例的操作性不足，在实证的层面则使之缺乏地方特色而失去实施的社会根基。

（一）地方科技进步条例的操作性不足

可操作性是立法的基本要求。尤其是对于地方立法而言，宪法和法律设定基本的制度框架之后，地方立法需要将之转化为具有可操作性的制度机制。"从宪法和立法法的规定看，地方立法的主要功能就是对法律、行政法规的细化补充、拾遗补缺便于操作。"①在上位法必须具备普遍性、抽象性特征的情况下，地方立法照搬上位法将使之失去可操作性。从立法技术上看，科技创新法律规范更多地属于激励型法，通过刺激行为人的心理动机，规范其外在行为，激发社会主体的主观能动性，从而使其积极参与科技创新活动。② 基于此，《科学技术进步法》使用了众多的"鼓励""支持"等词语。这些"鼓励"和"支持"应由地方科技进步条例予以具体化，而诸多地方立法显然没有完成这一任务。以《上海市科学技术进步条例》为例，该条例出现"鼓励"和"支持"的频次分别为 20 次和 16 次，而"鼓励"和"支持"之后却较少规定具可操作性的鼓励措施或支持政策。鼓励和支持本身是一种政策宣示性质的用语。而法律与政策最为根本的区别在于法律本身存在强有

① 李建新：《地方立法贵在可操作性》，载《新疆人大》2013 年第 10 期。
② 参见付子堂、孟甜甜：《激励型法的学理探析——以美国〈拜杜法案〉为切入点》，载《河南财经政法大学学报》2014 年第 3 期。

力的制度机制,这些制度机制可能通过政府职责、公民权利和义务等内容而得以体现。只有以这些制度机制为依托,法律条文的规定方有可能得到实施。因此,如果作为地方性立法的地方科技进步条例没有将上位法的规定具体化为政府职责、公民权利和义务,反而照搬照抄上位法中的"鼓励""支持"等政策宣示性条款,则这些政策宣示必然缺乏"法律"的制度机制而难以推动实施。

（二）地方科技进步条例的地方特色缺失

我国国土面积辽阔,国情复杂,这造成了各地科技发展呈现各具特色的局面。从笔者整理的地方科技进步条例的情况来看,多数地方的科技进步条例基本上照搬《科学技术进步法》的规定而没有体现各地的特色。例如,湖南的农业科技较为先进,农业科技进步对农业增长的贡献率高达51.3％,比全国平均水平高出1.3％。当然,该省农业科技创新也存在精英人才短缺老化、农业科技成果转化扩散能力弱、科研机构难以发挥主体作用等问题。[①] 然而,2012年颁布实施的《湖南省科技进步条例》并没有针对这些问题设置相应的解决机制。其仅在第31条规定科学技术研究开发机构的研发自主权,且缺乏具体的保障措施,在人才引进和培养、成果转化等方面都只是照搬了《科学技术进步法》的规定,并没有就农业科技的发展作出专门规定。另外,科技发展离不开资金支持,上海作为金融中心,其发达的金融业也为科技企业尤其是中小型科技企业的发展提供了有力支撑。实际上,上海市也只有发挥其强大的金融实力,才有可能对国际上中小企业、初创型企业产生吸引力。[②] 然而,在金融支持科技创新方面,《上海市科学技术进步条例》照搬了《科学技术进步法》第34条、第35条等条款,在第15条、第16条中对促进科技与金融结合的扶持机制进行了原则性规定,仅增设了创业投资风险救助金,并没有其他具有创新性的举措。与此同时,上

---

① 参见董成森:《农业科技创新面临的问题及对策——以湖南省为例》,载《湖南农业大学学报(社会科学版)》2010年第4期。
② 参见陈恭:《未来30年上海将如何推进产业发展——"上海未来产业发展战略和'十三五'产业转型升级"专题研讨会综述》,载《科学发展》2015年第8期。

海市创建科技创新中心还面临平台、人才、成果转化等方面的问题,而《上海市科学技术进步条例》并没有为这些问题的解决提供制度框架。为解决这些方面的制度障碍,上海市不得不出台了《关于促进金融服务创新支持上海科技创新中心建设的实施意见》《关于进一步加大财政支持力度加快建设具有全球影响力的科技创新中心的若干配套政策》《关于深化人才工作体制机制改革促进人才创新创业的实施意见》等系列文件。这些文件虽然为上海市开展科技行政管理创新提供了依据,但实际上架空了《上海市科学技术进步条例》,使之处于被闲置的尴尬地位,这就使得该条例的立法意义大打折扣。从这个角度而言,照搬立法使地方科技进步条例没有顾及当前科技行业发展所立足的社会背景及行业本身存在的问题,这必然导致地方科技进步条例未能体现本地特色和回应本地实际需要而失去实施的社会根基,最终被其他规范性文件所架空。

三、转化型立法的理论基础

照搬型的地方科技进步立法成为地方科技进步条例难以实施的成因。为解决这一问题,地方科技进步立法须从照搬型立法走向转化型立法。转化型地方立法既有其宪法依据,同时也符合地方科技进步条例的应有属性。

(一)地方立法的权限

我国《宪法》第 3 条规定,中央和地方的国家机构职权的划分,遵循在中央的统一领导下,充分发挥地方的主动性、积极性的原则。此条规定实际上亦适用于中央和地方的立法权划分。因此,这项原则体现在地方科学技术进步立法中,即具体化为维护法制统一性和发挥地方积极性、创新性相结合的原则。一方面,地方科技进步条例作为地方立法,其必须与上位法保持一致,具体表现为其不能违反上位法的强制性规定,也不能在无上位法依据的情况下减少公民权利。另一方面,宪法与立法法授予地方立法机关制定地方性法规的权力的目的在于,使地方立法机关在遵循法制统一的基础上,结合本地实践制定出更加切合本地需求的法规,从而使法律的精神在地方层面上能够得以充分体现和落实。"地方各级人大及其常委会在宪法授权的范围内行使立法权,对于保障我国法制的统一和最终实现公民的宪法权利意义重大。"①因此,地方科技进步立法在不与《科学技术进步法》及其他上位法相抵触的基础上,需要充分考虑本地实践,体现地方特色。

国家层面的立法一般只是原则性设定法律制度的基本框架,在此基础上地方性立法需要将之与本地实践相结合,创制出符合本地实践的规范。地方立法的特色即是地方立法的生命,地方立法只有将法律的普遍原则与当地的实际需要结合起来,其才有存在的必要。基于地方立法之特色的重要性,有学者甚至将地方特色原则作为"地方立法必须遵循的基本准则"②,而时任全国人大常委会副委员长王兆国也将地方特色作为评价地方立法质量的重要指标。③ 简言之,地方立法机关有权在法律设定的框架范围内结合本地特色进行制度创新,这也是国家赋予地方人大立法权的缘由。从这个角度而言,地方科技进步立法不应照搬照抄中央立法的规定。这种做法从短期来看可以减少地方立法可能出现的错误,但其本质上是"懒政"思维的体现,不利于地方立法的积极性、创造性的发挥,从长期来看也有可能矮化地方立法机关的地位,使之沦落为"传话筒",削弱地方立法在中国特色社会主义法律体系中的作用。相反,地方人大应发挥其积极性作用,在科技进步立法方面可更"大胆"一些,将本地科技产业发展情况和需要体现到科技进步条例的制定和修订当中。

（二）地方科技进步条例的属性

科技进步条例的属性是指条例属于何种类型的立法。一般而言,地方性立法包括自主性立法、实施性立法和补充性立法三种类型,科技进步条例显然属于实施性立法。所谓实施性立法,是指在有上位法规定但上位法规定又不太明了的情况下所制定的将上位法规定予以具体化而使之便于

---

① 周旸洋:《人民代表大会在宪法实施中的角色分析》,载《广西大学学报(哲学社会科学版)》2015 年第 5 期。

② 涂青林:《论地方立法的地方特色原则、实现难点及其对策》,载《人大研究》2013 年第 6 期。

③ 参见王兆国:《加强地方立法工作提高地方立法质量——王兆国副委员长在内蒙古召开的第十次全国地方立法研讨会上的讲话(摘要)》,载《中国人大》2004 年第 16 期。

实施的立法。实施性立法的属性是由地方立法的位阶所决定的,地方立法作为"地方"一级的立法,立法的效力自然低于国家立法,需要遵循国家立法所设置的原则和框架,将其予以具体化,使之能够在本地方实施。各地科技进步条例基本对接于《科学技术进步法》的规定,其目的在于使《科学技术进步法》得以实施。因此,在法律体系中,科技进步条例是作为实施性立法而存在的。其任务在于"根据本行政区域的实际情况,细化、执行、落实法律和行政法规的规定"①。由于《科学技术进步法》的主要内容在于激励创新,其主要通过权利赋予和权利保障激励社会主体,使之作出符合社会需要的行为。作为《科学技术进步法》的实施性立法,地方科技进步条例需要将《科学技术进步法》涉及的科技行政管理、企业主体地位、科研院所分类管理、科研人员保障等予以具体化,使之能够得到顺利执行,而不是照搬《科学技术进步法》的规定,仅宣示对科技创新的支持态度。

四、转化型立法的基本思路

既然地方立法机关享有在法律框架内进行制度创新的权力,而地方科技进步条例又属于实施性立法,在此范围内,地方立法机关应强化科技进步立法的回应性,并结合本地特色制定出具有地方特色和可操作性的地方法规,形成转化型立法的立法路线。

(一)强化地方立法对本地实践的回应性

法律的作用在于规范社会生活,因此,法律应当回应社会对规则和秩序的要求。对地方立法而言,其应更多地体现"回应性"。这是因为,相较于中央立法,地方立法更贴近于地方实践,需要为实践中出现的问题提供现成答案。尤其是就科技进步条例而言,由于各地科技创新过程中面临的很多问题都不一样,而各地科技产业发展又有其特色,地方科技进步立法一定要贴合本地科技产业发展的实际需要,通过地方立法权的积极运用,制定出具有地方特色的法律规范。换言之,转化型的地方科学技术进步立

---

① 吴天昊:《社会主义法律体系形成后的地方立法创新》,载《政治与法律》2012 年第 3 期。

法与立法的地方特色并不冲突,相反,地方立法在对国家立法进行转化的过程中,只有结合地方特色,回应地方发展需求,其才能够真正将国家立法转化为具有可操作性的地方规则体系。

上海市从以下几个方面强化了科技进步立法的回应性:

其一,在立法对社会发展的回应方面,一方面,自建设全球科技创新中心战略确立之后,上海市启动了科学技术进步条例修订的论证工作,这本身即可视为立法对社会发展的回应。另一方面,在科技进步条例修改的过程中,起草部门也针对科技发展过程中的重点难点问题,如科研院所的分类管理、成果收益分配、共性技术平台建设、科技人员待岗创业等问题在科研院所、企业和高校等主体中进行了充分的调研,了解了上海市科技行业发展的基本态势,从而也使得现实存在的问题能够反映到科技进步条例的修改当中。

其二,在立法对政策文件的回应方面,上海市充分认识到其在此之前实施的大量规范性文件如《关于进一步加大财政支持力度加快建设具有全球影响力的科技创新中心的若干配套政策》《关于促进金融服务创新支持上海科技创新中心建设的实施意见》等实际上是契合于科技行政管理工作之需要的,也符合科技发展的基本规律。因此,起草部门集中力量归纳和整理了这些规范性文件中存在的相较于《科学技术进步法》和科技进步条例更具创新性和实用性的条款,着重分析其是否存在违反上位法的情况,并在对应的执法部门中开展调研,了解这些规范性文件的实施效果。在此基础上,对未违反上位法规定又具有良好实施效果的条款,将之体现于科技进步条例当中。例如,《〈上海市科学技术进步条例〉修正案(专家建议稿)》第 15 条增加一款:"对天使投资企业、创业投资企业投资种子期、初创期的科技企业发生的实际投资损失,给予一定比例的风险补偿。"这一条款实际上借鉴自《关于促进金融服务创新支持上海科技创新中心建设的实施意见》。

其三,在立法对执法实践的回应上,起草部门充分利用了前期权力清单改革的成果,对上海市科委所享有的职权进行了梳理,在《〈上海市科技进步条例〉修正案(专家建议稿)》中将权力清单改革后保留的权力予以规范化。例如,《〈上海市科学技术进步条例〉修正案(专家建议稿)》在第 6 条中明确罗列了市科学技术行政部门在编制并组织实施科技发展规划,科学技术奖的评审、推荐,以及研究制定科技人才发展规划等方面的职权,从而确保科技行政管理部门之职权的配备更加符合科技行政管理工作的实践。

(二)细化地方科技进步条例的制度机制

如上所述,地方立法在中国特色社会主义法律体系之中多是作为实施性立法而存在的。即国家层面的法律创设基本框架和主要制度之后,地方立法即将国家立法的规定予以细化,使之得以在地方层面有效实施。"相对于上位法,地方立法如同是在制定一部部如何使用规则的说明书,规则具体、指向明确、操作性强应当是地方立法的价值所在。"①《科学技术进步法》作为国家层面的立法,一般仅设置基本原则和法律制度的基本框架,需留给地方立法一定的空间,这种做法不仅是合理的,也有其必要性。当然,这也同时要求地方立法对国家立法进行细化。这即表明地方立法不应停留在政策宣示的层面,而应将国家立法的原则性规定转化为具有可操作性的制度机制。

制度机制的建构需要在法律条款中明确职责、权利和义务。具体而言,从法理学的角度进行分析,职责、权利和义务是法学的基本话语范式,法律的实施最终需要落实到对政府职责和公民权利义务的规定上,在职责、权利和义务得以明确的基础上,法律的规范作用和指引作用方有可能实现,从而引导人们作出合乎立法目的的行为。从这个角度而言,针对《科学技术进步法》所设置的倡导性、鼓励性措施,地方科技进步条例的任务在于将其转化为具有明确的职责、权利和义务内涵的条款,只有实现职责、权利和义务的明确化,提倡性、号召性条款才可能转化为具有可操作性的制度机制。据此,在《科学技术进步法》设置的框架内,《〈上海市科学技术进步条例〉修正案(专家建议稿)》完成了以下两项任务:

① 刘振刚:《地方立法理念与方法的若干思考》,载《行政法学研究》2013 年第 4 期。

其一是明确鼓励性条款中的政府职责。实际上,2015 年《促进科技成果转化法》修改的重要内容也在于明确政府承担的作为义务,如修改后的《促进科技成果转化法》中规定了国家在科研信息供给和政府采购等方面的义务。《上海市科学技术进步条例》应结合本地方的科技发展和财政状况,依据《科学技术进步法》的提倡性、号召性条款设定地方政府的相应职责。例如,现行的《上海市科学技术进步条例》第 12 条第 2 款规定,鼓励企业、高等院校、科学技术研究开发机构采取多种方式建立合作机制,保障科学技术研究开发与产业发展紧密结合,提高科学技术成果的转化效率。《〈上海市科学技术进步条例〉修正案(专家建议稿)》将之修改为,鼓励企业、高等院校、科学技术研究开发机构采取多种方式建立合作机制,引导企业通过项目合作、共建研发基地和创新联盟、购买科学技术成果等方式加强与高等院校、科学技术研究开发机构的合作,保障科学技术研究开发与产业发展紧密结合,提高科学技术成果的转化效率。这其中即加入了政府的行政指导职责,有利于该条款的实施。

其二是明确鼓励性条款中的科研主体权利。相较于其他社会活动,科技创新活动对人的主观能动性的发挥具有更高的要求。人的主观能动性是与人的权利相牵连的,只有在有足够的利益可图时,人的创造潜能才有可能被激发。为此,鼓励性条款也只有转化为利益性的诱导,市场主体才有可能接受立法的安排。这就要求地方科技进步条例将《科学技术进步法》中的鼓励性条款转化为权利设置条款。例如,《科学技术进步法》第 35 条和《上海市科学技术进步条例》第 15 条提出引导社会资金投向创业投资企业,《〈上海市科学技术进步条例〉修正案(专家建议稿)》则进一步规定,对天使投资企业、创业投资企业投资种子期、初创期的科技企业发生的实际投资损失,给予一定比例的风险补偿。该建议稿规定了天使投资企业、创业投资企业在特定情况下可以就投资损失获得补偿的权利,将使政策性宣告转化为利益诱导,从而有利于法律条文的实施和立法目的的实现。

第三章 政府创新管理法律制度研究

科技产业发展离不开国家的宏观调控和微观干预。纵使是在市场经济条件下，政府有效的宏观调控也是促进科技产业发展的重要推动力。当然，市场经济与法治建设相辅相成，政府对科技产业的宏观调控必须在法治的轨道内进行，否则将破坏市场的自发秩序。《国家创新驱动发展战略纲要》也提出，要转变政府创新管理职能，合理定位政府和市场功能。因此，有必要对政府在科技管理领域的作用、职权及其权力的行使方式加以规范。

第一节 政府创新管理法律制度概述

一、政府创新管理的作用

政府创新管理是推动科技发展的重要力量，政府创新管理活动之于科技进步的推进作用主要通过保障、促进和规制三种方式实现。

（一）保障作用

保障作用是政府创新管理的主要作用之一。实际上，这也是行政管理之于社会发展的基本功能。也就是说，从社会契约论的角度出发，人们之所以要组成政府并缴纳税费以供政府运行，其缘由即在于人们在自发状态下存在权利难以得到保障的问题，政府的出现使人们过上了有组织、有保障的生活，这是人类文明得以延续的前提。具体到政府创新管理过程中，政府创新管理的基础性作用也在于为公民和社会组织从事科学研究活动

提供基本保障,此种保障主要体现在以下两个方面:

其一是保障科研活动的开展不受他人干预。科研自由是我国宪法规定的公民基本权利,政府创新管理活动的开展,首先需要保障此种自由的实现。因此,《科学技术进步法》第69条即规定,违反本法规定,滥用职权,限制、压制科学技术研究开发活动的,对直接负责的主管人员和其他直接责任人员依法给予处分。而对具有上述行为的行为人进行处罚,则是政府部门保障科研自由的方式之一。

其二是保障科研成果收益不被侵犯。成果收益是诱导科研主体从事科技研发活动的动因。尤其是对于信息技术、新药品开发等与人们日常生活息息相关又具有广阔应用前景的科学研究活动而言,市场收益是科研主体从事相关研究的内在推动力,同时也是决定市场化的科研主体能否在市场环境下生存的关键因素。因此,政府创新管理活动的开展需要切实保障科研主体基于其成果所获得的收益,保障成果收益权不受侵犯。知识产权执法活动则具有此效果,即通过对盗版、仿冒等行为的打击,使知识产权人对其智慧成果的独占性收益得以保障,从而促使科研主体乐于从事研究活动。

（二）促进作用

政府创新管理对科技发展也具有促进作用。市场经济是推动科技发展的基本因素,当然,科技产业有其特殊性,表现为科研发展所需要的投入大、风险高。就科技发展而言,政府仅保障科研主体的基本权利和科技市场发展的基本秩序是不够的,市场有可能基于其自发性、营利性的特点而无法促进基础性的科学研究。因此,政府有必要在此范围内弥补市场缺陷,其主要作用是在保障科研权利的基础上促进科技发展。政府创新管理活动对科技发展的促进作用表现在两个方面:

其一是基础设施的提供。基础设施是开展基础科学研究的必备要件。基础设施的建设投入大,是市场不愿意进行投资的领域,需要政府予以扶持。我国《宪法》第47条规定,国家对于从事教育、科学、技术、文学、艺术和其他文化事业的公民的有益于人民的创造性工作,给以鼓励和帮助。其中的"给以帮助"即包括通过基础设施建设的方式为科研主体开展科研活动提供良好条件。

其二是经费保障。科学研究的开展同样需要大量的研究经费,国家通过提供经费方式给予支持,科学研究方有可能顺利进行。《科学技术进步法》第 59 条规定,国家逐步提高科学技术经费投入的总体水平;国家财政用于科学技术经费的增长幅度,应当高于国家财政经常性收入的增长幅度。全社会科学技术研究开发经费应当占国内生产总值适当的比例,并逐步提高。这明确了国家对科学技术进步之经费扶持的义务。实际上,在我国,国家层面每年设置有国家社会科学基金、国家自然科学基金等基金项目,各省也设置了各自的社会科学基金、自然科学基金和软科学基金项目,据此保障科研主体开展科研活动之所需,这即是政府创新管理的重要作用之一。

（三）规制作用

政府创新管理活动之于科学研究的作用不仅表现为保障和促进,政府对科技风险的规制也是政府创新管理活动的重要组成。科技作为"第一生产力",在经济社会发展方面起到了巨大的推动作用。当然,这也同时表明,科学技术使用不当,"生产力"即有可能演化为"破坏力",其对经济社会发展和人们的身心健康的影响将是不可估量的。为最大限度地防范科技风险的出现,政府在科技行政管理领域即有必要实施一系列的规制措施。政府创新管理的规制作用主要表现有二:

其一是科技研发过程中的风险规制。科技研发过程当中的试剂、实验材料、动物等的使用和处理不当即有可能造成损害,因此,政府有必要规范科技研发过程中的许多行为。例如,《上海市实验动物管理条例》即规定了实验动物进口的审批、违反实验动物管理的处罚等,科技行政管理部门对相应规范的执行,其目的即在于防范研发风险的发生。

其二是科技成果应用风险的防控。科技成果的应用也有可能造成损害后果的发生,尤其是就核能、化工等方面的技术成果而言,其使用不当即有可能造成毁灭性的后果。而此方面的风险防控即是政府创新管理工作的重要任务之一。为有效防控科技成果应用的风险,科技行政管理部门即设置了公众参与、专家咨询等程序机制以确保科技成果应用过程的科学性,[①]并通过风险警示等活动减少风险发生的可能。

二、政府创新管理的原则

政府创新管理的特殊性在于,此项工作发生在科研领域,又涉及产业发展因素,同时是一项行政管理工作,因此需要"遵照科研规律、行政规律和市场经济规律"[②],此三项规律可具体化为合法性、科学性和市场化三项原则。

(一)合法性原则

合法性原则是行政活动开展的基本原则,在行政法领域内,合法性原则主要包括法律优先、法律保留等原则。这些原则具体到政府创新管理领域,则具体化为政府创新管理合法化的两项要求:

其一是职权法定。职权法定是合法性原则的基本要义。公法领域遵循"法无明文授权即不可为"的基本规则,就行政机关而言,其没有法律明确授权的,则不可实施可能影响相对人权利义务的活动。"法无明文授权即不可为"延伸出职权法定原则,其要求行政机关所享有的职权需要有组织法上的明确依据,起码要有行为法上的授权,据此方可对外开展行政活动。当然,在行政事务复杂化的背景下,立法机关不可能就行政事务进行事无巨细的规定,行政机关也获得了自行制定规则的权力,行政立法实际上构成了行政权力的重要来源。此种情况下,职权法定原则中的"法"即应作宽泛理解,即不仅包括宪法和法律,也包括行政法规、地方性法规和规章等。尤其是就科技行政管理部门的职权而言,出于促进科技进步的需要,科技行政管理部门实际上行使大量服务性权力,这些服务性权力多源于法律以外的其他规范。因此,除法律保留事项之外,科技行政管理部门依法

---

① 参见戚建刚:《我国行政决策风险评估制度之反思》,载《法学》2014年第10期。
② 刘海波、刘金蕾:《科研机构治理的政策分析与立法研究》,载《中国人民大学学报》2011年第6期。

律以外的规范享有和行使大量权力，这并不与职权法定原则相悖。

其二是程序正当。程序正当原则是行政法的基本原则，同时也是政府创新管理活动开展的基本原则。例如，《科学技术进步法》第 63 条规定，利用财政性资金设立的科学技术基金项目、科学技术计划项目的管理机构，应当建立评审专家库，建立健全科学技术基金项目、科学技术计划项目的专家评审制度和评审专家的遴选、回避、问责制度。其中的回避制度即是程序正当原则的要求。程序正当原则源于英国的自然公正原则，其有两项子规则，分别为"任何人不做自己的法官"和"作出不利决定前应听取其意见"。回避制度是第一项子规则的具体化，其目的在于避免评审专家因私人关系影响评审的公正性。

（二）科学性原则

所谓科学性原则，指的是政府创新管理活动的开展应当符合科学规律，具有科学性。实际上，科学原则也是现代行政管理活动所遵循的重要原则，行政管理活动的开展需要坚持科学性原则。科学性原则实际上也是由政府创新管理活动的特殊性所决定的，针对科学事务所进行的管理当然需要贴切于科学发展规律。在科技行政管理工作当中，科学性原则主要通过程序来保障。行政机关在行政管理过程中吸纳科学技术人员的参与，使其对科学发展规律的理解融入行政决策当中，据此保障政府创新管理活动的科学性。我国《科学技术进步法》中也体现了科学性原则，即该法第 13 条规定，国家完善科学技术决策的规则和程序，建立规范的咨询和决策机制，推进决策的科学化、民主化。制定科学技术发展规划和重大政策，确定科学技术的重大项目、与科学技术密切相关的重大项目，应当充分听取科学技术人员的意见，实行科学决策。这个条款既提出了科学技术决策的程序要求，更明确提出了科学技术人员对决策程序的参与，有利于从根本上确保决策的科学性。

（三）市场化原则

所谓市场化原则，是指政府创新管理活动的开展应最大限度地尊重市场规律,以市场化的方式实施管理。如上所述,科技产业发展存在投入大、风险高的规律,而市场本身具有自发性、营利性的缺陷,难以为科技发展提供充足的资金支持。"面对科技创新市场失灵,唯一的解决之道就是借助国家之手,运用国家强制力从外部进行干预。"①因此,政府对科技产业的投入即是弥补市场缺陷的必要手段。当然,尽管政府对市场的干预有其必要性,但此种干预必须建立在尊重市场规律的前提下,应当以市场所能够接受的方式实施。换言之,国家投资、行政处罚、市场准入等虽为有效的市场干预手段,但这些手段刚性过强,稍有不慎即可能扰乱市场自身的运行秩序。因此,政府对市场的干预也应当尽可能地以市场化的方式进行。尤其是通过资源再分配的方式干预市场运行时,资源的分配一定要依托市场自身规律进行。例如,政府对少数民族地区进行扶持,很多情况下主要通过金融系统为少数民族地区个人、企业或项目建设提供低息贷款。在此过程中,国家投入的资金不是依赖行政手段进行分配,此种分配借助金融系统、依市场规律进行,因此是一种市场化的扶持方式。政府创新管理过程中的资源分配也是如此,国家利用财政资金对科技产业进行扶持时,应当尊重市场自身运行规律,并使用市场化的方式进行扶持。近来北京、上海等地采取的风险投资政府补贴正是借助市场规律对国家补贴所进行的分配。风险投资政府补贴的真实目的在于为科技产业发展提供资金,而这些资金的流向并不是由政府直接决定,即政府不再通过审批等方式直接决定可以获得国家补贴的科技企业或者科研项目;而是由市场进行选择,借助投资企业对科研项目和企业发展所具有的专业判断能力,由投资企业依市场方式选择具有市场潜力的科技企业进行投资,而政府的作用则在于为投资企业提供补贴以促使其加大投资,这即符合科技行政管理的市场化原则要求。

---

① 阳东辉:《论科技法的理论体系构架——以克服科技创新市场失灵为视角》,载《法学论坛》2015 年第 4 期。

三、科技行政法律关系

（一）科技行政法律关系概述

所谓科技行政法律关系，是指行政主体在开展行政管理活动过程中与相对人形成的公法上的权利义务关系。科技行政法律关系作为行政法律关系当中的一种，其首先是一种公法上的权利义务关系，该种关系须与行政机关之职权行使有关联，是因职权行使而受到影响的社会利益关系。据此，政府创新管理部门与其他社会主体之间发生的、不具有公法上属性的法律关系，如办公用品买卖等关系，即不属于科技行政法律关系的范畴。当然，需要说明的是，在服务行政的背景下，科技行政管理部门在很多情况下需要采取"私法化"的方式履行职责。如在实践中，针对亟待解决的基础性研究问题，行政主体有可能采取委托而非公开招投标的方式将研究项目和研究经费交付给特定的科研主体，此时，行政主体与该主体之间即发生了委托研究合同关系。对此种关系，由于其是行政主体履行职责的方式，只不过是不同于传统行政活动的私法方式，方式上的不同并不能改变该行为的公法属性，因此该种合同仍应认定为行政合同，属于科技行政法律关系。其次，科技行政法律关系是行政主体与相对人之间发生的法律关系。也就是说，科技行政法律关系的双方主体为行政主体和相对人，此种关系存在于双方当事人之间，属于行政法的调整范畴；而行政主体相互间以及公民、法人相互间的关系则不应认定为科技行政管理关系。最后，科技行政法律关系发生于科技行政管理领域，这也是科技行政法律关系区别于其他行政管理关系的根本标志。科技行政法律关系发生于科技行政管理领域，即要求该关系是针对科学研究和成果转化而开展的管理活动。当然，科学研究和成果转化的范围较广，既包括直接从事科学研究的活动和成果转化应用的活动，也包括为科学研究开展提供人力、物力和财力支持的各项活动。

（二）科技行政法律关系中的职责和权力

行政主体是科技行政法律关系的重要参与者，科技行政法律关系即是在行政主体的职权行使活动的基础上得以生成的。在科技行政法律关系当中,开展管理活动的行政主体包括各级人民政府及其科技行政管理部门、其他相关职能部门和派出机构等。

政府职责是科技法律关系的主要内容,因此也是科技法规范的主要调整对象,我国科技法的主要规范即是围绕政府职责而设置的。以《科学技术进步法》为例,该法的"主旋律"即是规定国家应如何促进科技创新。例如,该法第 4 条规定,国家鼓励科学技术研究开发;第 5 条规定,国家发展科学技术普及事业,国家鼓励机关、企业事业组织、社会团体和公民参与和支持科学技术进步活动。这些规定都是以国家为主体,要求国家通过鼓励、支持等方式促进科技创新。另外,从该法的立法用语来看,以"国家"为主语的表述超过 50 次,"国家"之后运用"鼓励""发展"等动词标示政府职责。从这个角度而言,现行科技立法更多的是通过规定政府职责的方式,要求运用政府权力推进科技创新。

在政府创新管理关系当中,上述职责即转化为行政主体广泛的权力。例如,依各地所开展的权力清单改革的结果,上海市科委保留行政审批以外的其他行政权力事项共 84 项,其中,行政处罚 12 项,行政强制 0 项,行政确认 2 项,行政检查 2 项,行政备案 1 项,行政奖励 3 项,行政合同 1 项,行政指导 14 项,行政规划 5 项,行政决策 2 项,行政复议 1 项,其他权力 41 项。北京市科委共列 7 类权力,分为行政审批、行政处罚、行政确认、行政给付、行政奖励、行政检查、其他权力。其中,行政审批 12 项、行政确认 5 项、行政给付 28 项、行政奖励 2 项、行政检查 1 项、其他权力 28 项,共计 76 项。深圳市科委将针对相同的行政事务的权力集合为大项,大项之下再细分小项,共有权力大项 16 项、小项 57 项。其中,行政许可 2 大项、6 小项,行政处罚 3 大项、9 小项,行政确认 6 大项、9 小项,其他类权力大项 5 项、小项 33 项。[①] 从中可见,除了传统的行政许可、行政处罚、行政强制等权力之外,科技行政管理部门享有大量服务性、给付性权力。

---

① 北京市科委、深圳市科委的行政权力数据,由笔者就北京市科委、深圳市科委公布的行政权力清单进行统计所得。

（三）相对人的权利义务

相对人也是科技行政法律关系中的重要一极。在科技行政法律关系当中，相对人处于被管理者的地位。当然，近来随着行政民主性的增强，相对人在行政法律关系当中的地位逐步提升。尤其是在政府创新管理当中，随着"政府职能从科研管理向创新服务转变"的提出，科研主体在科技行政法律关系当中甚至占据了核心地位，政府创新管理工作需要围绕科研主体的需求展开。科技行政法律关系当中的相对人也较为广泛，不仅包括科研机构和科研人员，也包括各类科技中介组织和其他从事科技研发和科技普及的主体。

相对人在政府创新管理当中享有大量权利，主要包括以下几项：

其一是知情权，即科技行政管理部门开展管理活动应当满足行政公开的原则，将其活动的依据、过程和结果向社会公开，接受社会监督。知情权的实现主要依托信息公开法的规定，即行政机关既需要按法律规定主动公开应依职权予以公开的相关信息，也需要在法律规定的范围内依当事人申请公开其他信息。实际上，在经费扶持等管理活动当中，行政机关一般也会将立项结果向社会公示。另外，《促进科技成果转化法》第11条规定，国家建立、完善科技报告制度和科技成果信息系统，向社会公布科技项目实施情况以及科技成果和相关知识产权信息，提供科技成果信息查询、筛选等公益服务。这也是行政公开的要求，其目的在于满足公民知情权。

其二是参与权，即参与科技行政决策的权利，这也是现代行政民主性的要求。《科学技术进步法》第13条规定，国家完善科学技术决策的规则和程序，建立规范的咨询和决策机制，推进决策的科学化、民主化。其中的咨询机制即是一种公民参与机制，其目的在于吸纳公民参与到科技行政管理过程当中以满足行政民主性的要求。

其三是获得帮助的权利。《宪法》第47条既规定了科研自由，又规定国家对科研活动给予帮助，这可转化为公民获得国家帮助的权利。实际上，在现代社会，科技的发展也确实离不开国家的帮助。就基础性研究而言，只有由国家提供基本的设施和经费支持，研究工作方有可能得以开展，这也是宪法将科研权利列为基本权利的原因。而宪法规定的公民获得帮助的权利则由《科学技术进步法》等法律规范予以保障，《科学技术进步法》

和《促进科技成果转化法》规定的科研基金、创业补贴和其他保障措施的本质都在于明确国家应为科学研究活动的开展提供帮助,最终使公民获得帮助的权利得以实现。

其四是自由权和科研成果收益权。自由权和科研成果收益权属于消极权利的范畴,它们对科技创新激励具有至关重要的作用。从域外经验来看,科研成果收益权应由科技法规范予以调整,如此才能发挥科技法规范之创新激励的功能。例如,美国《拜杜法》即通过明确科研成果产权归属以激励创新,该法案颁行之后,美国的新专利、新产品及与此相关的金钱收益呈直线上升趋势。[①]

第二节　政府创新管理的职权配备

政府创新管理中的行政主体,是指依法享有行政管理职权,对科技研发、应用和服务事务进行管理的行政组织。在我国现有的行政组织体系中,科技行政管理主体主要包括各级政府、科技行政管理部门、其他职能部门、派出机构和社会组织等。

一、各级政府的创新管理职权

依我国《宪法》第 89 条的规定,国务院领导和管理教育、科学、文化、卫生、体育和计划生育工作;第 107 条规定,县级以上地方各级人民政府依照法律规定的权限,管理本行政区域内的经济、教育、科学、文化、卫生、体育事业、城乡建设事业和财政、民政、公安、民族事务、司法行政、监察、计划生育等行政工作,发布决定和命令,任免、培训、考核和奖惩行政工作人员。因此,科学事务即属于各级政府的管理职权范围内。换言之,就科技行政管理工作而言,各级政府是适格主体。当然,在各级政府的纵向职权配置上,国务院管理全国范围内的科学工作,地方各级政府则管理各自属地范

---

① 参见孙远钊:《论科技成果转化与产学研合作——美国〈拜杜法〉35 周年的回顾与展望》,载《科技与法律》2015 年第 5 期。

围内的科技行政管理工作。各级政府对科技工作的管理,一般只是宏观上的管理,而微观上的处罚、给付、许可等则由科技行政管理部门具体负责。据此,各级政府对科学事业的管理职权一般包括以下几项:

（一）规划权

依《宪法》第 89 条的规定,国务院负责编制和执行国民经济和社会发展计划和国家预算;各地方国民经济和社会发展计划也由地方政府负责编制。科技是国民经济和社会发展的重要组成部分,这也决定了国务院在编制国民经济和社会发展计划时,必然将科技发展规划列入其中。除此之外,在特定社会背景下,国务院或地方人民政府也有可能颁行单行的科技发展规划。例如,就上海市而言,在习近平总书记提出上海市要建设具有全球影响力的科技创新中心的背景下,上海市政府发布了《关于加快建设具有全球影响力的科技创新中心的意见》,该意见即可视为上海市科技发展的规划。当然,该规划应为指导性规划,其实施需要其他配套立法或规范性文件予以落实。

（二）立法权

行使立法权是各级政府开展科技行政管理活动的主要方式之一。特别是在新修改的《立法法》将地方性规章的立法权主体扩大到所有设区的市之后,通过行政立法规范科技发展成了地方各级人民政府开展科技行政管理工作的重要方式。实践中,各级政府也制定了诸多规范科技事务的管理规范。例如,国务院制定了《国家科学技术奖励条例》《实验动物管理条例》等专门的科技法规范。出于实际的行政管理工作的需要,地方政府更是制定了诸多的行政规章和规范性文件。例如,上海市政府制定了《上海市科学技术奖励规定》《上海市促进张江高科技园区发展的若干规定》《上海科技馆捐赠办法》《上海市引进国外专家暂行办法》《上海市实验动物管理办法》等行政规章和《上海市国家科技重大专项资金配套管理办法》《上海市国家级重要科研设施和基地建设配套支持办法》《上海市大型科学仪器设施共享服务评估与奖励办法》《上海市促进高新技术成果转化的若干规定》等规范性文件。

（三）决策权

科技行政管理方面的重要事项一般也由各级政府行使决策权。例如，重大项目的引进、布局和组织实施等往往涉及土地利用规划、环境影响评估、经费划拨等事项，这些事项一般由一级政府直接作出决策。当然，在此过程中的具体事项还是由各职能部门负责实施。各级政府对科学工作所行使的决策权应是《宪法》第 89 条和第 109 条之规定的应有内涵，即《宪法》规定了国务院和地方各级人民政府对科学工作的管理，其"管理"职权包括了对重大事项所行使的决策权。

二、科技行政管理部门的创新管理职权

科技行政管理部门是科技行政管理工作中最为重要的行政主体。如上所述，依我国《宪法》第 89 条和第 107 条的规定，各级政府享有对科学工作进行管理的权力。当然，各级政府在实际管理过程中，其往往仅以立法、规划等方式进行宏观管理，而具体的行政事务则由科技行政管理部门予以执行。同时，在各级人民政府职能部门序列中，科技行政管理部门也是重要的职能部门；作为政府的职能部门，其当然需要承接各级政府享有的对科学工作进行管理的职责，这也是"职能部门"的应有之义。

在组织体系上，科技行政管理部门与我国行政区划的设置层级相对应，分别有全国范围内的科技部，各省、自治区和直辖市的科技厅（科学技术委员会），以及市级科技局（科学技术委员会）和县、区级的科技局（科学技术委员会）。各科技行政管理部门依其职责设置有各种各样的业务部门，这些业务部门作为科技行政管理部门的内设机构，没有独立对外开展行政管理活动的资格。在横向组织结构上，科技行政管理部门为同级政府的职能部门，与公安、司法、商务、教育等部门并列，需要接受同级政府的领导。在纵向组织结构上，上下级科技行政管理部门之间则存在领导与被领导的关系，也存在业务指导关系。

由于宪法规定了国务院和地方各级人民政府对科学工作进行管理，而科技行政管理部门又是代表各级政府实施此项管理活动的专职部门，其在

科学工作管理范围内所享有的职权是较为广泛的。依《科学技术进步法》第 11 条的规定，国务院科学技术行政部门负责全国科学技术进步工作的宏观管理和统筹协调；国务院其他有关部门在各自的职责范围内，负责有关的科学技术进步工作。县级以上地方人民政府科学技术行政部门负责本行政区域的科学技术进步工作。因此，只要属于科技进步工作，即由科技行政管理部门进行统筹管理；而科技进步工作的范围又较为广泛，包括了科研力量的组织、经费的使用、实验的开展、数据的收集等方面的事项，这些事项只要与公共利益相关，皆属于科技行政管理部门的管理范围。

三、其他职能部门的创新管理职权

依《科学技术进步法》第 11 条的规定，县级以上地方人民政府其他有关部门在各自的职责范围内，负责有关的科学技术进步工作。因此，其他职能部门的职责也涉及科学工作，享有在其职责范围内对相关科技工作进行管理的权力。

（一）教育行政管理部门的创新管理职权

依《教育法》的规定，教育行政管理部门专职负责教育工作的管理。当然，其职责范围也有可能涉及科学工作。具体而言，在现代社会，高校已成为科学研究的重要阵地。在研究成果的产出方面，高校产生的科研成果在所有科研成果当中所占的比例最高；与此同时，高校从事科学研究的优势还在于，科研与教育的结合将有利于后备科研人才的培养。而在管理关系上，高校由教育行政管理部门进行管理，教育行政管理部门在开展行政管理活动的过程当中，当然会涉及高校科研机构的设立、经费支持、项目选定，以及科研人员的待遇、流动、成果收益的分配等事务。针对这些事务所进行的管理，不能仅仅依照教育规律，更重要的是需要依照科研规律，即需要为科研活动的开展提供宽松的外部环境。因此，在此过程中，教育行政管理部门对高校科研机构和人员的管理需要同时依照《教育法》和《科学技术进步法》《促进科技成果转化法》等法律规范的规定进行。实际上，2015年《促进科技成果转化法》修改的亮点之一即是明确了利用财政资金从事科学研究取得的成果的科研人员在成果收益分配方面的权利,同时也提升了科研机构实施成果转化方面的自主权,这些规定当然也适用于教育行政管理部门。

（二）发展和改革委员会的创新管理职权

发展与改革委员会也是政府创新管理的"相关职能部门"之一,享有对相关科技事务进行管理的权力。在现有的行政管理体制之下,发展与改革委员会是在市场规律基础上对资源进行调配的组织,其主要职责即是对经济社会发展中的重要项目进行审批。科学技术作为"第一生产力",其与经济发展有紧密联系,这也决定了在涉及重要科研项目尤其是科技成果转化项目时,发展与改革委员会也享有一定的审批职能。在实行审批的过程中,发展与改革委员会当然可以作为政府创新管理的行政主体而存在。

（三）工商管理部门的创新管理职权

依公司法等法律规范的规定,工商行政管理部门的主要职责之一为进行公司设立登记,即公司法规定了公司设立的各种条件,公司设立发起人发起设立公司需要向工商行政管理部门提交材料以证明其符合公司法规定的条件,工商行政管理部门的任务即是对这些材料进行审查和作出决定。在市场条件下,市场是推动科技发展的重要力量,这也同时决定了科研机构多以市场主体的面目出现,主要表现有二,一是很多国有科研院所或高校可能需要设立公司以实施技术成果转化;二是市场主体也往往需要设立科研机构开展研究。此时,这些主体的设立和运行需要遵循公司法的规定,向工商行政管理部门申请登记。当然,就科技产业发展而言,工商行政管理部门所办理的登记实际上不仅仅具有形式上的意义,其登记流程的简便与否对科研市场主体的设立和科技发展也存在一定的影响。2015年3月,国务院办公厅发布的《关于发展众创空间推进大众创新创业的指导意见》提出,到2020年,形成一批新型创业服务平台,培育一批天使投资人和创业投资机构,孵化培育一大批创新型小微企业,形成新的产业业态和经济增长点。"大众创业、万众创新"被提升到促进科技创新、形成新的经济增长点的重要方式的地位,这个设想对工商行政管理的要求则为简化工商登记的流程。从这个角度而言,工商行政管理部门作为涉及政府创新管理的"其他职能部门",其职权行使对科技创新也具有重要意义。

(四)国土部门的创新管理职权

国土部门的主要职责在于实行土地利用规划和审批。在政府创新管理过程中,涉及土地利用的情况一般有两种:一是科技园区的建设。在我国,科技园区是科技产业集群化发展的平台,也是各地方政府推进科技发展的重要抓手,如北京市即建立了中关村科技园区、西安市建立了西安高新技术产业开发区、上海市建立了张江高科技园区等,这些园区的建设和发展也确实起到了为科技产业的集群化发展提供平台的功能。土地是园区发展的基础,在园区发展过程中,国土部门对土地的规划和审批即可视为政府创新管理活动。二是就科技企业而言,获得一定的土地使用权也是其设立和运行的前提,这也同时涉及国土资源部门的管理。在此意义上而言,国土部门的职能在于为科技产业发展提供物理空间,是政府创新管理的行政主体。

四、派出机构的创新管理职权

如上所述,在我国,为实现科技产业的集聚化发展,北京、上海、西安等地都建立了科技园区,在科技园区设置的管理委员会即是派出机构,其在对科技发展事务进行管理的过程中同样具有行政主体资格。园区管委会的法律性质为派出机构,派出机构无组织法上的职权,其权力来源于其他机关的授予。就园区管委会而言,其职权既来源于规章的授予,上级机关往往也通过授权文件授予大量职权。

(一)规章授予的职权

《国家高新技术产业开发区管理暂行办法》对开发区管委会的职权进行了明确规定,其中第 9 条更是明确授予了其部分管理职权,主要包括贯彻落实国家和地方有关开发区的政策、法规,建立健全开发区管理体制,推进开发区的综合配套改革,招商引资,吸引人才等。从中可见,该办法授予的职权大都指向于园区建设和园区管理,前者主要表现为园区的硬件建设,后者则表现为园区软件建设。实践中,该办法规定的这些职权在各管委会中也得到鲜明体现。例如,就园区建设职权而言,杭州市西湖科技经济园区管委会即设置了规划建设管理部,规划建设管理部的主要职能包括负责项目建设规划的编制、报批和实施管理,土地征用、土地使用权的出让、转让手续的办理、报批,园区市政配套、公共设施的管理和维护,园区环境保护、区容区貌、环境卫生、公共绿化的管理等。而园区管理职权是对园区的运行情况进行管理以打造良好的科技创新环境,如上海张江高科技园区管委会即设置了经济发展处,其职能为负责园区投资促进的政策制定和工作协调、园区经济和商业管理、与园区内各类行业协会的对口联系和协调、错避峰让电等工作。当然,也有园区管委会承担一定的金融、中介、人才、知识产权等方面的服务职能,如上海张江高科技园区管委会同时负责园区高科技人才引进、管理和服务工作,深圳科技工业园集团则设立有金融服务部以提供金融服务。综上,《国家高新技术产业开发区管理暂行办法》授予的职权主要围绕园区自身建设进行,至于高科技企业的设立、税收登记、劳动关系等事项,由于与园区自身建设无关,因此不在办法的授权范围内。

（二）授权决定授予的职权

《国家高新技术产业开发区管理暂行办法》所授予的职权相当有限,实践中不能满足高新技术园区的发展。园区管委会作为派出机构的优势在于,其可以获得上级机关的授权。应该说,在行政管理过程中,行政机关有权设立派出机构并将部分行政管理职能委托派出机构行使,这在学理上是具有合理性的。在实践中,园区管委会获得上级机关授予职权也有其法律依据:其一,《科学技术进步法》第 24 条规定,国务院可以根据需要批准建立国家高新技术产业开发区,这为园区管委会的设立及其职权的获得奠定了合法性基础;其二,相关地方立法和行政立法也确认了上级机关授权的合法性,《辽宁省经济技术开发区管理规定》第 10 条规定,开发区应设立管理委员会,为所在市人民政府的派出机构,代表市人民政府对开发区的经济、社会事务和有关行政工作实行统一领导和管理,行使所在市市级经济管理权限。而《国家高新技术产业开发区管理暂行办法》也规定园区管委会可以行使省、自治区、直辖市、计划单列市人民政府所授予的省市级规划、土地、工商、税务、财政、劳动人事、项目审批、外事审批等经济管理权限和行政管理权限。实践中,上级机关授予的职权构成了园区管委会职权的主要组成部分,当前许多园区管委会拥有上级机关授予的大量职权。例如,就西安高新技术产业开发区管委会而言,依据西安市"市政发〔1992〕100号"等文件的授权,其设置了发展改革和商务局、安全生产监督管理局、国土资源和房屋管理局、规划建设局、环境保障局等职能部门,行使安全生产监督、国土资源管理、规划建设、环境保障等方面的职权。杭州国家高新技术产业开发区管委会则与杭州市滨江区政府合署办公,设置监察局、司法局、发改局、建设局、外经贸局等职能部门,分别行使相应方面的管理职权。以上授权情况在长沙高新区管委会、郑州高新区管委会、苏州高新区管委会等机构中同样存在。

五、社会组织的创新管理职权

社会组织也可以作为政府创新管理的行政主体。实际上,晚近以来,行政主体的概念发生了新的变化,除依行政组织法之规定享有行政职权的行政机关可以作为行政主体外,社会组织在获得授权的情况下,在授权范围内实施对社会事务之管理时,也可获得行政主体之资格。行政主体范围的此种变迁是与公共行政的晚近发展息息相关的。近几十年来,尤其是英国撒切尔夫人开展民营化改革之后,行政机关所承担的部分社会管理事务转移到社会组织,由社会组织承担。为解决此种状态下获得授权的社会组织的地位,行政法学即对行政主体的概念进行了扩张解释,将获得授权的社会组织和依章程开展自主管理的自治性组织纳入其中。"行政主体制度是当代多元社会背景下不可或缺的一项重要的行政实体制度。尤其是自上世纪八十年代以来西方国家进行了大规模的公共行政多元化改革,进一步导致了行政主体的多元化,行政主体制度作为行政多元的制度平台越发显示出特有的功能,但行政主体制度自身也面临着进一步的发展与完善。"①具体到政府创新管理而言,政府创新管理的过程也存在自治性的社会组织,主要为中国科学技术协会。

1958 年,经党中央批准,全国科联和中华全国科学技术普及协会合并,正式成立全国科技工作者的统一组织——中国科学技术协会。成立之后,中国科学技术协会先后召开了九次全国代表大会,李四光、周培源、钱学森、朱光亚曾分别担任第一、二、三、四届全国委员会主席,周光召为第五、六届全国委员会主席,韩启德为第七、八届全国委员会主席,2016 年 6 月万钢当选为第九届全国委员会主席。1991 年 1 月,全国政协七届十二次常委会议决定,恢复中国科学技术协会为全国政协组成单位。目前,中国科学技术协会是国家科教工作领导小组、中央精神文明建设指导委员会和中央人才工作协调小组的成员单位。

中国科学技术协会是全国性的自治组织,其在各地方还设置有分支机构,即中国科学技术协会在各地方行政区域一般也设置了相应的科学技术协会。依该协会章程的规定,科学技术协会主要承担以下任务:一是开展学术交流,活跃学术思想,促进学科发展,推动自主创新。二是组织科学技术工作者为建立以企业为主体的技术创新体系、全面提升企业的自主创新能力作贡献。三是依照《科学技术普及法》,弘扬科学精神,普及科学知识,传播科学思想和科学方法。捍卫科学尊严,推广先进技术,开展青少年科学技术教育活动,提高全民科学素质。四是反映科学技术工作者的建议、意见和诉求,维护科学技术工作者的合法权益。五是推动建立和完善科学研究诚信监督机制,促进科学道德建设和学风建设。六是组织科学技术工作者参与国家科学技术政策、法规制定和国家事务的政治协商、科学决策、民主监督工作。七是表彰奖励优秀科学技术工作者,举荐科学技术人才。八是开展科学论证、咨询服务,提出政策建议,促进科学技术成果的转化;接受委托承担项目评估、成果鉴定,参与技术标准制定、专业技术资格评审和认证等任务。九是开展民间国际科学技术交流活动,促进国际科学技术合作。

---

① 薛刚凌:《多元化背景下行政主体之建构》,载《浙江学刊》2007 年第 2 期。

第三节　政府创新管理的行为模式

在政府创新管理过程中，行政机关依法可以实施多种行政管理活动。其中，行政处罚、行政许可等作为传统行政管理中常见的活动方式，同时也是科技行政管理部门开展行政管理活动的重要手段。当然，政府创新管理工作与其他行政管理工作的最大不同在于，政府创新管理工作的主要任务是为科研主体提供优良的科研环境，主要包括宏观科研环境建设、经费扶持、科技发展布局等。尤其是在国务院提出"科研管理向创新服务"转变的背景下，政府创新管理工作当中的给付、规划、指导等活动是开展创新服务的主要手段，在政府创新服务中的重要性日益凸显。因此，本书主要分析政府创新管理当中的给付行为。与此同时，基于风险规制在科技行政管理中的重要性，其同时也是政府开展创新管理的重要方式。

一、行政给付

加快科技创新发展是近年来党和国家的工作重点之一，中央和地方政府采取了系列措施激励科技创新。在中央层面，国务院总理李克强提出，用政府税收减法换取"双创"新动能加法；在地方层面，上海市也制定了全球科技创新中心建设战略，并在人才、金融、税收等方面推出系列激励政策。这些政策的本质即是一种行政给付手段。所谓行政给付，是指行政机关为实现特定的行政目的而为相对人提供额外的利益或者减免其义务的行为。实践中的行政给付有诸多种类，也需要借助一定的行政法机制实施。

（一）行政给付概述

福斯多夫的《作为给付主体的行政》从"生存照顾"概念中推衍出国家应当承担的给付行政中的作为义务，这也使生存照顾义务成为行政给付的理论基础。随着福利国家实践的深化，行政给付的理论基础从生存照顾转向福利保障，王敬波、李训民、喻少如、齐建东等学者皆从福利保障的角度论证行政给付的范围及其发展趋势。行政给付理论基础的转变，实际上亦昭示了行政给付功能的转化，即救济性给付向福利性给付的演进，前者以社会权的"最低核心义务"为基础，后者则以社会权的积极权能为依托。近来学者还从生存权、福利权中提炼出"发展权"的概念。例如，崔卓兰、周隆基的《社会管理创新与行政给付新发展》即提出，福利国家时代的生存权已经包括了发展权的内容，即确保公民参与、促进并享受经济、社会和政治发展成果的权利。实际上，不管是生存照顾义务抑或福利保障，其都不能成为科技创新中的激励性给付的理论基础。科技创新激励中的行政给付着眼于人的潜能的发挥和全人类的发展，其目的在于满足人之发展权的需要。

从行政给付的定义来看，行政给付的概念有狭义和广义之分，广义的行政给付以德国行政法学家汉斯·沃尔夫（Hans J. Wolff）的定义为典型，国内于安、柳砚涛等教授也采广义说，认为行政给付是政府为维护社会公平正义实行的所有积极行政职能的总和，主要包括政府提供物质、安全、环境、精神等各方面保障的行政活动。从这个定义出发，行政给付的本质为权利赋予或者义务减免，这为将项目资助、税收优惠等科技创新激励方式纳入行政给付的范围提供了可能。当然，要将行政给付与科技创新相联系，行政给付的理论基础还有待于从共享性给付向激励性给付演进。实际上，基于科技发展的需要，从满足个体和全人类之发展权的角度出发，国家确实有必要负担激励性给付义务。激励性给付是增进社会效益、保障公民发展权的需要，且给付本身并非侵益性行政活动，行政法应给予其相对宽松的实施空间。

（二）科技行政给付的主要内容

实践中，行政机关对科研主体或其他科技服务企业实施的行政给付主要有以下几种类型：

其一是经费扶持。经费扶持是《科学技术进步法》规定的扶持方式，该法第59条、第60条即规定了财政资金的扶持。经费扶持同时也是政府创新管理部门实施行政给付的主要方式。实践中，政府创新管理部门针对不同的科学研究活动也给予不同的经费扶持。经费扶持一般包括两种方式，分别为常设性的基金扶持和非常设性的基金扶持。就前者而言，当前我国设立有国家层面的自然科学基金项目和社会科学基金项目，都是每年评选一次，主要资助重大项目研究和应用性研究；在此基础上，各省也设置有各自的自然科学基金、社会科学基金和软科学基金项目；此外，国务院的部分工作部门甚至会根据其行政管理工作的需要设立相应的资金项目，如农业部、体育总局等都设置有常设性的基金项目。资金项目所扶持的研究一般与经济社会发展紧密相关，评审专家通过对申报书的审查分析该研究计划的理论价值及其现实意义，在此基础上确定获得扶持的资金，获得基金项目的科研主体即按其项目申报书的计划开展研究。就非常设性的基金项目而言，项目的设置和申报、评审没有规律可言。当然，非常设性的基金项目多与各部门的工作实践密切相关。

其二是税收优惠。税收优惠的主要内容为减免科研企业的纳税义务，本质上也是一种行政给付措施。《科学技术进步法》也规定了税收优惠措施，该法第 9 条即规定，国家加大财政性资金投入，并制定产业、税收、金融、政府采购等政策，鼓励、引导社会资金投入。该法第 17 条则对税收优惠措施进行了具体化："从事下列活动的，按照国家有关规定享受税收优惠：（一）从事技术开发、技术转让、技术咨询、技术服务；（二）进口国内不能生产或者性能不能满足需要的科学研究或者技术开发用品；（三）为实施国家重大科学技术专项、国家科学技术计划重大项目，进口国内不能生产的关键设备、原材料或者零部件；（四）法律、国家有关规定规定的其他科学研究、技术开发与科学技术应用活动。"当然，具体的优惠额度、税款抵扣等则规定在《税收征收管理法》和地方性科学技术进步条例等法律规范当中。税收优惠一般包括两种方式：一是对经认定的科研企业征收较低的税率，或者在特定的时期内免征、减征税额。科技园区建设过程中即常采用此种方式以吸引科技企业进入园区。二是将企业用于科学研究的经费列入成本，从征税额中予以扣除。

其三是补贴。补贴也是政府扶持科技进步的重要给付方式，其主要内容为科研活动或者其他有助于促进科学技术进步的活动提供金钱或其他方面的优惠。经费扶持和补贴的共同点都在于以金钱给付为主要内容,其区别在于,经费扶持只能用于科学研究项目,其使用受到严格的限制,《科学技术进步法》第 61 条也规定了财政性科学技术资金管理和使用方面的监督和责任;而补贴的使用则未受到如此严格的限制,其可以作为企业的利润由企业自行予以安排。当然,如补贴发放的同时,发放机关规定了补贴使用的方向,则获得补贴的企业还是应当依规定进行使用。按补贴对象的不同,补贴一般有三种类型:一是面向科研机构和企业的补贴,主要用于补贴科研机构和企业在科学技术研发和成果转化过程中发生的亏损。二是科学技术普及补贴。实践中,科普补贴是行政机关引导科普工作开展的重要方式,例如,在上海市科委的权力清单中即存在三项与科普相关的指导权,分别为"指导上海市科普示范街道(镇、乡)的创建工作""指导社区创新屋建设工作""鼓励开展科普宣传以及科普宣传专题活动",而此三项职权都同时附带科普经费补贴。三是金融业补贴。促进科技与金融的融合是为科技发展提供充足的资金支持的重要途径,金融业补贴则是政府引导金融业向科技型企业投资的重要方式。实际上,《科学技术进步法》也为此种补贴提供了法律依据,该法第 18 条即规定,国家鼓励金融机构开展知识产权质押业务,鼓励和引导金融机构在信贷等方面支持科学技术应用和高新技术产业发展,鼓励保险机构根据高新技术产业发展的需要开发保险品种。其中的"国家鼓励"即为通过补贴方式予以鼓励提供了依据。当然,《科学技术进步法》的此条规定尚待其他法律规范予以具体化,而北京、上海、江苏则分别制定了《中关村国家自主创新示范区创业投资风险补贴资金管理办法》《上海市天使投资风险补偿管理暂行办法》《江苏省天使投资引导资金管理暂行办法》等规范性文件将该条款予以具体化,从而也确认了政府补贴这一行政给付方式。

二、风险规制

科技风险规制也是当前政府创新管理中的重要内容。科学研究本身是一种向未知领域进行探索的过程,其所产生的成果及成果在社会生活中的应用皆有可能产生不可预测的风险,政府创新管理工作的开展即需要最大限度地防范这些风险的发生。

(一)风险规制的一般理论

政府规制是近年来公共行政领域兴起的现象。政府规制首先由经济学学者进行研究,将之作为实现行政效益最优化的手段之一。政府规制是指政府在法律规定的范围内,运用公共权力通过多种手段对宏观经济运行态势或者微观经济活动进行干预的行为,是政府活动直接影响市场资源配置或者产品供求关系的活动。① 因此,政府规制最初是一个经济学上的术语,用以表示政府对市场运行进行积极干预的过程,也是政府借助公共权力用政府命令代替市场竞争的过程,产业规制即成为政府规制的基本形式。当然,随着政府规制活动的深入,法学学者尤其是行政法学者发现政府规制活动中蕴涵的行政法原理相当丰富,规制实践甚至对传统行政法治理论造成冲击,同时也提出了"政府再造"的问题,"为政府在市场经济条件下的职能定位与职能转换提供了理论依据"②。政府规制的兴起和公共行政从法律进路到管制进路的变迁对行政法及其法律方法提出了新的要求,即政府规制作为一种公共行政样态,其产生和存在有深厚的经济社会基础和必要性,"放松规制"无异于掩耳盗铃,更好的方法是通过行政法制度和方法的创新实现对政府规制的规制。

具体到政府创新管理的过程而言,科技风险的政府规制是指政府为避免风险的发生而采取的系列活动,风险规制权力的配置则源于政府负担的公民权利保护义务。③ 基于科技风险规制当中的科技因素的影响,与传统行政管理活动相比,科技风险规制具有以下特征:

---

① 参见崔德华:《政府规制维度的哲学解读》,载《海南师范大学学报(社会科学版)》2014年第7期。

② 卢君:《政府规制理论变迁视角下中国政府规制能力的提升》,载《云南财经大学学报》2009年第1期。

③ 参见赵鹏:《政府对科技风险的预防职责及决策规范——以对农业转基因生物技术的规制为例》,载《当代法学》2014年第6期。

其一,行政机关获得了广泛的授权。在政府规制模式当中,行政机关获得了立法机关广泛的授权。公共行政的规制进路以行政机关采用灵活多样的规制手段为特征,这些手段的采用,当然要求行政机关获得法律的宽泛授权。也就是说,只有行政机关拥有宽泛的自由裁量权,其在拟开展的活动及活动方式等方面所受到的法律限制才有可能减少,从而使之可以充分运用其收集的信息及其专业能力作出最优的决策。宽泛的法律授权是科技风险规制的基本要求,这在规制实践中也得到了充分体现。例如,由国务院制定的《大气污染防治行动计划》即提出,地方政府需要根据城市发展规划,合理控制机动车保有量,特大城市则需要严格限制机动车保有量。也就是说,基于环境治理的目的,行政规范性文件赋予了行政机关"限制机动车保有量"的权力,同时这些规范性文件并没有规定限制机动车保有量的方式,这即表明政府可以以对公民权利损害最小的方式追求这些目标的实现。这实际上赋予了政府广泛的裁量权,这些裁量权的存在亦构成风险规制措施的合法性基础。

其二,政府规制活动更多的是一种以目的为导向的活动方式。其缘由即在于,政府规制是为应对复杂的社会形势而产生的一种行政模式,在这种行政模式中,行政机关首先需要运用其专业知识对社会形势进行综合判断,在此基础上再进一步在法律框架内寻找解决方案。因此,在法律与社会形势之间,行政机关首先要做的并不是从现有的法律规范中寻求答案,而是通过专业知识的运用研判社会形势的发展方向并在利益最大化原则的支配下采取相应措施。因此,所谓的目的导向,是指在法律中规定行政权启动需要达到的目的,至于行政机关采取何种手段达成该种目的,法律则采取概括的授权方法,允许行政机关依社会情势选择适宜的手段。

其三,在政府规制当中,行政活动具有连续性。在政府规制当中,行政法对行政权的控制产生了从行为控制到目的导向的转变。因此,行政活动的开展即得以摆脱行政法对行政行为形式要件的控制,行政机关在法律所设定的目的的范围内,有权选择其认为适当的措施。而这些措施共同指向于同一目的,这即为不同活动之间产生先行后续的联系并呈现连续性提供了可能。

（二）科技风险规制的主要内容

在政府创新管理当中,科技风险规制主要包括以下几方面内容:

其一是科技研发过程中的风险规制。科技研发过程涉及各种设备和试验用品的运用,这些材料运用的过程有可能发生各种风险,这些风险不仅可能危害到实验人员,严重的还有可能危害公共安全。因此,科技研发过程中的风险规制是科技行政管理活动的重要内容。应该说,科技研发过程中的风险可能发生在任何研发活动的任何环节,当然,当前国内针对科技研发过程中的风险规制仅在两方面制定了相应的法律规范:一是实验动物管理中的风险规制。《实验动物管理条例》由国务院制定,各省一般也制定了各自的实施办法。《实验动物管理条例》中设置了诸多的审批、报备、检查和处罚等法律制度,其目的即在于严格科研过程中实验动物的管理以防范风险的发生。例如,《上海市实验动物管理办法》即规定,对发生疫情不报,或者因防护措施不力而造成疫病扩散和人员致伤、中毒、患病等严重损害的实验动物机构和个人,应当追究其行政或者经济责任。此条规定的目的即在于防范实验动物使用可能造成的风险。二是高等级病原微生物实验室建设方面的风险规制。科技部制定了《高等级病原微生物实验室建设审查办法》,该办法规定了高等级病原微生物实验室建设的条件和审批程序,这对于防止涉及高等级病原微生物的实验危害科研人员和公众安全具有积极意义。当然,需要说明的是,上述规范并不是科技研发风险规制规范的全部内容,仅是以法规或行政规范形式存在的法律文件,在此基础上,诸多科研机构也制定了各自的管理办法,这些内部文件当然也起到风险预防的作用。

其二是科技成果转化和应用的风险规制。科学技术是生产力,技术成果的使用不当也可能使之成为破坏力。因此,科技成果转化和应用过程中的风险规制是科技风险规制的重中之重。科技成果转化和应用的风险规制主要涉及以下内容:一是重大项目建设风险决策。重大项目建设既是科学技术成果转化的过程,其可能产生收益,有利于提高科研人员的收入,从而提升科技研发的积极性,同时也是经济发展的重要推动力,社会生产中只有不断应用新技术、淘汰落后产能,产业结构的升级换代才有可能得到实现。当然,作为科学技术转化过程,重大技术成果转化项目的推进与风险相伴而生,因此,决策的过程即应将风险防范考虑在内。为促进重大项目建设风险决策的科学性,当前行政法中建构了专家咨询制度和公众参与制度,通过这两项制度的建立,专家和公众意见得以体现于决策过程中,从而防范风险的发生。二是环境影响评估。科技成果转化应用也有可能造成环境污染,环境污染的防范当然也是科技风险规制的重要内容。当然,我国《环境保护法》中建立了较为完善的环境影响评估制度。在《环境保护法》中,环境影响评估是作为项目建设审批的前置性程序而存在的,这同时也表明,科技成果的转化应用如果未能通过环境影响评估的,其即不能获得批准。

其三是新科技产品使用的风险规制。不仅科学技术研发和成果转化实施的过程存在危及公共安全的风险,新科技产品的使用也有可能发生风险。当然,需要说明的是,作为"商品"而推向市场的科技产品肯定需要经过反复实验和严格的检测,然而,基于科技的不可预知性,再严格的检测和实验也无法完全避免风险的发生。更为重要的是,就产品可能存在的危害而言,侵权责任法和消费者权益保护法将"现有科技水平无法预知的危害"作为生产者和销售者免责的事由,这更加大了消费者使用新科技产品的风险。因此,民法领域作如此规定应以行政法中建立有较为完善的新科技产品使用风险规制制度为前提,否则消费者将暴露在诸多的不可预知的风险面前。当前与消费者之日常生活密切相关的新科技产品使用风险规制制度有二:一是新药品不良反应监测制度。新药品不良反应监测主要由食品药品监督管理部门负责,其主要通过定期检查、随机抽查等方式对新药品的使用进行监测,在此基础上为药品研发生产部门提供翔实数据以供药品的改进。当然,新药品的不良反应过于严重的,监管部门也有可能要求对药品进行召回。二是转基因食品监控制度。转基因技术在食品生产领域得到了广泛的应用,玉米、水稻等主食的生产都应用了该项技术。与此同时,转基因食品能否造成人身危害,这在当前尚未有充足的证据予以证明。因此,转基因食品不能直接予以禁止,只能通过强化监管的方式防范风险的发生。当前我国建立了转基因技术应用的审批制度、转基因食品标识制度等,其目的即是在允许使用转基因技术的背景下最大限度地防止转基因食品的使用发生不可预知的风险。

第四节 政府创新管理的法律责任

政府创新管理的责任,即是行政主体及其工作人员在开展创新管理过程中因违反法律的规定而应当承担的不利法律后果。政府创新管理责任是行政责任的具体形式,其以违法行为为前提,即在政府创新管理活动中,公务人员执行职务的行为有可能违反法律的规定,造成了一定的不法现象的存在,此时行政问责机制方可启动,由有权机关通过法定程序追究公务人员的责任。因此,政府创新管理责任制度即包含了违法行为、责任形态等方面的内容。

一、违法行为

违法行为是政府创新管理责任成立的前提。在政府创新管理过程当中,违法行为即是违反行政法尤其是科技行政法中设定的义务的行为,义务的违反是违法行为成立的要件。在民法当中,违法行为的成立需要具备行为违法性、主观过错、损害结果、因果联系等要件。而在科技行政管理过程中,违法行为的成立应当不需具备以上全部要件。具体而言,就主观过错而言,行政法设定了行政主体及其工作人员负有谨慎义务,其行为违反法律规定的,即可推定其具有主观上的过错;就损害结果而言,损害结果是否发生也不是行政违法行为产生的要件,行政违法行为的成立不需要行为造成了损害后果,仅要求该种行为本身不符合法律规定。因此,政府创新管理过程中的违法行为应以行为的违法性为其构成要件,只要行为本身违反了法律规定,即认定其构成违法行为而予以追究责任。政府创新管理中的违法行为主要包括以下几种类型：

（一）违反公务员法的行为

我国《公务员法》和《公务员处分条例》规定了公务员的诸多义务，这些义务也是科技行政管理部门的工作人员在行政管理工作中应当遵守的义务，对这些义务的违反则构成违法行为，是行政责任追究的事由。从各地科技行政管理部门梳理的责任清单来看，违反公务员法的行为主要包括以下几种类型：

其一是滥用职权类行为。行政法赋予了行政机关及其工作人员各种行政职责，行政机关及其工作人员在行政管理过程当中如果未依法律规定的精神和目的行使其权力的，则有可能构成滥用职权，这是行政责任承担的事由之一。例如，依《科学技术进步法》第72条的规定，违反本法规定，科学技术行政等有关部门及其工作人员滥用职权、玩忽职守、徇私舞弊的，对直接负责的主管人员和其他直接责任人员依法给予处分。另外，《人类遗传资源管理暂行办法》第23条也规定，管理部门的工作人员和参与审核的专家负有为申报者保守技术秘密的责任。玩忽职守、徇私舞弊，造成技术秘密泄漏或人类遗传资源流失的，视情节给予行政处罚直至追究法律责任。这即是较为典型的滥用职权类的违法行为。

其二是违反财经纪律的行为。公务员法同样为公务员设定了清廉的义务，清廉不仅关系政府形象，也是国有财产不被侵占的保障。为确保公务员的清廉，国务院及各级行政管理部门依公务员法等法律规范的规定制定了诸多财政经费管理制度，公务员违反这些制度的行为即是行政责任追究的事由。具体到政府创新管理工作当中，违反财经纪律的行为在科研经费管理、科普经费扶持等过程皆可能发生，如《科学技术普及法》第31条即规定，违反本法规定，克扣、截留、挪用科普财政经费或者贪污、挪用捐赠款物的，由有关主管部门责令限期归还；对负有责任的主管人员和其他直接责任人员依法给予行政处分；构成犯罪的，依法追究刑事责任。

其三是其他类违法行为，这些行为主要由规范性文件予以规定，是公务员法中设定的公务员义务的具体化。例如，《上海市科学技术委员会直属事业单位公开招聘人员实施办法》第15条规定,对违反公开招聘纪律的工作人员,视情节轻重调离招聘工作岗位或给予处分;对违反公开招聘纪律的其他相关人员,按照有关规定追究责任。这个条款即规定了科技行政管理部门的工作人员在人事招聘中的违法行为。

（二）违反行政行为法的行为

政府创新管理部门在开展行政管理活动过程中,现有的行政行为法体系,如行政许可法、行政处罚法以及各级科技行政管理部门针对各项科技行政管理行为制定的规范性文件也是其活动开展的依据,这些行为中的义务的违反也是科技行政管理部门及其工作人员承担行政责任的事由。

其一是行政处罚责任。《行政处罚法》第55条至第61条规定了行政机关在实施行政处罚过程中可能承担的责任。例如,该法第56条即规定,行政机关对当事人进行处罚不使用罚款、没收财物单据或者使用非法定部门制发的罚款、没收财物单据的,当事人有权拒绝处罚,并有权予以检举。上级行政机关或者有关部门对使用的非法单据予以收缴销毁,对直接负责的主管人员和其他直接责任人员依法给予行政处分。而在政府创新管理当中,行政机关也享有大量的处罚权,这些处罚权集中在《实验动物管理条例》中。因此,当行政机关行使该条例赋予的行政处罚权时,其行为违反《行政处罚法》的规定的,即有可能产生行政责任。

其二是行政许可责任。《行政许可法》同样规定了行政许可实施过程中的责任,这些责任集中规定在《行政许可法》第71条至第77条中。例如,该法第74条规定,行政许可实施过程中,对不符合法定条件的申请人准予行政许可或者超越法定职权作出准予行政许可决定的,由其上级行政机关或者监察机关责令改正,对直接负责的主管人员和其他直接责任人员依法给予行政处分;构成犯罪的,依法追究刑事责任。具体到政府创新管理过程中,实验动物进出口等方面的审批也有可能存在上述行为,此时行政机关及其工作人员即需要承担行政责任。

其三是其他行为责任。我国当前制定的成文行政行为法有《行政许可法》《行政处罚法》和《行政强制法》,在笔者掌握的科技行政管理部门权力清单中,尚未发现有行政强制权的存在,这也表明在现有的法律体系当中科技行政管理部门可能不存在行政强制责任。当然,除许可、强制和处罚之外,科技行政管理部门还存在大量其他权力,如行政给付、行政检查、行政规划等权力。这些权力的行使也有可能产生法律责任。这些行为的法律责任并不体现于人大立法当中,而是体现于其他行政行为规范当中。例如,在高新技术企业的认定管理当中,依相关规范的规定,行政机关不依法履行高新技术企业认定监督职责或者监督不力而造成严重后果的,即可能需要承担行政责任。

(三)违反科技部门法的行为

总的来说,公务员法和行政行为法不仅能够适用于科技行政管理过程中,其在其他行政管理领域同样适用。因此,违反公务员法和行政行为法的行为并非科技行政管理领域特有的违法行为,科技行政管理领域特有的违法行为应是违反科技部门法的行为。

首先应当说明的是,在科技法体系当中,《科学技术进步法》应为"基本法",其规定了科学技术进步当中的基础性法律关系。在此基础上,科技法还包括诸多的部门法,专门就科技进步当中的个别事项进行规定,这些法律主要有《促进科技成果转化法》《科学技术普及法》《科技进步奖励条例》《实验动物管理条例》以及部分行政规章、规范性文件等。这些法律规范设置了公务员法和行政行为法中没有规定的科技行政管理部门及其工作人员的义务,这就成为科技行政管理部门及其工作人员产生此方面违法责任的基础。

二、责任形态

依公务员法和其他法律规范的相关规定,在科技行政管理过程当中,行政机关工作人员承担的行政责任主要有两种形式,分别为行政处分责任和行政处理责任。

(一)行政处分责任

行政处分责任规定在我国《公务员法》和《行政机关公务员处分条例》

当中。责任的种类和幅度即限定了可以对公务员追究的责任类型及其幅度。公务员责任追究作为剥夺、限制责任人的权利，增加其负担的内部行政行为，其作用的事项应当限于基于公务员与行政主体之间的内部关系而产生的权利义务，而不能及于宪法和法律赋予公务员的基本权利。从这个角度而言，行政处分责任的明确化实际上是公务员权利保障的要求。

依《公务员法》的规定，行政处分包括以下几种类型：警告、记过、记大过、降级、撤职、开除。公务员在受处分期间不得晋升职务和级别，其中受记过、记大过、降级、撤职处分的，不得晋升工资档次。受处分的期间为：警告，6 个月；记过，12 个月；记大过，18 个月；降级、撤职，24 个月。受撤职处分的，按照规定降低级别。公务员受开除以外的处分，在受处分期间有悔改表现，并且没有再发生违纪行为的，处分期满后，由处分决定机关解除处分并以书面形式通知本人。解除处分后，晋升工资档次、级别和职务不再受原处分的影响。但是，解除降级、撤职处分的，不视为恢复原级别、原职务。

以上这些责任在科技行政管理当中都可予以适用。例如，《上海市技术市场条例》第 26 条规定，技术市场管理人员玩忽职守，贪污受贿，徇私舞弊的，根据情节轻重，由所在单位给予行政处分。其中的行政处分即包括了以上各种责任形式，追责机关需要依违法情形确定违法行为人最终应当负担的责任。实践中，行政机关可能针对各种违法情形设定了裁量情节，对其中的情节轻重进行量化处理，从而为行政处分的公正实施提供依据。

（二）行政处理责任

行政处理是行政处分之外的责任形式。如上所述，基于公务员权利保护的要求，对公务员进行处分也应遵循法律保留的原则，行政处分的责任形式应为法律所明确规定，起码应当由国务院的行政法规进行规定，行政法规以下的规范性文件即不宜增加行政处分的类型。当然，实践中，公务员的过错可能并未达到应予以行政处分的程度，但其行为又确实需要予以一定的惩罚。因此，行政机关在实践中创设了行政处理这一责任形式，用以解决上述问题。行政处理的设定获得合法性的条件至少包括以下两项：

其一是行政处理在严厉程度上应当低于行政处分,否则将发生低位阶法律规范设定的行政处理架空行政处分的效果;其二是行政处理仅应对公务员的工作关系进行调整,而不应对公务员于法律上的权利造成不利影响。依《上海市行政执法过错责任追究办法》的规定,行政处理主要包括离岗培训、调离执法岗位、取消执法资格等。行政处理在科技行政管理当中也得以广泛应用,例如,在上海市科技行政管理部门的责任清单中,行政处理在多数违法行为中皆可以适用,当然其前提在于该种违法行为情节较轻,不需要予以行政处分。

第四章　创新主体法律制度研究

创新主体及其工作人员是科研活动的承担者,科学技术的进步是在创新主体的直接推动下实现的。从这个角度而言,创新主体在科技法律关系主体当中占据核心地位,科技行政主体的管理活动需要围绕创新主体开展,而科研人员也需要在创新主体的组织下开展研究活动。尤其是《国家创新驱动发展战略纲要》提出通过壮大创新主体引领创新发展,并明确了企业、科研院所、新型研发机构和中介服务组织等创新主体的作用及其发展要求。创新主体的壮大离不开科技法律制度的保障,西方部分发达国家也制定了完善的创新主体法,如美国的《国立卫生研究院法》《农业部法》规定了科研机构的设立和运行;日本的《独立行政法人通则法》《独立行政法人产业技术综合研究所法》《独立行政法人理化学研究所法》等规定了国家设立的创新主体的组织体系;此外,日本在 2014 年也仿效美国制定了《国立卫生研究院法案》,并据此设立了作为独立行政法人的日本医疗研究开发机构。相较而言,我国并没有制定专门的创新主体法,关于创新主体方面的法律规范仅体现在《科学技术进步法》《促进科技成果转化法》等法律规范当中,未来的科技立法有必要在《科学技术进步法》的基础上制定单独的《创新主体法》,明确科研院所、企业、高校科研机构、科技社团等创新主体的设立、组织形式、权利义务、相互联系和管理体制,为创新主体的发展及其作用的发挥提供良好的法律环境。

第一节　创新主体法律制度概述

创新主体法律规范主要体现在我国《科学技术进步法》当中,该法第三章规定了企业技术进步,第四章规定了科学技术研究开发机构,这些内容都涉及创新主体的设立、地位和运行等内容,形成了较为完备的创新主体法体系。

一、创新主体概述

(一)创新主体的概念和特征

所谓创新主体,是指依法建立、拥有开展科学研究、技术开发和技术服务所必需的经费、场所和设备等物质条件,有一定科技研究人员和组织机构,专门从事科学研究和技术开发、技术服务的社会组织。[①]从该定义上看,在构成要件上,创新主体首先应当具有社会组织的一般性构成要件,即有一定的经费和场所、设备、人员等,在此基础上,创新主体还应当是专门从事科技活动的社会组织。当然,科技活动的范畴比较广泛,不仅包括研究活动,还包括技术成果转化、中介服务、科学技术普及等活动。总之,围绕科技进步所从事的活动即可认定为科技活动。从这个定义出发,创新主体包括了专门设立的研究开发机构和高校、企业等组织设立的研究开发机构、中介组织、知识产权事务所、科技社团等组织。创新主体具有以下特征:

其一,创新主体是一种社会组织。如上所述,从其构成要件上看,创新主体首先是作为社会组织而存在的,应具备社会组织的基本组成要素。社会组织作为人类社会的组织体,其将单个的个人集中起来,使他们之间的合作关系得以固定化。创新主体也必须具备此种属性,此种情况下方可能实现对科技事务的开展进行有序的安排和处理。因此,作为社会组织,创新主体内部也需要有一定的内设机构,其成员之间存在分工,尤其需要设立一定的内部管理机构,负责对内实施管理和对外开展活动。

其二,创新主体是具有相对独立性的社会组织。所谓的相对独立性,一方面是指创新主体并不一定需要具备法人资格,即法人资格并非创新主体的构成要件。例如,高校、企业等也可以设立科技机构,这些机构作为高

---

① 参见孙玉荣、张蕾主编:《科技法学》,北京工业大学出版社 2006 年版,第 105 页。

校、企业的内设机构，不具备独立的法人资格，但可以作为科技法上的创新主体。另一方面，创新主体应当具有一定的独立性，此种独立性体现于创新主体在业务上应当是相对独立的。例如，就高校、企业的研究机构而言，其业务应当与教学、生产、销售等业务相分离，有专门的设备和专业的人员从事科学研究业务。具有此程度的独立性的组织方可能被认定为创新主体并享有科技法上的权利义务。

其三，创新主体是为科技目的而设立的社会组织。社会组织作为人类有意识的组织体，其设立当然是为实现特定目的。而就创新主体而言，其设立所追求的目的即为实现科技上的创新或者技术成果的转化实施并取得收益。以从事和开展科技活动为目的，这是创新主体的本质属性，也是创新主体区别于其他社会组织的根本。而这一目的实际上也反作用于创新主体的组织结构，为实现这一目的，创新主体应当具有从事科技研究开发和成果转化应用等工作的设备和专业技术人员。

（二）创新主体的作用

创新主体作为为科技目的设立的社会组织，在社会生活当中的主要作用即是推进科技进步。当然，在市场经济条件下，创新主体对科技进步的推进作用是以市场化的方式进行的。创新主体之于科技进步的推进作用又可分解为三项功能：

其一是国家科技任务的承担。充分发挥科学技术在经济社会发展中的第一生产力作用是国家的重要发展战略。尤其是在当前经济面临下行的社会背景下，科技产业的发展是推进经济结构转型的原动力，科技发展被提升到了国民经济发展的基础性地位。在此背景下，国家也实施了系列科技发展的战略安排。当然，在市场经济建设和政府职能转变的背景下，国家所提出的科技研发任务，不可能由科技行政管理部门或其他行政管理部门直接负责实施，而只能借助创新主体予以实现。实际上，创新主体作为科技研发和成果转化的核心力量，其也是科技进步的主要推动力。国家确定的科技研发任务也只有通过创新主体调动资源和组织实施，这些任务才有可能得以完成。当然，需要说明的是，在市场经济背景下国家科技任务不能通过行政指令的方式进行分配,而需要通过市场化的方式进行分配。当前我国即主要采取科学基金的方式进行科技任务的分配,即国家设立自然科学基金和社会科学基金,结合科技发展战略每年发布课题指南。创新主体结合自身的研究优势和对拟研究技术的市场前景分析申报相应的课题并开展研究。此时,国家科技任务即通过市场化的方式分配给具有研究优势和成果转化优势的创新主体。

其二是科研活动的组织实施。科研活动的组织实施是创新主体的基本功能,也是创新主体之所以成为"组织"的缘由。具体而言,如上所述,社会组织作为人类社会的组织体,其将单个的个人集中起来,使他们之间的合作关系得以固定化。这种合作关系存在于科技活动当中,通过科技研发和分工而得以体现。单个的个体间的合作关系的纽带为创新主体,创新主体的作用即是将个体组织起来,集体从事科技研发活动。因此,创新主体对科研活动的组织实施主要包括以下三项任务:一是人员的组织和分工,即创新主体需要组织一定数量的具有研究经验和研究能力的科研人员,并对这些人员进行分工,使其共同完成特定科研任务。二是设备的供给。现代科学研究不再适用手工作坊式的操作方式,而需要借助大量的专业技术设备和实验器材方得以完成。因此,创新主体组织开展科技研发活动,必须为科研人员提供良好的设备条件。三是经费的提供。科技研究开发活动的开展同样需要大量的经费支持,这些经费是单个的科研人员无法解决的。因此,创新主体还应当为科技活动的开展提供经费支持。当然,经费的来源具有多样性,既可能来自于国家和地方科研项目的扶持,也可以通过融资或者贷款的方式向社会募集。

其三是科研人员利益的保护。科研人员的利益保护也是创新主体的重要功能。实际上,从政治国家与市民社会之间的关系来看,创新主体作为社会组织,其具有防范国家的过度干预、保护其组成人员的合法权益的功能。而创新主体的设立,也确实为科研人员之科研自由的保障提供了屏障。也就是说,在创新主体的组织体系内,创新主体可以为科研人员之研究活动的开展提供物质支持,这使得科研人员得以相对自由地从事科学研究活动。当然,在市场经济条件下,创新主体之科研人员权益保障的功能具有更大的发挥空间。例如,在科研人员的成果受到侵犯时,创新主体无疑能够为科研人员维护其权益提供帮助。另外,在允许科研人员在职创业的政策支持下,科研人员创业的同时,其与科研组织的合同关系不需解除,此时,此种合同关系的存在即免除了科研人员创业的后顾之忧,最终有利于科研人员研发和成果转化才能的发挥。

二、创新主体的类型

(一) 营利型创新主体和公益型创新主体

依创新主体性质的不同,创新主体可以分为营利型创新主体和公益型创新主体。

所谓营利型创新主体,是指以营利为目的设立的、以从事科学技术研究与应用为主要任务的社会组织。在市场经济条件下,市场是推进科技进步的主要力量,而营利型创新主体则是市场的产物,在市场对科学技术有需求的情况下,营利型创新主体应运而生,其目的在于提供市场所需的技术并从中营利。据此,营利型创新主体一般具有以下特征:其一,在组织形式上,营利型创新主体以公司或个人企业、合伙企业等市场化的市场主体为其主要组织形式。也就是说,营利型创新主体一般依商主体的设立流程予以设立和登记,因此在内部的组织管理上,也是依商主体的形式予以组织。其二,以营利为目的。以营利为目的是营利型创新主体与公益型创新主体的根本区别。以营利为目的,即表明该创新主体从事科学技术研究开发和应用的目的在于满足社会生产生活之所需,通过技术的应用提高生产效率,进而从中获利。其三,以应用型研究为主。科技研究大体上可以分为基础性研究和应用性研究,前者研究自然界运行的基本规律,天体物理、量子力学等皆属于此类。这些研究的开展可以为其他研究奠定基础,但其本身难以直接转化为能够在社会生产中应用的技术。后者则主要研究可以在社会生产中应用的工程技术。基于营利性目的的存在,营利型创新主体一般也以应用性的研究为其主要活动,即应用型研究能够确保其成果快速转化为工程技术,从而可以在市场中进行交易或应用以获得收益。

所谓公益型创新主体,是指专门从事基础性、公益性研究的组织。在市场经济条件下,尽管市场是推进科技进步的主要力量,但市场运行也有其缺陷,表现为自发性、营利性等缺陷。基于此缺陷的存在,市场能够作为推进应用性技术进步的主要力量,但就基础性、公益性研究而言,这些方面的研究难以带来直接收益,市场主体即有可能倾向于"搭便车"而非自行组织研发。因此,这些研究的开展只能由国家予以组织,而组织的形式和渠道即是设立和扶助公益型研究机构。公益型创新主体一般具有以下特征:其一,在组织形式上,公益型创新主体多为事业单位或其他受国家财政扶持的组织。由于公益型创新主体不易通过科技开发和应用而从市场中营利,其在经费上需要接受国家扶持,这也决定了其组织形式一般为事业单位,具体包括科研院所和高校科研机构等,如中国科学院、中国社会科学院等。其二,在经费来源上,公益型创新主体需要依托国家扶持或社会捐赠。也就是说,由于公益型创新主体所研究开发的技术多为难以在市场上营利的技术,而公益型、基础性研究更要求大型设备或高端实验室,这也决定了公益型创新主体需要通过国家扶持和社会捐赠以维持其运行,国家每年设立的资金项目或专项项目和财政拨款即是扶持的主要形式。其三,公益型创新主体以公益型、基础性研究为主。也就是说,作为使用国家拨款的创新主体,公益型创新主体在开展研究中应最大限度地服务于国家科技战略的实施,尤其是承担企业所不愿意承担的基础性研究项目,这也是公益型创新主体得以设立和运行的前提。其四,以公益型、基础性研究为主,这也决定了公益型创新主体研究的目的不在于获得市场利润,而在于推动基础科学的发展,并为应用性研究提供基础理论支持。当然,不以营利为目的,并不表明公益型创新主体不能从科技研发中获益,其所研究开发的技术具有实用性的,研究机构和科研人员从中获得的收益受《科学技术进步法》和《促进科技成果转化法》保护。

（二）研究型创新主体、应用型创新主体、自治型创新主体和服务型创
新主体

按开展的科技活动的不同，创新主体可以分为研究型创新主体、应用
型创新主体、自治型创新主体和服务型创新主体。[1]

所谓研究型创新主体，是指主要从事成果难以在近期内实施转化并取
得收益的基础科学研究的组织。研究型创新主体以基础理论研究为旨趣，
一般具有强大的基础研究能力，在科技进步方面起到引领作用。研究型创
新主体以基础性研究为主要任务，基础性研究一方面需要耗费大量的人力
物力资源，另一方面又不能在短期内取得收益，因而研究型创新主体在性
质上一般属于公益型创新主体，在经费上要求国家予以扶持。实际上，研
究型创新主体的经费一般也来源于政府财政资金，充足的财政资金支持是
其研究得以常态开展的必要条件。

所谓应用型创新主体，是指从事应用技术开发的创新主体。市场是科
技进步的推进力，这种推动作用主要体现于市场对应用技术的需求上，即
应用技术在生产中的应用可以提高市场主体的收益，此种收益反馈到创新
过程，创新主体即在利润的推动下从事研究。因此，应用型创新主体所研
究的项目一般侧重于有应用价值、可以快速实施转化的项目。而企业设立
科研机构的目的则在于通过科研为企业生产提供技术支持，使其产品在成
本、质量等方面更具竞争力，因此，企业设立的科研组织一般属于应用型创
新主体。

所谓自治型创新主体，是指以形成学术自治共同体为设立目的的创新
主体。自治型创新主体设立的目的并不是从事科学研究，其直接目的为形
成学术共同体以实施自治。一方面，自治型创新主体在外部形成强有力的
组织体系，防范国家和其他社会力量对其组成人员的科研自由权和科研收
益权等权利的侵犯，保障成员的正当利益；另一方面，在内部结构上，自治
型创新主体的成立又在科研人员之间形成了一定的组织形态，此种组织形

---

[1]　参见孙玉荣、张蕾主编：《科技法学》，北京工业大学出版社 2006 年版，第 105 页。

态为科研人员之间的合作交流提供了渠道,同时便于其形成一定的自治秩序,协力推进共同事务的管理。在我国,近年来,自治型创新主体有了长足的发展,形成了以中国科学技术协会为首、覆盖各行政区域的多层次自治型创新主体体系;在此体系之外,诸多学科也形成了各自的协会。

服务型创新主体同样不以研究业务为其主要任务,其目的在于为科学研究活动的开展提供各种服务。在现代社会背景下,科技研发可以视为一项系统的社会工程,此项工程的开展需要依赖诸多的条件;而在科学技术得以研发成功之后,其从实验室走向工厂成为可重复操作的生产技术,中间同样需要经历复杂的环节,同时需要具备多种物质条件。在科技研发和成果转化所需要的诸多条件中,部分条件如人员、经费等可以由本科研机构予以提供,但在市场化浪潮下,一项研究或成果转化项目的开展需要借助市场力量完成,因此需要从市场中获取技术咨询、技术培训、技术评估、成果孵化等服务,专门提供此类服务的组织即为服务型创新主体。从这个角度而言,服务型创新主体所从事的活动本身并不直接作用于科学技术的发展,但其通过市场化的方式优化了科技资源的配置,同时也可以为研究开发机构的研发活动提供充足的资源支持,因此其对科技发展的作用是不可忽略的。

三、创新主体的权利义务

《科学技术进步法》第 43 条规定了科学技术研究开发机构的权利义务,主要包括参加科研活动、确定科研项目等方面的权利。实际上,创新主体的权利和义务不仅体现于《科学技术进步法》当中,其他法律规范也规定了创新主体广泛的权利义务。

(一)创新主体的权利

1. 从事科学研究的自由

从事科学研究的自由是创新主体的基本权利,是科学研究者在从事科学研究活动时享有的关于选题方向、研究和表达的自由，①也是受宪法保护的权利，是我国宪法规定的基本权利体系的重要组成。我国《宪法》第 47 条规定，中华人民共和国公民有进行科学研究、文学艺术创作和其他文化活动的自由。公民从事科学研究的自由即引申出公民集合体即创新主体的科研自由。从这个角度而言，从事科学研究的权利首先表现为一项自由权，指向于国家的不作为义务，即国家不得干预公民和创新主体从事科学研究的活动。从事科学研究的自由包括以下几个方面的内容：其一是自主决定是否从事科学研究事业的自由，当然这也是经营自主权或就业权的范畴，即创新主体及其人员可以自主决定从事科学研究事业或其他事业，国家不得强行干预。其二是自主决定研究项目和方向的自由，这项自由也体现在《科学技术进步法》当中，即该法第 43 条规定，创新主体按照国家有关规定，自主确定科学技术研究开发方向和项目，自主决定经费使用、机构设置和人员聘用及合理流动等内部管理事务。当然，需要说明的是，国家在发布科研项目时一般规定了研究方向，这不宜视为对创新主体之自由权的干预。其缘由即在于，对于国家指定的研究方向，尽管创新主体不能改变该研究方向，但具有选择参与或不参与该研究项目的自主权。从这个角度而言，其自主决定研究项目和方向的权利实质上并未受到减损。其三是自主处理科研成果的自由。创新主体在开发新技术的基础上，自然享有该成果的权益，对于成果的转移转化也具有自主权，可以自行作出决定。当然，对于利用财政经费开展的研究活动而言，这些活动产生的科研成果在使用上受到一定的限制，但此种限制以使用财政经费为前提，创新主体对于是否使用财政经费进行研究也具有一定的选择权，因此并不妨碍科研自由权的行使。

2. 获得国家帮助的权利

获得国家帮助的权利也是创新主体享有的权利。《宪法》第 47 条规定，国家对于从事教育、科学、技术、文学、艺术和其他文化事业的公民的有益于人民的创造性工作，给以鼓励和帮助。这即明确规定了国家对科学研

---

① 参见薛现林：《科学研究自由权利研究》，载《河北法学》2004 年第 9 期。

究事业的帮助。在我国宪法的基本权利体系当中,获得国家帮助的权利是作为社会权而存在的,其具有积极权利的面向,指向于国家的作为义务,即国家应当实施特定的给付行为以满足创新主体和公民之所需。获得国家帮助的权利之所以作为社会权而存在,其缘由即在于,在科技高度发展的社会背景下,技术的研发不可能通过手工作坊式的操作而实行,其需要大量的人力物力资源和技术设施,这些内容是市场自身难以解决的,这就要求国家使用其"有形的手"进行调控,通过给付方式满足科技发展之所需。获得国家帮助的权利主要包括以下内容:

其一是获得国家给予经费扶持的权利。如上所述,在科技高度发展的社会背景下,技术的研发不可能通过手工作坊式的操作而实行,需要国家给予帮助,其中,经费帮助是最直接的帮助,《科学技术进步法》也规定了这一义务,即该法第 59 条规定,国家逐步提高科学技术经费投入的总体水平;国家财政用于科学技术经费的增长幅度,应当高于国家财政经常性收入的增长幅度。全社会科学技术研究开发经费应当占国内生产总值适当的比例,并逐步提高。

其二是使用国家设置的技术设施的权利。国家对创新主体的扶持不仅体现于经费扶持上,国家还应设置基础性的科研设施以供创新主体使用。基础设施供给是经费供给的补充方式,经费供给的对象具有专属性,给予了特定创新主体之后,其他组织即不能从该部分经费的使用中获得收益。而基础设施的供给则是一种普惠式的供给,其使用对象具有不特定性,满足规定条件的组织都可以使用该设施,从而提升国家扶持的利用效率。《科学技术进步法》亦规定了此种扶持,即该法第 63 条规定,国家鼓励设置综合性科学技术实验服务单位,为科学技术研究开发机构、高等学校、企业和科学技术人员提供或者委托他人提供科学技术实验服务。

其三是使用国家提供的信息服务的权利。在信息社会背景下,信息也是科学技术研发必不可少的资源,此种资源的供给因此成为国家负担的义务。《科学技术进步法》第 65 条规定,国务院科学技术行政部门应当会同国务院有关主管部门,建立科学技术研究基地、科学仪器设备和科学技术文献、科学技术数据、科学技术自然资源、科学技术普及资源等科学技术资源的信息系统，及时向社会公布科学技术资源的分布、使用情况。对于国家依此条提供的信息资源，创新主体有使用的权利。

3. 获得收益的权利

获得收益的权利，是指创新主体在取得科技成果之后，获得成果收益的权利。获得收益的权利是科技自由权的延伸，在创新主体享有科学研究自由的前提下，其成果当然应当归属于从事研究的公民或组织。换言之，对获得收益权的保障，其实际是保障创新主体从事科学研究的自由。当然，在市场经济条件下，利益是推动市场主体从事特定活动的原动力。就科技行业而言，其也需要在利益的推动下方可能得到发展。因此，强化对获得收益的权利的保障对于促进科技发展也具有重要意义。实际上，2015年《促进科技成果转化法》的修正即强化了获得收益的权利。即该法第43条规定，国家设立的研究开发机构、高等院校转化科技成果所获得的收入全部留归本单位，在对完成、转化职务科技成果作出重要贡献的人员给予奖励和报酬后，主要用于科学技术研究开发与成果转化等相关工作。

（二）创新主体的义务

权利与义务是法律关系当中的对立统一体，创新主体在享有权利的同时，也应当履行相应的义务。创新主体在是否利用财政经费的状态下具有不同义务，因此创新主体的义务可分为一般性义务和利用财政经费后的义务。

1. 一般性义务

一般性义务是指创新主体普遍承担的义务。此项义务的来源具有广泛性，既包括宪法和法律的规定，也包括依科技伦理或社会公德所承担的义务和在民商事活动当中依合同承担的义务。包括但不限于以下义务：在核准登记的范围内从事经营活动；全面履行各种合同特别是技术合同约定的义务；保护环境，防治污染；尊重其他单位的技术权益和其他权益，杜绝侵权行为的发生；保护科技人员的合法权益，逐步改善科技人员的工作和生活条件，不得利用职权便利打压研究活动的开展或实施其他侵犯科研自由和科研权利的行为等。①

2. 利用财政经费后的义务

利用财政经费的创新主体或者其他创新主体使用财政经费的需要承担更多的义务,主要包括:

其一是科学技术资源共享的义务。利用财政资源的创新主体或者其他创新主体利用财政经费形成的科学资源的,负有将这些资源进行共享的义务。其缘由即在于,利用财政资金的创新主体或者其他创新主体利用财政经费形成的科学资源实际上具有一定的公共属性,此种公共属性是由财政资金的公共属性所决定的,因此,创新主体也有义务将之作为公共资源并允许其他组织共享。实际上,《科学技术进步法》第 46 条也规定,利用财政性资金设立的科学技术研究开发机构,应当建立有利于科学技术资源共享的机制,促进科学技术资源的有效利用。

其二是从事科普活动的义务。《科学技术进步法》第 44 条规定,利用财政性资金设立的科学技术研究开发机构开展科学技术研究开发活动,应当为国家目标和社会公共利益服务;有条件的,应当向公众开放普及科学技术的场馆或者设施,开展科学技术普及活动。除此之外,利用财政性资金形成的科技成果在使用上也受到一定的限制,如创新主体应当在一定时期内实施转化等。

第二节　国有科研院所法律制度

国有科研院所,是指由国家设立并资助的科研机构,包括国家和各地方的科学院、研究中心或实验室等。国有科研院所是创新主体中的重要组成部分,也是推动科技发展的主要力量,其在设立、管理体制和研究任务等方面皆有别于其他创新主体。《国家创新驱动发展战略纲要》提出,要建设世界一流科研院所,围绕国家重大任务,有效整合优势科研资源,建设综合性、高水平的国际化科技创新基地,在若干优势领域形成一批具有鲜明特

---

① 参见沈仲衡编著:《科技法学》,暨南大学出版社 2007 年版,第 61 页。

色的世界级科学研究中心。国有科研院所尤其是诸如中国科学院、中国工程院等研究机构将是世界一流科研院所建设的重心。换言之,国有科研院所是世界一流科研院所建设中的主要推动力量,科技法律制度的作用即在于明确国有科研院所的设立、地位、管理体制和权利义务等内容,为世界一流科研院所的建设保驾护航。

一、国有科研院所的设立和地位

国有科研院所的设立是国家实施科技发展战略的必经步骤,国家确定的科技发展规划最终需要由以国有科研院所为主体的创新主体完成。因此,国有科研院所的设立实际上是国家推动科技发展和完成科技发展规划的抓手,其设立也有较为严格的程序限制。依《自然科学研究机构建立、调整的审批试行办法》的规定,国务院各部门新建独立研究开发机构,由国务院各部门提出申请,征求拟设立地的省级政府的同意,报国务院科技主管部门会同有关部门审批;设立特别重要或规模庞大的独立研究机构的,则需要报国务院审批。省、直辖市和自治区新建独立研究开发机构的,由省、直辖市、自治区科技主管部门会同有关部门提出申请报告,经人民政府审核后,报国务院科技主管部门会同有关部门审批;设立特别重要或规模庞大的独立研究机构的,报国务院审批。自治州、市、县新建独立研究开发机构,由同级政府科技主管部门提出申请报告,经本自治州、市、县人民政府审核之后,报所属省、自治区、直辖市科技主管部门会同有关部门审批。

国有科研院所的地位应作以下理解:

其一,在法律属性上,国有科研院所属于独立的法人。所谓独立的法人,是指国有科研院所是依法设立、能够以自己的名义独立行使法律规定的权利和履行法律规定的义务的社会组织。作为独立的法人,国有科研院所的独立性表现在两个方面:一方面,在对外关系上,国有科研院所能够以自己的名义开展活动。具体而言,在国有科研院所与设立该院所的行政机关的关系上,国有科研院所具有独立性,其虽由特定行政机关设立,但其本身并不属于设立机关的内设机构,在组织体系和开展活动上也不需要听命于设立机关,能够自主决定与本院所发展紧密相关的重要事务。在民商事法律关系当中,国有科研院所也能够在章程范围内以自己的名义和财力、信誉开展民商事活动,并自主承担因此产生的民事权利义务。当然,国有科研院所在成果转化当中的自主权在新《促进科技成果转化法》制定之后方得以恢复圆满状态。另一方面,在对内关系上,国有科研院所也可以自行调整其业务结构,管理其内部组成人员,设立考核指标并进行考核,自主确定科学研究项目等。当然,需要说明的是,国有科研院所的独立法人地位是一种法律上的独立地位,而非事实上的独立地位,法律上的独立地位指向于国有科研院所能够以自己的名义独立行使法律规定的权利和履行法律规定的义务,而在事实层面,主管部门可以通过经费扶持、领导人员选定等方式对科研院所的运行进行干预。

其二,在管理体制上,国有科研院所属于事业单位。事业单位是国家为社会公益之目的而举办的,主要承担教育、科技、文化、卫生等方面的社会服务工作的社会组织。事业单位具有两方面属性,一是其设立不以营利为目的,是专门为社会提供服务的组织;二是事业单位的设立主要用来解决市场不能解决的服务供给问题。也就是说,就市场能够提供的服务而言,国家一般不宜加以干预,而事业单位的出现则用来弥补市场的缺陷,为社会提供公益性的服务。科研院所作为事业单位,其符合对事业单位之属性所进行的设定。也就是说,一方面,国有科研院所的设立一般也不以营利为目的,其应以基础性、公益性研究为主要研究任务,着力于解决科研发展过程中的基础理论问题,中国科学院和中国工程院进行的大部分研究即具有此方面的属性;另一方面,国有科研院所的设立也是解决市场缺陷之需,国有科研院所应注重于对市场不能够提供的科学技术进行研究。除此之外,国有科研院所还从以下两个方面体现其事业单位的属性:一是国有科研院所的经费主要来自于财政资金的支持,支持的方式包括全额拨款、参公、财政补贴等,其中全额拨款是最主要的支持方式;二是国有科研院所在行政管理上有其主管部门。也就是说,国有科研院所的独立法人资格与事业单位的属性是相辅相成的,作为独立法人,国有科研院所在法律上具有以自己的名义对外开展活动的资格；而作为事业单位，国有科研院所在事实层面则需要接受其主管部门的业务指导。

其三，在科技发展中，国有科研院所是科技战略布局的主要实施者。如上所述，充分发挥科学技术在经济社会发展中的第一生产力作用是国家的重要战略安排。尤其是在当前经济面临下行的社会背景下，科技产业的发展是推进经济结构转型的原动力，科技发展被提升到了国民经济发展的基础性地位。当然，在市场经济建设和政府职能转变的背景下，国家所提出的科技研发任务不可能由科技行政管理部门或其他行政管理部门直接负责实施，而只能借助创新主体予以实施。然而，就高校和企业设立的科研组织而言，由于高校具有独立的学术自主权，而企业也具有经营自主权，政府通过经费扶持等方式对高校和企业设立的科研机构的影响力毕竟是有限的。因此，国家确立的科研任务或科技发展规划主要由国有科研院所承担。也就是说，作为事业单位，国有科研院所在事实上需要接受其主管部门的业务指导，国有科研院所的领导也由主管部门选定，主管部门可以通过这两个渠道影响国有科研院所研究项目的选定，使其更多地承担国家确定的基础性、方向性的研究任务。简言之，基于政府与国有科研院所之间的紧密联系，国有科研院所实际上充当科技战略布局的主要实施者。

二、国有科研院所的管理体制

国有科研院所作为国家投资设立的创新主体，其虽在法律上具有独立的法人资格，但在组织体系和管理结构上受立法的严格限制。在管理体制上，国有科研院所一般设置有以下管理机制：

（一）院（所）长负责制

院（所）长负责制，是指科研院所的院长或所长代表作为出资方的政府担任科研院所的法定代表人，负责科研院所的科研业务和日常管理工作，代表科研院所对外开展民事活动和行政活动，并承担因此产生的法律责任。院长或所长负责制是我国《科学技术进步法》规定的管理体制，该法第45条规定，利用财政性资金设立的科学技术研究开发机构应当建立职责明确、评价科学、开放有序、管理规范的现代院所制度,实行院长或者所长负责制,建立科学技术委员会咨询制和职工代表大会监督制等制度,并吸收外部专家参与管理、接受社会监督;院长或者所长的聘用引入竞争机制。

有学者提出,院(所)长负责制的优点在于增强了院长或所长的权威性,易于形成决议,工作效率高;缺点则在于缺乏有效监督,院长、所长容易形成独断专权。[①] 实际上,院(所)长负责制是国有科研院所之所有权与经营管理权分离改革的产物,对该制度的分析也需要建立在此背景的基础之上。具体而言,国务院在 1987 年提出,逐步实行科研机构所有权与经营管理权的分离,是深化科研机构改革,增强科研机构面向经济活力的一项重要方针。人员、固定资产规模较小的技术开发科研机构可积极试行租赁、承包管理。对经营不好、效益很差的技术开发科研机构,也可进行租赁、承包管理试点。综合性大院大所应在改革中积极探索新的经营管理模式,包括划分成若干独立核算单位,或面向不同的行业、企业,或进入企业、企业集团,或由集体、个人承包等。在此基础上,国务院进一步提出,全面实行院(所)长负责制,科研机构的业务与行政管理工作由院(所)长全权负责。从所有权与经营管理权相分离的改革背景来看,院(所)长负责制具有以下两方面的优势:

其一,院(所)长负责制确保了所有权与经营管理权相分离后政府对科研院所的指导。如上所述,国有科研院所是科技战略布局的主要实施者。在市场经济建设和政府职能转变的背景下,国家所确立的科技研发任务,不可能由科技行政管理部门或其他行政管理部门直接负责实施,而只能借助创新主体予以实施。因此,国家确立的科研任务或科技发展规划主要由国有科研院所承担。在所有权与经营管理权相分离的情况下,政府自然不能直接命令作为独立法人的国有科研院所承担国家设置的科研任务。此时,如何实现政府对科研院所在科研业务方面的指导,尤其是保障国家科技发展战略得以完成,除了借助经费扶持制度之外,还可以借助院(所)长负责制,即通过对院(所)长的选任和指导,利用院长或所长在科研院所业

---

① 参见孙玉荣、张蕾主编:《科技法学》,北京工业大学出版社 2006 年版,第 109 页。

务开展方面的管理权能,使国家布置的科研任务下发到科研院所的各个部门,确保国家科技发展规划得以顺利完成。

其二,院(所)长负责制确保了科研院所的独立性。所有权与经营管理权相分离改革包含了保障国有科研院所之独立性的意图。国有科研院所的独立是市场经济发展的需要,也是科技产业发展的需要。具体而言,一方面,市场经济是市场在资源配置中起基础性作用的经济形态。在市场经济背景下,市场主体参与市场的行为应当在市场规律的作用下实施,其研发、生产、销售等皆是市场规律作用的结果。这就要求市场主体在经济活动过程中具有一定的自主性,依自身对市场的了解参与经济生活,并自行承担相应的后果。在此背景下,科研院所的科学技术研发活动也需要接受市场指引,在市场规律作用下开展。这反映到其管理体制上,即要求科研院所的科技研发和经营管理活动具有自主性,国家不宜加以过多的干预。科技研发规律本身也要求科研院所具有一定的独立性。具体而言,从本质上看,科学研究是充分发挥人的主观能动性的人类活动,此项活动的开展需要人类能够自主选择研究领域,并对该领域保持充足的热情,在此基础上其主观能动性和创造力方有可能发挥出来。科技研发的此种特性反映到科技管理当中,即要求科研主体享有充分的科研自由权利——实际上,此项权利也是我国宪法保护的基本权利——同时需要排除外界因素对科研自由权利的干预,此种要求即可引申出科研院所的独立性。而院(所)长负责制则是保障科研院所之独立性的屏障。也就是说,在建立有院(所)长负责制的情况下,政府与科研院所之间即实现了所有权与经营管理权的分离,政府只能通过院(所)长的选任和指导而体现其所有权,不能直接干预科研院所的经营管理——院(所)长负责制即意味着科研院所的经营管理尤其是科技业务的安排属于院长或所长的领导职责范围,上级部门不能多加干预,院长或所长依托其专业知识并在充分听取科技人员意见的基础上开展此项管理工作,从而在体现国家所有权的基础上最大限度地维护科研院所的独立性。

（二）科研岗位责任制

所谓科研岗位制,是指根据科学技术人员所在的岗位,合理确定该岗位的职责、权限、工作任务以及考核标准的制度。简言之，科研岗位制实施"按岗设责"的原则，依岗位的不同设置不同的任务，在此基础上配置相应的权限和考核标准，[①]进而最大限度地实现"人尽其才"。科研岗位责任制是与院（所）长负责制相对应的管理机制。院（所）长负责制作用的对象为院长或者所长，要求院长或所长对本科研院所的业务和日常工作承担管理职责；而岗位责任制作用的对象则为科学技术人员，不同的科学技术人员依学科背景、研究专长等分配于不同的岗位并配备相应的职责。

科研岗位责任制的设置应当注意两个问题：其一是岗位责任与学术自由的关系。如上所述，学术自由是科学研究得以发展的基本保障，从本质上而言，科学研究是充分发挥人的主观能动性的人类活动，此项活动的开展需要人类能够自主地选择研究领域，并对该领域保持充足的热情，在此基础上其主观能动性和创造力方有可能发挥出来，这也是宪法规定学术自由的原因。因此，在设置岗位责任时，科学技术人员的岗位责任应尽量考虑到研究人员的研究专长及其选择权，不宜使岗位责任成为限制科学技术人员之科研自由的因素。其二是考核与科研活动之间的关系。作为岗位责任制之组成部分的考核制度既需要充分考虑对科研自由的保障，更需要考虑到科学研究的客观情况，不宜将未取得特定科研成果作为不通过考核的缘由。具体而言，在科学研究当中，科研成果的取得在一定程度上非人力可控。科学作为人类向未知领域进行探索的活动，此项活动的开展能否取得成果，并不是行为人的自身意志能够决定的，从事科学研究即存在失败的风险。因此，在岗位责任考核当中，科学技术人员未取得成果，但确实已履行忠实义务的，不宜认定其未达到岗位责任的要求。实际上，我国《科学技术进步法》规定了研究失败的免责机制，该法56条规定，国家鼓励科学技术人员自由探索、勇于承担风险。原始记录能够证明承担探索性强、风险高的科学技术研究开发项目的科学技术人员已经履行了勤勉尽责义务仍不能完成该项目的，给予宽容。该条规定的精神体现到岗位责任考核中，即要求考核指标不宜包含"研发获得成功"这一因素。

---

① 参见孙玉荣、张蕾主编：《科技法学》，北京工业大学出版社2006年版，第109页。

第三节　高校科研机构法律制度

高校科研机构也是科学技术进步的重要推进力。《国家创新驱动发展战略纲要》也将建设世界一流大学和一流学科作为壮大创新主体、推进创新发展的重要战略安排。在我国，公立高校属于事业单位，高校设立的科研机构即是事业单位的内设机构，与国有科研院所具有基本相同的属性。当然，高校科研机构的设立、运行和保障等方面也有其特有的制度体系，科技法尤其需要明确高校科研机构的产学研合作和科技成果转化等方面的促进和保障制度机制。

一、高校科研机构的设立

高校科研机构是指在高校设立的承担教学科研任务的研究机构。高校科研机构是创新主体的重要组成部分，"我国的高等学校科研机构在我国基础研究、应用研究和技术开发等方面发挥着重要的作用，是我国科学研究中的一支重要力量"①。当然，与国有科研机构不同，高校科研机构隶属于高等院校，在设立上即不同于国有科研机构。具体而言，高等院校作为高等教育的实施者，享有《高等教育法》规定的学术自主权，此种学术自主权包括了学科专业设置、科学研究、技术开发和社会服务等方面的自主权。此种自主权覆盖了研究机构设立事项。换言之，与国有科研院所的设立需要由同级政府审批不同，高校科研机构的设置可以由高校自主决定。高校在科研机构设立方面的自主权在《高等教育法》中也有所体现：首先，《高等教育法》第35条规定，高等学校根据自身条件，自主开展科学研究、技术开发和社会服务。科研机构的设立是科学研究和技术开发的前提，该条赋予了高等学校在科学研究和技术开发方面的自主权，此种自主权即包含了科研机构设置方面的自主权。在此基础上，其他条款则对高等院校在科研机构设置方面的自主权进行了细化。具体而言，该法第41条规定，高

① 易继明、周琼：《科技法学》，高等教育出版社2006年版，第134页。

等学校的校长全面负责本学校的教学、科学研究和其他行政管理工作,拟订内部组织机构的设置方案,推荐副校长人选,任免内部组织机构的负责人。第 39 条规定,国家举办的高等学校实行中国共产党高等学校基层委员会领导下的校长负责制。中国共产党高等学校基层委员会按照中国共产党章程和有关规定,统一领导学校工作,支持校长独立负责地行使职权,其领导职责主要是:执行中国共产党的路线、方针、政策,坚持社会主义办学方向,领导学校的思想政治工作和德育工作,讨论决定学校内部组织机构的设置和内部组织机构负责人的人选,讨论决定学校的改革、发展和基本管理制度等重大事项,保证以培养人才为中心的各项任务的完成。据这两条的规定,高校科研机构的设立由校长拟订方案,提交学校党委讨论决定,这即体现了高校在设置科研机构方面的自主权。

当然,由于高等学校重点实验室被当作国家组织高水平基础研究和应用基础研究、聚集和培养优秀科学家、开展学术交流的重要基地,其设立不在高校自主权范围内,而需要依《高等学校重点实验室建设与管理暂行办法》规定的程序进行,主要包括以下程序:其一是立项申请。重点实验室的设立首先需要满足该办法第 12 条规定的条件,包括所从事的研究工作在本学科领域属国内一流水平;有一支学术水平高、年龄与知识结构合理、敢于创新的优秀研究群体;有良好的科研传统和学术氛围;具有一定面积的研究场所和一定规模的研究实验手段;有稳定的管理、技术人员队伍与比较健全的管理制度;依托单位应保证实验室运行经费等。符合重点实验室立项申请基本条件的高等学校,可根据有关要求,按规定的格式填写"国家重点实验室建设项目申请书"或"教育部重点实验室建设项目申请书",依托单位对重点实验室建设项目申请书进行审核,确保申请书内容的真实性,签署配套经费及条件保障支持等意见后,以依托单位名义向教育部行文请示;地方高等学校的立项申请需由地方教育行政部门向教育部行文请示。其二是评审。教育部组织专家对高等学校提交的"国家重点实验室建设项目申请书"进行论证、签署意见后报送科技部。通过科技部组织的专家评审后,由依托单位填写"国家重点实验室建设项目计划任务书",并按正式公文的形式报教育部。教育部审核、签署意见后,报科技部批准立项建设。其三是计划实施,凡通过科技部或教育部审定的重点实验室建设项目,有关高等学校应根据"国家重点实验室建设项目计划任务书"或"教育部重点实验室建设项目计划任务书"的要求安排建设、配套资金以及必要的运行费用。重点实验室建设项目应列入依托单位重点学科建设和发展计划。其四是建成验收。重点实验室建设期限一般不超过 2 年。建成后,依托单位向教育部报送"国家重点实验室建设项目验收申请书"或"教育部重点实验室建设项目验收申请书",申请验收。地方高等学校申请验收的需经地方教育行政部门审定后,报教育部申请验收。教育部组织验收专家组对教育部重点实验室进行验收,验收专家组按重点实验室建设项目计划任务书与验收申请书,听取实验室建设总结报告,进行实地考察,对实验室的研究方向、目标、水平、可持续发展、实验条件、科研及人才培养能力、建设经费使用和仪器配备以及学术委员会的组成、开放运行和管理等方面进行综合评议,形成验收专家组意见。

二、产学研结合制度

产学研结合制度是我国《科学技术进步法》设置的重要制度,该项制度的设置,既可以发挥企业在市场资源利用方面的优势,又可以发挥高校和科研院所在基础研究方面的优势,最终实现科技研发效益的最大化。"高校与企业之间进行合作可以优化资源配置,充分利用高校和企业的优势进行科研创新,高校负责科研成果的生产,企业负责将科研成果向生产力进行转化,解决当前我国科研成果转化的问题,促进高校与企业之间的合作,搭建良好的沟通桥梁。"[1]《科学技术进步法》宣示了对产学研结合的鼓励态度。例如,该法第 26 条规定,引导科学技术研究开发机构、高等学校、企业共同推进国家重大技术创新产品、服务标准的研究、制定和依法采用。第 31 条规定,县级以上人民政府及其有关部门确定科学技术计划项目,应当鼓励企业参与实施和平等竞争;对具有明确市场应用前景的项目,应当鼓

---

[1]　于钧泓:《促进高校产学研合作的法律对策》,载《中国高校科技》2016 年第 4 期。

励企业联合科学技术研究开发机构、高等学校共同实施。第 32 条规定,国家鼓励企业同其他企业或者科学技术研究开发机构、高等学校联合建立科学技术研究开发机构,或者以委托等方式开展科学技术研究开发;同科学技术研究开发机构、高等学校、职业院校或者培训机构联合培养专业技术人才和高技能人才,吸引高等学校毕业生到企业工作。在此基础上,各地方科学技术进步条例对《科学技术进步法》确立的产学研结合原则进行了细化,具体包括以下几个方面的鼓励政策:

其一,对企业、科学技术研究开发机构和高等学校联合设立研究开发机构给予用地或财政资金扶持。例如,《广州市科技创新促进条例》即规定,鼓励企业单独设立或与高等学校、科研院所合作设立,鼓励国内外知名高等学校、科研机构和企业在广州设立具有独立法人资格的研究开发机构,属合作设立的,合作各方的权利、义务由合同约定。市人民政府对符合前两款规定在广州设立研究开发机构的,在用地、财政资金等方面给予支持。

其二,对企业与高等院校、研究开发机构联合设立重点实验室或从事重点项目申报给予资金配套资助。例如,《深圳经济特区科技创新促进条例》即规定了此方面的扶持。

其三,对产学研联盟给予项目支持。例如,《黑龙江省科学技术进步条例》第 9 条规定,鼓励企业、高等学校、科学技术研究开发机构等单位围绕全省重点产业建立产业技术创新战略联盟。省级人民政府应当对产业技术创新战略联盟发展和开展关键、共性技术攻关给予政策支持,对新认定的国家级产业技术创新战略联盟的牵头单位给予奖励。县级以上人民政府科学技术行政部门对产业技术创新战略联盟申报的科学技术计划项目,应当给予优先支持。《青岛市科技创新促进条例》第 11 条也有类似规定。而《陕西省科学技术进步条例》第 21 条第 2 款则规定,财政资金支持的科技计划重点项目,组织实施单位在同等条件下优先交付企业为主导的产学研合作组织承担。省内企业成功转化高等学校、科研院所研发的重大科技成果的,省、设区的市科学技术行政部门给予奖励。

其四，鼓励企业、高校和科学研究机构之间的人员流动。例如，《陕西省科学技术进步条例》第 21 条第 1 款规定，鼓励科学技术研究开发机构和高等学校的科学技术人员到企业兼职、挂职，参与企业技术创新活动。

三、高校科研机构科技成果的管理和转化

高校科研机构的科技成果在管理和转化等方面也有其特殊规则：

其一，在成果归属上，依《著作权法》和《专利法》等法律规范的规定，利用财政经费和学校提供的条件所完成的成果属于职务成果，成果所有权当然归学校所有。

其二，在成果管理上，教育部于 2001 年制定了《教育部〈科技成果登记办法〉实施细则》，依该细则的规定，高校科技成果由高校科技成果管理部门负责登记，登记的目的在于确定科技成果的归属。另外，该细则还对科技成果登记的范围、条件、报送的材料和登记的程序等进行了规定。

其三，在科技成果转移转化权限上，新《促进科技成果转化法》将权限予以下放，即该法第 18 条规定，国家设立的研究开发机构、高等院校对其持有的科技成果，可以自主决定转让、许可或者作价投资，但应当通过协议定价、在技术交易市场挂牌交易、拍卖等方式确定价格。通过协议定价的，应当在本单位公示科技成果名称和拟交易价格。依该条的规定，高校科研机构进行科技成果转化不需要获得主管部门的批准，而可以自行进行转化。这无疑简化了科技成果转化的程序。当然，实践中，科技成果的完成人对科技成果转化的热情更高，依新《促进科技成果转化法》的规定，科技成果完成人和参加人在不变更职务科技成果权属的前提下，可以根据与本单位的协议进行该项科技成果的转化，并享有协议规定的权益。该单位对上述科技成果转化活动应当予以支持。

其四，转化收益。首先，在学校层面，由于高校科研机构利用学校提供的设施形成的成果为职务成果，其技术收益当然是国有资产，归学校所有，《促进科技成果转化法》第 43 条也规定，国家设立的研究开发机构、高等院校转化科技成果所获得的收入全部留归本单位，在对完成、转化职务科技

成果作出重要贡献的人员给予奖励和报酬后,主要用于科学技术研究开发与成果转化等相关工作。当然,新《促进科技成果转化法》也提高了科学技术人员的收益,依该法第 45 条的规定,科技成果完成单位未规定、也未与科技人员约定奖励和报酬的方式和数额的,应将该项职务科技成果转让、许可给他人实施的,从该项科技成果转让净收入或者许可净收入中提取不低于 50% 的比例。这实际上极大提高了科学技术人员获得收益的比例,从而也有利于促进科技进步和成果转化。当然,有学者认为,科研人员的收益分配不应是一次性奖励,而应当以长久性的奖励为主,保证发明人离开自己的研究岗位后仍能获得利用该科技成果的收益。[①] 此种观点具有一定的合理性,也应当在我国的相关法律制度中予以体现。

四、高校科研机构的保障机制

高校科研机构的科技研发活动还受到较为优越的条件保障,在经费、人员等方面都有相对应的扶持政策,主要包括经费、人才和设施等方面的保障。

(一) 经费保障

经费保障是科学研究得以顺利开展的前提,高校开展科学研究活动,其也需要获得充足的经费保障。尤其是基于高校科研机构的特殊性,其研究活动作为职务成果在转化和收益方面受到一定的限制,这也同时造成高校科研机构可能难以从市场中获得充足的资金支持。这即凸显了经费保障的重要性。高校科研机构的经费保障一般包括以下三方面内容:

其一,就科研人员的工资待遇而言,由于公立高校属事业单位,高校科研机构的科研人员即属事业单位人员,其工资待遇一般由财政经费予以保障。

其二,国家每年度都发布科学研究项目,教育部等部委也发布各自的项目,这些项目既可以由国有科研机构申报,也可以由高校和企业申报,高

---

① 参见马晓文、钟书华:《美国研究型大学科技成果的处置机制及其对中国的启示》,载《中国科技论坛》2016 年第 5 期。

校科研机构承担此类项目，从中即可以获得经费支持。

其三，专门面向高校科研机构的经费保障。例如，教育部即设立了"高等学校科技创新工程重大项目培育资金"用以支持科技创新重大项目。根据《高等学校科技创新工程重大项目培育资金项目管理办法》的规定，该项目着力于发挥国家重点实验室、国家工程（技术）研究中心等研究基地的作用，其目标是推动原始性创新，培育一批具有创新能力和发展潜力的科技创新团队和学术骨干，全面提高高等学校承担国家各类重大科学技术项目的能力，推动我国高等学校科学研究乃至国家科学技术事业的全面发展。该项目重点扶持有望取得重大突破的前沿性基础研究、国家经济发展亟待解决的重大科学与技术问题，或者围绕国家可持续发展战略目标或为国家宏观决策提供依据以及具有广泛深远影响的科学数据积累等基础性工作，项目由高校提出申请，教育部进行形式审查，教育部组织的评审会议进行集中评审，申报单位需要在评审会议上进行答辩。

（二）人才扶持

针对高校科学研究的需要，教育部也建立了多种人才扶持制度，主要有：

其一是"长江学者"特聘教授制度。"长江学者"特聘教授制度是教育部与香港爱国实业家李嘉诚先生及其领导的长江基建（集团）有限公司进行合作，投入专项资金实施的岗位制度。特聘教授实行岗位聘任制。人选由学校推荐，专家评审，学校聘任，聘期内享受特聘教授岗位津贴。特聘教授既要承担教学任务，更重要的是从事科学研究和人才培养等工作，如《高等学校特聘教授岗位制度实施办法》第8条规定的特聘教授的岗位职责包括讲授本学科核心课程、主持国家重大科研项目研究、领导本学科学术梯队建设等。特聘教授岗位津贴标准为每人每年人民币10万元，同时享受学校按照国家有关规定提供的工资、保险、福利等待遇，其经费由"长江学者奖励计划"专项资金支付。

其二是"新世纪优秀人才支持计划"。"新世纪优秀人才支持计划"是教育部设立的专项人才支持计划，其目的在于支持高等学校优秀青年学术带头人开展教学改革,围绕国家重大科技和工程问题、哲学社会科学问题、国际科学与技术前沿问题进行创新研究。"新世纪优秀人才支持计划"每年评审一次,资助规模为每年1000人左右。"新世纪优秀人才支持计划"实行限额申报,教育部直属高等学校以学校为单位申报,地方院校则通过省级教育行政管理部门集中申报,教育部组织有关领域专家对申请材料进行评审,并提出建议支持方案;教育部对建议支持方案进行审批,并进行公示。公示期一个月,如无异议,正式公布支持名单。

其三是"百人计划""千人计划"和"万人计划"项目。

另外,各地方层面也有其人才扶持计划,如上海市的"东方学者"岗位计划、湖北省的"楚天学者"计划等。

（三）设施保障

设施保障也是高校科研机构获得扶持的重要方面,其中,重点实验室是设施保障的重要内容。上文已对重点实验室的设立进行了介绍,重点实验室设立之后,其还可以获得国家的大力支持。例如,《高等学校重点实验室建设与管理暂行办法》即规定,教育部是重点实验室的行政主管部门,其负有对重点实验室予以拨发、配套有关经费的职责,而各省、自治区、直辖市教育行政部门也需要承担落实项目建设和重点实验室运行的配套经费的职责。

第四节　科技社团法律制度

科技社团也是创新主体的重要组成部分,科技社团由科学研究机构和科研人员共同组成,其既有会员单位,也有个人会员,是科技工作者的自治性组织,在经济发展和科技进步过程中发挥着重要作用。

一、科技社团概述

所谓科技社团,是指由科技工作者自愿组成,从事科技活动的群众性

自治组织。[1] 科技社团具有以下特征:

其一,科技社团属于社会团体。我国《民法通则》将法人分为四种,分别为企业法人、事业单位法人、机关法人和社会团体法人。科技社团即是社会团体法人的一种。作为社会团体法人,科技社团首先需要满足非营利的目的,即科技社团并非依公司法设立、以参与市场经营活动为目的的社会组织,而是非营利性质的、以开展科技工作者间的自治活动为目的的法人。社会团体的非营利性是由《社会团体登记管理条例》所规定的,即该条例规定,社会团体不得从事营利性经营活动,科技社团当然需要满足该条例的要求。在此基础上,科技社团还应当满足《民法通则》规定的法人的一般构成要件,即拥有独立的财产和经费,能够独立承担民事责任,拥有自己的名称、管理机构和活动场所等。

其二,科技社团是与科技工作相关的社会团体。在社会生活当中,社会团体的类型具有多样性,各行业一般成立有其社会团体,各学科也基本组建有各自的研究团体,乃至各种兴趣爱好者也可组建相应的团体。科技社团与这些团体的不同之处即在于科技社团是与科技工作相关的团体,主要表现有二:一为科技团体的组成人员为科技工作者,如中国科学技术协会即是科学技术工作者自发形成的社会团体。也就是说,科技社团是以"科技"为纽带所形成的社会团体,其成员在来源上即区别于其他社会团体。二为科技团体所从事的活动主要为与科技工作相关的活动,如开展学术交流、分享技术信息、展开科研单位间的合作等,这也是科技社团与其他社团的区别之所在。

其三,科技社团是科技工作者间的自治性组织。科技社团的本质是群众性的自治组织。所谓群众性的自治组织,是指它是科技工作者开展自我管理和自我服务的组织。科技社团作为自治性组织的表现有二:一是科技社团是由科技工作者自愿设立的社会组织,其在设立的过程中并不受政府的干预;二是科技社团以服务科技工作者为其活动的主要目的。也就是说,尽管财政经费也是部分科技社团的经费来源之一,但科技社团所开展

---

[1] 参见易继明、周琼:《科技法学》,高等教育出版社 2006 年版,第 136 页。

的工作主要是服务科技工作者,而非执行行政机关布置的任务,这即决定了科技社团的自治性。

科技社团在社会生活中起着重要作用,此种作用在《科学技术进步法》中也有所体现。该法第58条第2款规定,科学技术协会和其他科学技术社会团体按照章程在促进学术交流、推进学科建设、发展科学技术普及事业、培养专门人才、开展咨询服务、加强科学技术人员自律和维护科学技术人员合法权益等方面发挥作用。实际上,科技社团的作用远不止于此。它至少具有以下几个方面的作用:

其一是开展学术交流。开展学术交流是《科学技术进步法》规定的科技社团的作用之一。科技社团的组建,实际上即相当于为科技工作者的合作交流提供了平台,科技工作者以此平台为纽带即可以开展广泛的交流。具体而言,科技社团一方面可以举办多种类型的学术会议,从而为科技工作者的合作交流提供渠道;另一方面,科技社团也可以促成科技工作者和科研机构之间的合作,从而实现科技资源优化利用的目的。

其二是反映科技工作者的意愿,维护科技工作者的利益。如上所述,科技社团是由科技工作者自愿设立的社会组织,以服务科技工作者为活动的主要目的。实际上,维护本团体成员的合法权益也是社会团体设立的目的。在具体的活动过程中,科技社团主要通过形成技术联盟、介入纠纷解决、支持参与诉讼、向政府反映科技工作者意愿等方式维护其成员利益。

其三是为国家决策提供咨询。一般来说,科技社团的成员都是素质较高的科技工作者,这些科技工作者在自然科学或社会科学等领域有较高造诣,通过科技社团形成集团之后,他们对国家决策的影响作用是不可忽略的。尤其是专业性的科技社团的参与能够为国家决策提供具有较高借鉴意义的科学意见。

其四是传达国家政策。社会团体是政府与公民之间的纽带,就公民角度而言,它将公民组织起来,形成维护公民利益的"堡垒";而就政府角度而言,科技社团作为科技工作者的自治组织,其将科技工作者组织起来也便于政府实施对科技工作者的管理,尤其是通过科技社团即可以将其科技政策向科技工作者传达。

其五是开展国际交流合作。在国际交流合作层面，以民间科技社团名义开展的交流合作能够减少政治对科技的影响，便于各国间科技工作者的交流。实际上，科技社团担任国际交流合作的纽带也是我国《科学技术进步法》规定的科技社团的重要作用。该法第 14 条规定，中华人民共和国政府发展同外国政府、国际组织之间的科学技术合作与交流，鼓励科学技术研究开发机构、高等学校、科学技术人员、科学技术社会团体和企业事业组织依法开展国际科学技术合作与交流。

其六是科学技术普及工作。科普工作的开展需要借助社会组织的力量，这也是社会治理创新的要求。实际上，《科学技术普及法》也将科学技术协会规定为科普工作的主要组织，即该法第 12 条规定，科学技术协会是科普工作的主要社会力量。科学技术协会组织开展群众性、社会性、经常性的科普活动，支持有关社会组织和企业事业单位开展科普活动，协助政府制定科普工作规划，为政府科普工作决策提供建议。在此意义上，科学技术协会在科学技术普及方面获得了法律的授权而成为"授权行政主体"并从事科普活动。因此，普及科学技术也是科技社团的主要重要作用之一。

二、科技社团的权利

科技社团作为科技工作者的组织形式，其对经济建设和科技发展起到不可替代的作用。当然，科技社团此种作用的实现以其享有一定的权利为基础。依我国宪法和法律、行政法规等规范的规定，科技社团的权利主要包括学术自主权、自治权等。

（一）学术自主权

所谓学术自主权，是指科技社团自主开展学术活动，不受政府、其他社会组织或个人干预的权利。科技社团的学术自主权源于其成员的学术自主权，即依我国宪法的规定，公民享有从事科学活动的自由，此种自由权具有基本权利的属性。在此基础之上，由公民个人组合而成的科技社团当然也享有学术自主权。科技社团的学术自主权主要包括自主决定学术活动的方向和内容、自主组织学术研究、依法创办学术期刊、编辑出版书刊、发表学术论文、举办各种人才培训和科普讲座、自主提供科学技术咨询与服务等权利。① 这些权利作为自由权，其指向于政府的不作为义务，即政府不得予以干预或限制，否则构成违宪。

（二）自治权

所谓自治权，是指科技社团对其内部事务自主进行管理的权利。如上所述，科技社团是科技工作者组成的进行自我管理、自我服务的社会组织。从其自治性组织的性质出发，科技社团即享有自治权，当然，此种自治权也指向于科技工作者进行自我管理和自我服务。在自我管理方面，科技社团可自主讨论决定其章程、规定入会的资格和形式、收取会费、对违反章程或学术伦理的成员进行处理等。当然，科技社团对其成员所进行的处理不应涉及该成员的基本权利或法律上规定的权利，也就是说，对成员的基本权利或法律上规定的权利的限制或剥夺不在科技社团的自治权范围内。在自我服务方面，科技社团的自治权则表现为为成员提供信息、组织学术活动等。

（三）财产权

科技社团的设立首先应当满足法人设立的基本条件，即有一定的财产和办公场所等。科技社团在运营过程中有可能取得一定的财产，如会费收取、社会捐赠、政府补贴等都是科技社团之财产的来源。对于这些财产，社团当然享有财产权。此种财产权是作为独立的法人所享有的财产权，区别于其成员的财产权。此种财产权是一种圆满形状的民事权利，包括占有、使用、处分、收益等权利。当然，基于科技社团的公益法人性质，科技社团对其财产的使用应当受到一定的限制，即不能将其财产用来从事营利活动，否则可能产生工商行政管理方面的违法责任。

---

① 参见孙玉荣、张蕾主编：《科技法学》，北京工业大学出版社 2006 年版，第 115 页。

（四）对外交流合作权

对外交流合作权也是科技社团的主要权利。科技社团设立的主要目的之一即是为学术交流合作的开展提供平台。为此,只有赋予科技社团充分的对外交流合作权,其才能发挥开展学术交流合作的功能,从而为科技进步和技术应用提供良好的合作环境。

三、科技社团法律制度的完善

科技社团在科技发展当中扮演着重要角色,是保障科研人员权益和促进学术交流的重要载体。当然,当前我国科技社团法律制度还存在诸多问题,集中表现为科技社团自治性不强、内部管理制度不完善等。科技社团法律制度作为创新主体法律制度的重要组成部分,其有必要从以下几个方面加以完善:

（一）强化科技社团自治

自治性不强是当前我国科技社团存在的最主要问题。科技社团自治性不强主要表现为,很多科技社团与政府之间存在千丝万缕的关系,在某种程度上成为科技行政管理部门或其他职能部门的附庸,未能很好地发挥其作为自治团体应当具备的功能。当前科技社团独立性不强也有其历史原因。具体而言,在我国,很多科技社团由相应的主管部门组织设立,需要接受主管部门的业务指导,同时在人、财、物上需要获得主管部门的支持,这就造成了科技社团在事实上沦为主管部门的下属组织。"我国科技社团实行双重管理体制,大部分社团都通过挂靠政府单位或企业以获得资金和人员的支持,社团领导直接由挂靠单位的领导担任,缺乏相应的专职工作人员,这部分人员不能专心于社团工作,必然会影响科技社团的正常活动。"①据此,科技社团应从以下两个方面强化其自治功能:其一是在外部关系上,科技社团应实现与政府部门的完全分离。而科技社团实现与政府部

---

①　张国玲、田旭:《欧美国家科技社团发展的机制与借鉴》,载《科技管理研究》2011 年第 4 期。

门的分离的前提则在于立法要明确科技社团的法律地位,尤其需要杜绝科技社团领导由主管部门领导担任的情况发生,从组织上保持科技社团的独立性。其二是在内部管理关系上,需要强化社团成员对社团管理事务的参与度。只有科技社团的成员积极参与社团事务的处理,科技社团对内和对外开展活动才能够最大限度地体现成员的集体意志而非主管部门的意志,从而体现社团的独立性。

（二）调整科技社团与政府间关系

科技社团与主管部门相分离,这既是政府管理体制改革的要求,也是充分发挥科技社团之自治功能的要求。当然,科技社团与主管部门的分离尽管有其必要性,但在行政管理体制改革、政府职能缩减的背景下,科技社团与政府之间的关系不能截然割裂。相反,在政府职责下放过程中,科技社团需要积极承担政府下放的职能。实际上,在科技领域当中,诸多公益性的事务如学术会议、学术交流、学术评奖等事务也确实需要科技社团予以承担。因此,科技社团制度改革应当"根据专业性、外部性、操作性等标准进行区分,通过发布权力清单的方式,将'共益性'的科技事务转移回归科技社团自主治理"[①]。为承接政府下放的职能,科技社团与政府需要从原有的管理关系转变为契约关系,即政府可以通过行政委托的方式将相关公益性事务的管理职能转移给科技社团。科技社团在委托的权限内行使管理权,如此既能够减轻政府负担,又能够保持科技社团的独立性。

（三）完善科技社团的运作机制

科技社团的运作机制同样也是影响其功能发挥的重要因素。受传统行政管理关系的影响,部分科技社团也建构了类似于行政机关的科层制行政体制。然而,就行政机关而言,其应用科层制行政体制的目的在于促使行政首长的命令能够迅速分解为各执法人员的执法任务;与此同时,科层制行政体制也保持了上级领导的权威性,保证行政决策的有效执行。然

---

① 陈建国:《政社关系与科技社团承接职能转移的差异——基于调查问卷的实证分析》,载《中国行政管理》2015 年第 5 期。

而，科技社团并不存在复杂的行政任务需要执行，作为自治团体的科技社团的主要任务在于为其成员提供良好的服务，科层制行政体制中上级领导的权威性对科技社团提供良好服务并无助益。据此，科技社团应改革其科层制的管理体制，建立起依托章程开展治理的民主管理体制，具体要求有三：其一，在社团的组织和领导人的产生上，要坚持章程的核心地位，做到社团组织依章程设置，社团的领导依章程规定的程序产生；其二，在重大事务的处理上，要通过章程实现民主治理，保障成员充分行使民主权利，通过公平、公正选举理事会的方式形成集中意志，并保障成员在重大事务处理过程中的知情权和参与权；其三，在监督体制上，有条件的科技社团也可以依章程的规定设立监事会，由监事会代表成员对理事会的日常活动进行监督。

第五章　创新投入法律制度研究

　　经费是科学技术得以长久发展的不竭动力,只有有持续不断的经费投入,科研机构方有可能组织充足的人力物力资源从事研究。尤其是在现代社会背景下,科学技术向纵深发展意味着重大发明创造不可能通过手工作坊式的个人研究而实现,这就进一步凸现了经费在科技研发当中的作用。《国家创新驱动发展战略纲要》提出要多渠道增加创新投入。现有的科研经费投入渠道大致有政府投入和社会投入两种,政府一方面需要通过直接和间接的方式为科学发展提供充足的资金支持;另一方面,在市场经济条件下,科研经费来源也存在多种渠道,通过市场实现盈利既是科技研发的动力,也是科研经费的重要来源,据此即形成了政府和市场并立的科研经费来源渠道。

第一节　政府科学基金法律制度

　　政府科学基金是科研经费的主要来源。《国家创新驱动战略纲要》提出,要切实加大对基础性、战略性和公益性研究稳定支持力度,完善稳定支持和竞争性支持相协调的机制。就基础性、战略性和公益性研究而言,这些研究的开展不仅需要花费大量的人力、物力资源,而且也难以迅速取得直接收益,因此属于市场不愿进行投资的领域。"且不论企业自身的技术能力和资金储备不足,技术研发的漫长周期和伴随而来的巨大机会成本使得企业往往没有动力进行长期、深入地科研攻关。"①因此，基础性、战略性和公益性研究只能由国家加以扶持。政府为科研机构提供资金支持的方式具有多样性，包括设立国有科研院所和提供日常经费、设立科学基金项目等。科学基金是政府扶持科技研发的主要形式，其缘由有二：其一，科学基金的扶持对象具有普遍性，只要具有相当的研究能力、能够完成相关科研任务的机构或个人都可以承接科学基金项目。因此，与科研事业单位经费拨付不同，科学基金的扶持对象不限于国有科研院所和高校科研机构。其二，科学基金项目的设立具有灵活性，科学基金管理部门可以根据国家或本地区的发展战略和实际需要设立年度科学基金项目，据此引导科学研究服务于经济建设和社会发展。

一、政府科学基金的分类

（一）依经费来源的分类

政府科学基金依其来源的不同可以分为中央科学基金和地方科学基金。中央科学基金是指由全国性的科研管理部门或相关职能部门设立、面向全国开放申报的科学基金。按科研管理部门的不同，中央科学基金又可以分为国家级科学基金和部级科学基金。国家级科学基金是指由代表国务院的科学基金管理部门面向科研机构和人员设立的科学研究基金，主要包括国家自然科学基金、国家哲学社会科学基金等，前者由中国科学院设立，后者由全国哲学社会科学规划办公室设立。而部级科学基金则由国务院职能部门或其直属事业单位、具有部级行政级别的机构所设立。这些基金的设立一般与相应职能部门的职能相关。例如，国家体育总局设立了体育哲学社会科学基金，此项资金一般用以资助与体育管理相关的社会科学研究活动；司法部设立了国家法治与法学理论研究项目，该项目也主要资助与司法工作相关的学术研究活动。与中央科学基金相对应的则是地方科学基金，地方科学基金即是由地方政府设立、侧重支持与当地经济社会

---

① 龙卫球、林洹民：《我国智能制造的法律挑战与基本对策研究》，载《法学评论》2016 年第 6 期。

发展有关联的研究项目的科学基金。[①] 地方科学基金与中央科学基金的主要区别有三：其一，在经费来源上，中央科学基金由中央政府或其职能部门拨付，而地方科学基金经费则来源于地方政府的支持。其二，在申报范围上，中央科学基金面向全国范围内的科研人员或机构开放，只要符合资金申报指南之基本条件的科研人员或机构皆可申报，而地方科学基金则一般有地域限制，即只有具有当地户籍或在当地工作的科研人员以及当地注册或活动的科研机构方有资格申报。当然，地方科学基金作出此项限制的主要原因并非在科学研究中实行地方保护主义，而是确保研究人员对当地实际情况有足够了解，同时也减少科学研究中不必要的差旅费用支出。其三，在扶持领域上，中央科学基金中的国家级基金注重基础理论研究与应用研究的结合，部级基金侧重扶持与本部门实际工作紧密相关的研究，地方科学基金则一般扶持对地方经济社会发展具有指导意义或推动作用的研究，且以应用性研究为主。

（二）依投向领域的分类

依科学研究领域的不同，政府科学基金可划分为自然科学基金和社会科学基金。自然科学基金是用于扶持自然科学研究的基金项目。我国的自然科学基金制度最早可以追溯到1982年的中国科学院科学基金。在1982年，国家设立了面向全国的自然科学基金即中国科学院科学基金，我国自然科学基金制度正是在此基础上得以逐步完善。到1986年，国家成立了自然科学基金委员会，该委员会最先挂靠在中国科学院，后来独立为国务院直属的事业单位，专门负责自然科学基金的评审和经费管理，并根据国家科技发展规划设立科学研究项目，给予经费扶持。[②] 自然科学基金项目主要分为三类，分别为面上项目、重点项目和重大项目。面上项目又包括自由申报项目、青年科学基金项目和地区科学基金项目三种，采取自主选题的方式，由申报者根据自己的研究特长进行选题申报。当然，自然科学基金委员会也同时发布项目指南，但申报者在指南之外自主拟题并不

[①]　参见易继明、周琼：《科技法学》，高等教育出版社2006年版，第141页。
[②]　同上。

会受到影响。依《国家自然科学基金条例》和相应申报指南的规定,申报者须具有高级专业技术职务或已获得博士学位,具有中级专业技术职务但未获得博士学位的人员也可以进行申报,但需要获得两名具有高级职称的同行专家的推荐。青年基金项目的申报者则有年龄限制,主持人和课题组成员均不得超过 35 周岁。地区科学基金则仅向西部地区开放,即申请人必须是西部地区单位的正式科研人员。重点项目和重大项目则主要扶持基础性、系统性和前沿性的研究,其在申报人员等方面具有更严格的要求。为确保自然科学基金的有序运行,相关立法也对其进行了规范,如 1993 年制定的《科学技术进步法》即规定,国家设立自然科学基金,按照专家评议、择优支持的原则,资助基础研究和应用研究。2007 年的《科学技术进步法》则将其修改为"国家设立自然科学基金,资助基础研究和科学前沿探索,培养科学技术人才"。在《科学技术进步法》的基础上,国家自然科学基金委员会还制定了《国家自然科学基金重大项目管理办法》《国家自然科学基金项目管理规定》《国家自然科学基金面上项目管理办法》等规范性文件。这确保了自然科学基金设立和运行的规范化。

《宪法》第 20 条规定,国家发展自然科学和社会科学事业,普及科学和技术知识,奖励科学研究成果和技术发明创造。因此,社会科学研究也是国家扶持的重要方面。而与自然科学基金对应的是社会科学基金,主要用以扶持社会科学研究。新中国最早的社会科学基金始于 1980 年。当年,国务院向中国社会科学院拨付了专项研究经费,用以扶持该院的研究工作和对外科研合作项目。1986 年,国务院将用于中国社会科学院的专项经费设立为社会科学基金,并成立中国社会科学基金会,由基金会对基金进行管理。1991 年,国务院在全国哲学社会科学规划领导小组下设全国哲学社会科学规划办公室,由全国哲学社会科学规划办公室负责社会科学基金的运行和管理,社会科学基金由此也进入常态化运行的阶段。社会科学基金包括重大项目、重点项目和一般项目三种类型,三者申报条件、资助额度等方面皆有所不同。社会科学基金项目的申报人需要具有副高级以上(含)专业技术职称(职务),或者具有博士学位。不具有副高级以上(含)专业技术职称(职务)或者博士学位的,可以申请青年项目,但必须有两名具有正高级专业技术职称(职务)的同行专家书面推荐。青年项目申请人和课题组成员的年龄均不超过35周岁。在研究方向上,社会科学基金也包括基础性研究和应用性研究两类,基础性研究要力求具有原创性、开拓性和较高的学术思想价值,应用性研究要具有现实性、针对性和较强的决策参考价值,着力推出体现国家水准的研究成果。在选题上,全国哲学社会科学规划办公室在公布的年度申报指南上一般也提供参考选题,当然,申报者既可以在指南范围内进行申报,也可以在指南之外自拟题目进行申报。

二、政府科学基金的法律属性

科学基金制度的设立和运行充分实现了政府对科学发展之规划和引导的作用,即科学基金项目的设立,将国有科研院所、高校研究机构和民间研究力量集合于国家科学发展的战略安排下,使之集中力量从事与国民经济紧密相关的科学领域的研究工作,实现了国家扶持与科研自由、政府调控与市场力量的有机结合。在此意义上而言,科学基金是政府履行《宪法》第47条规定的对科学研究给予帮助的义务、促进科学发展的重要手段。作为政府促进科学发展的重要手段,政府科学基金需要实现准确的法律定位。

从其本质上而言,政府科学基金应属于行政给付。行政给付的概念有狭义和广义之分,广义的行政给付以德国行政法学家汉斯·沃尔夫的定义为典型,国内于安、柳砚涛等教授也采广义说,认为行政给付是政府为维护社会公平正义实行的所有积极行政职能的总和,主要包括政府提供物质、安全、环境、精神等各方面保障的行政活动。从这个定义出发,行政给付的本质为行政机关所实施的权利赋予或者义务减免活动,行政性和受益性则为其基本特征。

其一,就其行政性而言,政府科学基金是行政机关履行其促进科技进步职责的重要手段。我国宪法和其他法律规范都规定了行政机关对科学事业的领导或管理职责。具体而言,如上所述,《宪法》第47条首先规定了国家对于从事教育、科学、技术、文学、艺术和其他文化事业的公民的有益于人民的创造性工作应当给予的鼓励和帮助,同时第89条规定了国务院对科学事业的管理职责,第107条规定了县级以上地方各级人民政府管理本行政区域内的科学事务的职责。在此基础上,《科学技术进步法》等法律规范对这些职责进行了细化,该法第10条规定了各级政府管理科学事务的具体职责。第11条则规定,国务院科学技术行政部门负责全国科学技术进步工作的宏观管理和统筹协调;国务院其他有关部门在各自的职责范围内,负责有关的科学技术进步工作。科学基金的设立和运行则为行政机关履行其管理科学事务之职责的具体手段之一,具有行政性。换言之,政府科学基金的行政性即表现为科学基金是作为行政机关履行职责的手段而存在的。从科学基金实施的具体过程来看,不管是自然科学基金抑或是社会科学基金,其实际上都服务于国家科技和社会发展战略。例如,就自然科学基金而言,每年度的社会科学基金指南都将该历史阶段内社会发展亟待解决的理论问题作为扶持的重点,自然科学基金项目的设置当然也契合于国家科技发展战略规划。在此意义上而言,科学基金的行政性既体现为其是政府履行科学事业管理职责的手段,也体现在其对国家科技发展战略的回应上。

其二,就其受益性而言,政府科学基金的实施能够使科研机构和科研人员获得收益。政府科学基金的主要内容即是为科学研究提供经费扶持。以国家社会科学基金为例,2016年度的国家社会科学基金课题的资助额度为:重点项目35万元,一般项目和青年项目20万元。这些经费拨付到中标科研人员所在单位之后,科研人员开展研究所必需的支出,如劳务费、调研费、办公用品费用等都可以从中列支。换言之,政府科学基金的实质即是给予科研人员经费上的扶持,科研人员可以从中受益。因此,政府科学基金在法律上可以定位为行政给付。

当然,在形式上,政府科学基金是以行政合同形式实施的行政给付。行政给付具有多样的实施方式,不同内容的给付适用不同的实施方式。就一般的社会救助而言,行政机关采用的是直接给付的方式,不需要与相对人签订行政合同。而科学基金则需要采用行政合同的方式实施给付。在此意义上而言,科学基金符合行政合同的形式要件,具体表现有三:其一,政府科学基金存在双方的合意。当事人的合意是合同成立的构成要件,"合同"即是合意的表现形式。行政合同虽具有行政性的特征,是行政机关行使行政职权的方式,但作为"合同",其设立依然不可缺少合意性这一合同的本质属性。科学基金中的合意则表现为,基金管理部门向社会发布申报公告,该公告则相当于合同法中的要约邀请,科研人员在符合公告要求的情况下进行申报,申报书载明研究目的、研究内容、课题组构成、经费使用计划等详细内容,可视为要约,而基金管理部门择优立项的行为则构成承诺。经此过程,基金管理部门和科研人员即对科研项目的选题、研究内容、研究步骤、经费使用等形成了合意,从而使科学基金的使用具有合同的属性。其二,从形式上看,政府科学基金实施过程中形成的书面文件如申报公告、申报书、立项协议等,也符合合同的基本形式。如上所述,科研人员的申报书和立项协议构成了行政合同的主要文本,而申报公告等其他文件则可以作为行政合同的补充性文件。其三,科学基金的实施也涉及行政机关和科研人员双方的权利义务,符合双务合同的特征。具体而言,科学基金在实施的过程中,申报书、立项协议等规定了行政机关和科研人员双方的权利义务,其中,行政机关的义务为按时拨付科研经费,同时享有对成果进行鉴定、对经费使用进行监督等方面的权利,而科研人员则享有获得经费支持的权利,相对应的义务则为从事研究和交付约定的研究成果,同时遵守科研经费使用的相关规定。

三、政府科学基金的管理

(一)管理机构

政府科学基金一般设置有专门的管理机构,就自然科学基金而言,国家层面设置了国家自然科学基金委员会。国家自然科学基金委员会共有25名委员和主任、若干副主任和正副秘书长等,委员多来源于高校、科研院所的一线科研人员、工程技术专家,也有部分政府部门的管理专家。委员实现任期制，每一任期为 4 年。国家自然科学基金委员会还设置了若干内设机构，这些内设机构辅助主任和副主任进行科学基金的评审、监督等工作，但不实际承担研究事务，目前设置有数学物理科学部、化学科学部、生命科学部、地球科学部等学部和人事局、财务局、政策局等辅助性部门。另外，国家自然科学基金委员会并未设置地方性的下属机构，也就是说，各省并未设置自然科学基金委员会，省级的自然科学基金一般由科技行政管理部门负责管理。在工作机制上，国家自然科学基金委员会有全体会议、委务会议和主任办公会议等。基金管理是自然科学基金委员会的主要职责，当然，除此之外，国家自然科学基金委员会还有其他职责，主要包括：制定和实施支持基础研究和培养科学技术人才的资助计划，受理项目申请，组织专家评审，管理资助项目，促进科研资源的有效配置，营造有利于创新的良好环境；协同国家科学技术行政主管部门制定国家发展基础研究的方针、政策和规划，对国家发展科学技术的重大问题提供咨询；接受国务院及有关部门委托开展相关工作，联合有关机构开展资助活动；同其他国家或地区的政府科学技术管理部门、资助机构和学术组织建立联系并开展国际合作；支持国内其他科学基金的工作；承办国务院交办的其他事项。

社会科学基金则由全国哲学社会科学规划办公室负责管理。全国哲学社会科学规划办公室于 1991 年设立，是全国哲学社会科学规划领导小组的办事机构。在内部机构设置上，全国哲学社会科学规划办公室设置了规划处、基金处、成果处、调研处、宣传处、综合处等部门，负责国家哲学社会科学研究中长期规划和年度计划的拟订、项目经费拨付等工作。另外，全国哲学社会科学规划领导小组下设若干学科规划小组，其成员由全国哲学社会科学规划领导小组聘任，聘期一般为五年，在五年内可以根据需要对部分成员作适当调整。现设有马列·科社、党史党建、哲学、经济理论、应用经济、统计学、政治学、社会学、人口学、法学、国际问题研究、中国历史、世界历史、考古学、民族问题研究、宗教学、中国文学、外国文学、语言学、新闻学、图书馆情报和文献学、体育学等 22 个学科规划评审小组。另外，与自然科学基金委员会的工作机制不同，全国哲学社会科学规划办公室还设立了委托管理制度,包括两方面内容:其一,各省自 1991 年之后也设立有各自的社会科学规划领导小组和社会科学规划办公室,除北京以外,全国哲学社会科学规划办公室委托省(区、市)社会科学规划办公室代为受理所在地申请人递交的国家哲学社会科学研究课题申请书;代为检查所在地已立项的国家资助课题的执行情况和资金使用情况;参与组织对社会科学基金课题研究成果的鉴定、验收和推广。其二,在北京市范围内,全国哲学社会科学规划办公室委托教育部社政司、中国社会科学院科研局、中央党校科研部门分别管理在京高等院校、中国社会科学院和中央国家机关的课题申报、项目和经费管理以及成果鉴定工作。以上三个部门合称"在京委托管理机构",委托工作的范围与各省(区、市)社会科学规划办公室工作范围相同。全国哲学社会科学规划办公室主要负责制订全国哲学社会科学发展规划和年度计划方案;具体管理和筹措社会科学基金;检查中长期规划和年度计划实施情况,交流社会科学研究信息;组织对重大课题研究成果的鉴定、验收和推广。

(二) 项目申报和评审

政府科学基金的实施需要经历申报和评审环节,这是政府科学基金管理最为重要的环节。申报由科研人员自主提出。至于申报人的条件,这在上文已有介绍,自然科学和社会科学基金申报人的条件各不相同,但基本要求为具有副高以及职称或博士学位。国家自然科学和社会科学基金一般会在上一年度的 12 月份发布申报公告,公告中附有课题指南,指南中所列的课题一般为国民经济发展或社会建设亟待解决的重要问题。科研人员在公告发布之后,既可以在指南中选择擅长的课题进行申报,也可以自主择题申报。在选择适当的课题之后,申报人需要着手组建课题组成员,对选题的相关研究成果进行梳理并形成文献综述,同时对申报人和课题组成员的前期成果进行归纳,拟订研究方案和主要研究内容,在此基础上形成课题申报书。申报书形成之后,申报国家自然科学基金项目的,由其所在单位提交到国家自然科学基金委员会;申报国家社会科学基金的,京外申报者通过省级哲学社会科学规划办公室提交到全国哲学社会科学规划办公室，在京学者则通过托管机构向全国哲学社会科学规划办公室报送。

自然科学基金和社会科学基金的评审环节各有不同，不过一般都包括了初审、复审、批准等环节。

就国家自然科学基金而言，初审由国家自然科学基金委员会科学部负责，评审的主要内容为申报人是否具备申报资格、是否违反国家自然科学基金申报的相关规定以及申报书、辅助性资料是否齐全等。经初审之后，交由同行专家进行评议。在同行专家评审的基础上，申报材料交由学科评审组进行评审。学科评审组由科学部提名，以国家自然科学基金委员会的名义聘任，实行任期制，每一任期为两年。经学科评审组评审之后，申报材料交由国家自然科学基金委员会的委务会议批准。

就国家社会科学基金而言，初审即通信评审，抹去申报者姓名和单位后对课题进行评审、论证。初审之后进入会议评审程序。会议评审按专家主审、小组讨论推荐、大组讨论投票、签署意见等规定程序进行。专家主审是指由主审专家负责审阅并介绍所评课题内容及申请人的学术背景，作出实事求是、客观公允的分析评价；在此基础上，由评审小组对课题全部内容进行讨论，主要包括选题的意义与价值、论证的科学性与可行性、研究基础和研究实力、课题组构成等，经讨论后，以小组名义向大组推荐课题。大组按学科设置，小学科可以单独设置一个大组，超过 120 个评审课题的学科则可以分成多个大组进行讨论和投票。大组专家对课题申报书审阅之后进行投票，投票在有 2/3 以上学科评审组成员出席的情况下方为有效，出席成员的 2/3 多数通过则可进入下一环节；未达到 2/3 多数的，还可以进行第二轮投票，仍未获得 2/3 多数的则淘汰。投票汇总结果须由学科正、副组长和学科秘书签字后方为有效。通过投票之后，主审专家和学科组长分别在申请书内签署立项意见和建议资助金额。全国哲学社会科学规划办公室在会议评审的基础上对拟立项课题进行汇总，同时对资助金额进行调整，在此基础上报全国哲学社会科学领导小组审批，获批准后由项目负责人所在地的哲学社会科学规划办公室或在京委托管理部门下达立项通知书并办理相关的经费拨付等手续。

四、政府科学基金制度的完善

政府科学基金制度在支持基础科学研究方面起到至关重要的作用。当然,政府科学基金制度本身也存在诸多问题,如基金的资金来源渠道单一、各类基金项目之间缺乏整合等,以上问题的解决是政府科学基金制度走向完善的必经途径。

（一）拓宽政府科学基金融资渠道

当前我国政府科学基金的来源较为单一,主要来自于政府的财政拨款。政府财政拨款对于保障科学基金的稳定性具有不可替代的作用,但同时表明个人和企业对科学基金的捐赠较少。在社会治理创新的背景下,如果将"政府科学基金筹集"视为一项管理任务,这项管理任务也有进行治理创新的可能。社会治理创新强调社会主体对公共事务的参与,通过公众参与形成合力,进而集全社会之力量解决该行政任务。就科学基金筹集而言,在社会治理创新背景下,筹集的任务也不需要全部依赖行政机关通过财政拨款的方式完成,而可以激励社会主体分担此项任务。当然,社会主体对科学基金的捐赠需要特定的法律机制予以保障,因此,我国可以通过税收减免等方式激励社会主体进行捐赠。

（二）加强科学基金之间的资源整合

如上所述,我国存在种类各异的政府科学基金,政府科学基金依其来源的不同可以分为中央科学基金和地方科学基金。中央科学基金又可以分为国家级科学基金和部级科学基金。国家级科学基金主要包括国家自然科学基金、国家哲学社会科学基金等,部级科学基金则是由国务院职能部门或其直属事业单位、具有部级行政级别的机构所设立的基金。种类多样的科学基金是支持基础科学研究得以顺利开展的有力保障。当然,在科学基金种类繁多的情况下,各类基金的管理部门又不尽相同,这就可能造成通过基金扶持所开展的研究有可能存在重复。此种情况下,科学基金之间的资源整合尤为重要。为达成此目的,我国一方面要明确科学基金发展规划,实现科学基金发展规划与科技发展规划的对接,在对科技发展规划之任务进行分解的背景下，对科技基金的设置和扶持方向也进行明确，避免基金之间的重复；另一方面也要强化基金扶持过程中的审查，尤其是对于科研主体自主申报的基金项目，要审查其与其他基金项目的关系，避免重复扶持。

（三）强化基金使用过程的合同管理

在政府科学基金使用过程中，尽管政府往往与科研机构签订了项目合同，但政府对科研机构使用项目经费的管理采用行政化的手段，既严控基金的使用项目，又设置了严格的责任形式。笔者认为，政府科学基金虽来源于财政拨款，但其应与普通的财政经费使用区别开来。其缘由即在于，科学基金的使用作用于科学研究和成果转化的过程，相较于行政管理的过程，科学研究和成果转化过程具有更多的不确定性，运用行政手段管控科学基金的使用过程只会扼杀科研人员的创造性，也可能使科研人员陷入繁杂的财务报账事务中而影响科学研究的开展。为此，科学基金的管理应从"行政管理"转向"合同管理"，一方面减少对基金使用项目和过程的控制，允许科研人员从科研实际出发调整各项支出的额度；另一方面需要强化对科学研究成果而非基金使用过程的审查，科研人员提供的成果符合项目合同要求的，则应按项目合同的规定全额支付项目经费，至于结余的项目经费的处理，则应依合同履行的一般性规则交由科研人员自行处理，不宜干预其用途和使用期限，更不可予以回收。

第二节　政府补贴法律制度

通过政府补贴促进投资机构加大对科技产业的投资是当前很多地方政府的普遍做法。2015 年 12 月 29 日，上海市发布了《上海市天使投资风险补偿管理暂行办法》，规定对经认定的创业投资机构和科技企业孵化器因投资种子期、初创期科技型企业发生亏损的，政府在一定比例范围内给予补偿。实际上，早在 2012 年，北京即制定了《中关村国家自主创新示范区创业投资风险补贴资金管理办法》，该办法通过补贴的方式鼓励投资自主创新区内的企业；而 2013 年制定的《江苏省天使投资引导资金管理暂行办法》则综合采取了风险分担和损失补偿两种方式。不管是事前补贴抑或事后风险分担，都是政府通过资金给付方式对市场主体给予的扶助，因此可统称为政府补贴。应该说，通过补贴投资机构以促进投资机构加大对科技企业的投资力度，这是政府履行其改善科技发展环境之职责的手段，具有一定的合理性。

一、政府补贴的法律属性

政府对投资科技产业的市场投资企业进行补贴，本质上是履行其职责的过程，具有公法属性。具体而言，政府有促进科技发展的职责。我国《宪法》第 47 条即明确规定，国家对于从事有益于人民的科学事业工作的公民，应当给予鼓励和帮助。这是政府促进科技发展义务的宪法渊源。在此基础上，其他法律规范对政府在此方面的义务进行了细化，具体包括尊重义务、给付义务和保障义务等[1]。例如，《科学技术进步法》第 9 条规定，国家加大财政性资金投入，并制定产业、税收、金融、政府采购等政策，鼓励、引导社会资金投入，推动全社会科学技术研究开发经费持续稳定增长；《促进科技成果转化法》第 4 条规定，国家对科技成果转化合理安排财政资金投入，引导社会资金投入，推动科技成果转化资金投入的多元化。也就是说，不管是《科学技术进步法》抑或是《促进科技成果转化法》，都规定了政府在财政资金投入方面的义务，试图通过财政资金投入为科学技术研发和应用提供良好的外部环境。政府提供市场投资补贴的目的也正在于履行此义务，亦即通过补偿或者补贴投资企业以减少其投资科技产业可能发生的亏损，从而引导其加大对科技产业的投资，达成"引导社会资金投入"的效果，形成对科技产业发展的持续支持。

另外，投资补贴异于传统的职责履行方式，具有一定的私法属性。具体而言，在传统行政管理领域，行政权行使方式大致有行政处罚、行政许

---

[1]　参见周海源：《从政府职责到科研权利：科技法虚置化的成因与出路》，载《华中科技大学学报（社会科学版）》2016 年第 6 期。

可、行政强制等,这些行政活动方式具有显著的公法属性,其一旦实施,即对相对人于公法上享有的权利义务产生影响。而政府补贴则与此不同,尽管符合条件的投资企业请求政府给予补贴的权利是一种公法上的请求权,但此种权利的满足以政府的金钱给付为手段,并未对投资企业的公法权利义务产生增减,因此属于私法上的行为方式。在此过程中,政府职责遁入了私法,以私法化的方式履行其公法职责。

基于市场投资补贴之目的上的公法属性和手段上符合“向公民和组织直接提供公共物品和服务的授益性行政活动”[①]的行政给付行为特征,我们即可认定市场投资补贴为一种行政给付。当然,投资补贴与设置自然科学基金等传统科技行政管理过程中的行政给付相比亦存在差别,具有双重属性。自然科学基金的资助对象为科研主体,其资助具有直接性,科研主体与实施资助的行政机关之间存在直接的给付和监督关系;而在市场投资中,政府补贴的目的虽为促进科技产业发展,但其非直接以科研主体为补贴对象,而是采取市场化的方式,通过补贴鼓励投资企业进行投资,政府与科技企业并不发生直接联系。据此,风险投资补贴是一种双重属性的行政给付,其既符合狭义上以物质给付为形式的行政给付定义,又符合广义上的以安全、环境、精神等方面的保障为形式的给付概念。具体而言,狭义的行政给付仅着眼于满足公民生存之所需,主要内容在于为公民提供物质帮助。随着社会经济的发展,行政给付的对象实现了从个人到集体的转变,其方式也从单纯的物质帮助演化为政府提供物质、安全、环境、精神等方面的保障。[②] 就市场投资补贴而言,在直接的法律关系当中,市场投资补贴表现为政府对投资企业的物质给付,此种给付的目的在于引导社会资金投入科技产业,从而为科技产业的发展提供宽松的金融环境。良好环境的提供属于广义的给付义务。因此,市场投资补贴既是直接的物质给付,又是环境保障给付。

---

① 崔卓兰、周隆基:《社会管理创新与行政给付新发展》,载《当代法学》2013 年第 1 期。
② 参见胡敏洁:《给付行政范畴的中国生成》,载《中国法学》2013 年第 2 期。

二、政府补贴的正当性依据

作为行政给付,市场投资补贴是科技行政管理工作的一部分。科技行政管理的特殊性在于,此项工作发生在科研领域,又有产业发展的因素,同时是一项行政管理工作,因此需要"遵照科研规律、行政规律和市场经济规律"①。政府补贴对此三项规律的契合构成了其具备正当性的基础。

（一）政府补贴契合科研发展规律

科技研发和成果转化存在投入大、风险高的困境,科学研究需要加大政府投入,这是现代科技发展的基本规律。也就是说,与传统的手工作坊式的科学研究不同,现代科学研究建立在先进的技术设备和实验条件的基础之上,一项研究的开展,不仅需要召集各有专长的研究团队,也需要购买各种各样的技术设备,而实验的开展更需要耗费昂贵的材料。因此,科学研究的开展需要以强大的人力物力支持为条件。实际上,现有研究也表明,科研投入与科研成果产出呈正相关的关系。② 与科学研究的资金投入需求大相对应的是,科研收益的风险也较高。一方面是科学研究存在失败的风险。从其本质上而言,科学研究是对人类未知的领域所进行的探索,既然是未知的,探索的结果如何当然也是不确定的。另一方面,科学技术转化也存在失败的风险。一项成果被研发出来之后,其或许在实验环境下具有可操作性,但要将技术转化为能够在工厂环境下复制出来的生产设备或产品,则需要更为严谨的实验和论证,这即决定了这一过程具有相当大的不可预测性。③ 另外,就公益性、基础性的科学研究而言,其甚至可能存在不能获得收益的风险。这种情形即决定了市场资金投入难以全面满足科技产业发展的需要。"中国金融体系融资对象多为大企业和成熟企业,针对创新驱动发展的生力军即初创型和科技型中小企业的资金支持严重

---

① 刘海波、刘金蕾:《科研机构治理的政策分析与立法研究》,载《中国人民大学学报》2011年第6期。

② 参见刘灿、任胜利:《世界各主要国家或地区科研投入与产出的比较分析》,载《中国科学基金》2016年第3期。

③ 参见朱一飞:《高校科技成果转化法律制度的检视与重构》,载《法学》2016年第4期。

不足。"①基于此,科技行业的发展即离不开政府的扶助。在此意义上而言,政府通过补贴投资企业的方式间接为科技产业发展提供资金支持,这实际上因应了科研发展存在的投资大、风险高的规律,对促进科技发展而言也是十分必要的。

（二）政府补贴契合公共行政发展趋势

自 19 世纪以来,公共行政发生了从有限政府到全能政府再到民营化的发展历程。有限政府建立在自由主义哲学思潮基础之上,其目的在于防范政府对个人自由的干预。到 19 世纪 30 代,随着世界经济危机的爆发,人们逐步认识到自由市场的弊端,因此要求加大政府对经济的干预。凯恩斯主义正是在此背景下产生的,其也为全能政府建设的必要性提供了注解。随着政府职能进一步扩大,到 19 世纪 80 年代,资本主义国家产生了"政府膨胀"的困境,英国撒切尔夫人因此率先拉开了民营化改革的序幕,将政府负担的部分公共服务职能通过"外包"的形式交由社会组织承担。我国行政管理虽未经历上述变迁历程,但合理控制政府规模、降低行政权力运行的强制程度,发挥社会组织在社会事务管理中的作用,这是晚近以来公共行政发展的必然趋势,近几年我国开展的行政审批改革和社会治理创新实际上即是在此趋势下实施的改革。

市场投资补贴契合了这一公共行政的发展趋势,主要表现在两个方面:一方面,在手段上,市场投资补贴采用了私法化的行为方式来达成行政目的。对于"促进科技进步"这一行政目的而言,政府在设置科学基金、部署基础研究、实施科学技术奖励等行政色彩较浓的手段之外使用补贴这一手段,对投资企业在市场运行过程中的亏损进行补偿或者补贴,此种方式降低了行政权力运行的强制程度,因而也减少了对市场的干预程度,符合公共行政发展中的行政方式柔性化趋势。另一方面,市场投资补贴能够很好地引导社会组织参与社会事务的治理。为投资企业提供补贴实际上是一种经济激励手段,此种手段能够激励投资企业加大对科技产业的投资力

---

① 张岭、张胜:《创新驱动发展战略的金融支持体系》,载《西安交通大学学报(社会科学版)》2015 年第 6 期。

量。据此,投资企业实际上即参与到科研环境打造这一行政任务当中,成为促进科技进步的社会力量。在此意义上而言,市场投资补贴契合于公共行政之手段多样化、主体多元化的发展趋势。

(三)政府补贴契合市场发展规律

如上所述,科技产业发展存在投入大、风险高的规律,而市场本身具有自发性、营利性的缺陷,难以为科技发展提供充足的资金支持。"面对科技创新市场失灵,唯一的解决之道就是借助国家之手,运用国家强制力从外部进行干预。"①因此,政府对科技产业的投入即是弥补市场缺陷的必要手段。

当然,尽管政府对市场的干预有其必要性,但此种干预必须建立在尊重市场规律的前提下,应当以市场所能够接受的方式实施。换言之,国家投资、行政处罚、市场准入等虽为有效的市场干预手段,但这些手段刚性过强,稍有不慎即可能扰乱市场自身的运行秩序。因此,政府对市场的干预也应当尽可能地以市场化的方式进行。尤其是通过资源再分配的方式干预市场运行时,资源的分配一定要依托市场自身规律进行。例如,政府对少数民族地区进行扶持,很多情况下即通过金融系统为少数民族地区个人、企业或项目建设提供低息贷款。在此过程中,国家投入的资金不是依赖行政手段进行分配,此种分配借助金融系统、依市场规律进行,因此是一种市场化的扶持方式。市场投资补贴正是借助市场规律对国家补贴所进行的分配。市场投资补贴的真实目的在于为科技产业发展提供资金,这些资金的流向并不是由政府直接决定,即政府不再通过审批等方式直接决定可以获得国家补贴的科技企业或者科研项目,而是由市场进行选择,借助投资企业对科研项目和企业发展所具有的专业判断能力,由投资企业依市场方式选择具有市场潜力的科技企业进行投资,而政府的作用则在于为投资企业提供补贴以促使其加大投资。在此过程中,政府补贴实际上即在市场选择的基础上间接注入获得市场认可的科技企业。这就是以市场化的

---

① 阳东辉:《论科技法的理论体系构架——以克服科技创新市场失灵为视角》,载《法学论坛》2015年第4期。

方式对科技产业发展所进行的扶持，其有利于促进科技发展，又符合市场发展规律。

三、政府投资补贴的合法性问题

市场投资补贴因符合科研规律、行政规律和市场规律而具有正当性。当然，作为行政给付的政府补贴必须在法治化的轨道内运行，这是依法行政的必然要求。一般来说，科技产业市场投资补贴存在以下合法性问题：

（一）合法性控制的缺失

行政权力的设定和运行应为法律所明确规定，这是行政合法性的来源。然而，在传统行政法理论中，行政给付作为授益性行政行为，其受到法律的限制程度较低，政府补贴的立法控制缺失正源于此。

传统行政法学将行政活动区分为侵益性行政行为和授益性行政行为，旨在剥夺、限制相对人权益或对其权益产生其他不利后果的行政活动为侵益性行政行为，依职权所作出的能够对行政相对人权益产生增量效果的行政活动则为授益性行政行为。[①]基于侵益性行政行为与授益性行政行为对相对人产生截然不同的法效果，对两类行为的立法控制各不相同：就侵益性行政行为而言，基于此种行为可能造成相对人之权利的减损，侵益性行政行为属于法律保留的范围，行政机关不得通过行政立法自行设定侵益性行政权力，尤其是可能侵害公民基本权利的侵益性行政行为更是受到严格的法律保留限制。而就授益性行政行为而言，由于此类行为未对当事人的权利造成直接侵害，其受到法律规控的程度较低，行政机关通过行政立法既可以自行设定授益性行政行为，也可设置授益性行政行为的实施规则。[②]

作为授益性行政行为，科技产业市场投资补贴并未受到法律保留的限制。换言之，立法并未对政府补贴行为予以全面、严格的规控，具体表现有二：其一，《科学技术进步法》仅在第 9 条规定了加大财政性资金投入和引导社会资金投入，至于财政资金投入的力度和引导社会资金的方式等，皆

---

① 参见江国华编著：《中国行政法学（总论）》，武汉大学出版社 2012 年版，第 271—311 页。
② 参见王贵松：《依法律行政原理的移植与嬗变》，载《法学研究》2015 年第 2 期。

未进入该法或其他法律的规定范围。换言之,相关法律既未规定财政资金如何使用,更未规定政府补贴这一形式,市场投资补贴即缺乏法律层面的直接依据。其二,市场投资补贴的直接依据,即《上海市天使投资风险补偿管理暂行办法》《中关村国家自主创新示范区天使投资和创业投资支持资金管理办法》等,都是行政机关自主制定的规范性文件。以行政规范为直接依据,表明行政机关在此方面享有自定规则的权力。从这个角度而言,政府补贴存在立法控制机制缺失的问题,与之相对应的则是行政机关的裁量权过大。

（二）法律监督的缺失

作为行政给付的政府补贴不仅缺乏法律的明确规范,其实施过程也缺少法律监督机制予以监督。一方面,公民权利是制约国家权力行使的重要因素,权利对权力的监督是现代行政法控权机制的重要组成部分。然而,作为行政给付,政府补贴的实施不存在侵害公民权利的可能,因此,就滥用补贴权力、超额或过度实施的补贴行为而言,政府补贴法律关系中的当事人作为受益方可能无意通过行政复议或诉讼改变此种行为,其他法律关系主体也因与补贴不存在事实上的利害关系而无法提起诉讼,这就使得这些行为难以进入司法审查的范围。另一方面,在行政机关对满足补贴条件但未实施补贴的不作为诉讼中,司法监督的力度也较弱。如上所述,作为授益性行政行为,政府补贴并未进入法律保留的范围内,这为行政机关自行设定补贴权提供了制度空间。而纵使是行政机关自行创设的规范性文件,也为政府补贴的实施提供了较宽泛的裁量空间。具体而言,作为补贴依据的行政规范就是否实施以及在多大额度内实施补贴给予了行政机关较大的裁量权。例如,《上海市天使投资风险补偿管理暂行办法》第9条规定,对满足条件的投资企业,"可按不超过实际投资损失的60%给予补偿"。"可给予补偿"并非"应当给补偿","不超过实际投资损失的60%"表明行政机关在损失额度的60%内也有裁量权。因此,通过行政复议或者诉讼对不实施补贴行为进行监督的力度也相对较弱。总之,作为行政给付的政府补贴因不存在侵害相对人权利的可能,其未受到法律的严格控制,这也同时造成了"以权利制约权力"和"以权力制约权力"的行政法控权机制未能发挥其法律监督和权力控制的效果。

（三）补贴错误的风险较大

在奥托·迈耶（Otto Mayer）建构的行政行为模型中，行政活动的开展也如司法判决一般，需要建立在事实涵摄和法律适用的基础之上。事实认定的准确与否对行政活动的开展具有重要意义，最终影响行政活动的合法性。在科技产业市场投资补贴当中，由于给付关系具有间接性，补贴实施所依赖的事实在认定方面存在困难，因此增加了给付错误的风险。

具体而言，政府补贴的事实基础在于投资企业对科技企业进行了投资，上海市更是要求该投资发生了亏损。投资企业是否对科技企业进行了投资以及其投资是否发生了亏损，这是一项依民事主体之意志开展的民事法律行为，这也决定了行政机关不可对该民事法律行为的进行实施实时监控，否则将与市场经济的基本原则相悖。然而，在有政府补贴诱导的情况下，该项民事法律行为存在双方当事人串通的可能。也就是说，投资企业和科技企业存在虚构投资关系或发生亏损的事实以骗取政府补贴的可能，这使得政府补贴建立在错误的事实基础之上，从而侵蚀补贴行为的合法性。实际上，这也是舆论对科技产业市场投资补贴的最大担忧。

更为重要的是，基于行政给付的间接性，行政机关对补贴之事实基础进行调查的权限可能存在缺失。具体而言，如上所述，科技产业市场投资补贴的目的在于为科技发展提供充足的资金扶持，其实际上是通过市场手段间接地将国家投入分配到科技产业当中。然而，正是由于此种间接性的存在，行政机关与科技企业之间不存在直接的行政法律关系。此种情况下，在行政机关实施补贴时，由于投资企业为直接的行政法律关系主体，行政机关对其投资和亏损情况进行调查具有合法性；而投资企业是否存在真实的投资或亏损，还需要通过对其所投资的科技企业的经营状况进行检查方可认定。由于行政机关与科技企业之间缺乏直接的行政法律关系，行政机关拟对投资企业进行补贴而实施对该法律关系之外的其他主体如科技企业进行调查即缺少合法性依据。也就是说，调查权的行使可能造成科技企业的额外负担。由于我国既不存在统一的行政程序法,行政处罚法等法律规范又不能为该项调查的开展提供合法依据,调查权的行使即缺乏合法性依据,因此增加了补贴错误的风险。

四、政府补贴的法治化路径

科技产业风险投资政府补贴作为行政机关引导社会力量参与科研环境建设的尝试,需要进入法治化的轨道内。针对政府补贴存在的问题,我国应当从以下几个方面强化科技产业市场投资补贴的合法性保障:

（一）合法性控制机制的完善

基于行政给付的特殊性,传统行政法理论未将其纳入法律保留的范围内,法律也不宜对其进行过于详细的规定,而应为行政机关留有一定的裁量余地。法律控制的缺失意味着政府补贴需要借助人民代表大会制度证成其合法性。

具体而言,依法律开展的行政活动之所以具有合法性,其缘由即在于法律中内含了全民意志,行政机关对法律之遵守,即契合以法律形式表达的全民意志,这是传统行政法对行政活动所实施的合法性控制。行政给付等授益性行政行为未进入法律保留范围内而缺乏法律的明确规定,其合法性即不能通过适用明确具体的法律规范得以证成。此时,针对政府补贴等行政给付活动的合法性控制即需要绕开"法律适用"这一环节,而借助人民代表大会的预算审批权能进行控制。也就是说,纵使科技产业市场投资补贴无明确的法律依据,但补贴的实施得到代议机关的明确授权,那么补贴行为也可视为获得了民意的认可,此种活动当然具有规范维度的合法性。因此,强化人民代表大会的预算审批权能即是实现对科技产业市场投资补贴之合法性控制的关键。

预算审批也是我国宪法规定的人民代表大会对行政机关实施监督的重要方式。① 当然,此种监督方式在我国民主法制建设过程中实际上并未

---

① 参见周旸洋:《人民代表大会在宪法实施中的角色分析》,载《广西大学学报(哲学社会科学版)》2015 年第 5 期。

起到应有的作用，具体表现为人民代表大会对政府提交的预算案的审批不是分部门、分事务的审批，而是对包含各组成部门在内的一级政府总预算的审批。因此，就政府补贴支出而言，其包含在一级政府的预算支出当中，人民代表大会仅对该级政府的总预算支出进行审查，而未对"科技行政管理部门"的"科技产业市场投资补贴"支出进行个别的审查，这实际上弱化了对补贴实施的合法性控制。因此，我国应当强化人民代表大会的预算审查权能，实行分部门、分事项的预算审批。据此，科技行政管理部门的"科技产业市场投资补贴"应作为单独的预算事项向人民代表大会提交预算申请，人民代表大会可对该项支出进行个别审查和总额限制。另外，人民代表大会在审批过程中，还可以以个别授权的方式批准该预算案，并在授权案中针对该项支出的使用设定条件和程序，从而限缩政府补贴行使过程中的行政裁量权。在此基础上，科技产业市场投资补贴方可实现有效的合法性控制。

（二）法律监督机制的完善

代议制度、行政公开、司法审查和公民监督都是法律监督机制的重要组成部分，就科技产业市场投资补贴而言，补贴的授益性决定了权利制约机制难以发挥作用，而裁量权过大又可能使司法监督的目标落空。因此，对科技产业市场投资补贴的监督即需要从代议制度和行政公开制度入手。

就代议机关的监督而言，人民代表大会对政府补贴之预算案的审批实际上亦可作为监督机制而存在。当然，预算审批只能解决预算支出来源的合法性问题，至于行政机关获得预算批准之后，其补贴如何实施，则需要建立预算执行监督机制加以监督。与预算审批相类似，我国当前仅存在对一级政府总预算的执行监督，而不存在对个别部门、个别开支的执行监督。针对科技产业市场投资补贴问题，我国在强化人民代表大会的预算审批权能的基础上，还需要强化人民代表大会对预算执行的监督权能。尽管我国宪法和审计法规定审计部门要将预算执行情况报告同级政府，但在实践中，基于审计部门与一级政府的隶属关系，"审计的监督作用还没有得到最大程度的发挥"①。据此,人民代表大会应当激活其依《宪法》第 62 条第 10 项所享有的权力,自行组织力量对单个部门、个别事项的预算执行情况进行监督检查,从而实现对科技产业市场投资补贴的强有力监督。

就行政公开而言,行政公开之于权力运行之监督的重要意义是不言而喻的。《上海市天使投资风险补偿管理暂行办法》建立了信息公开机制,该办法第 18 条规定,风险补偿的项目信息以及补偿资金的编制、使用、监督等情况,由市科委依法向社会公开。行政公开应当包括事前公开、事中公开和事后公开。具体就科技产业市场投资补贴而言,行政机关在补贴前应当公开补贴的条件和标准等,在补贴的过程中则公开拟补贴企业的具体情况和企业提交的材料及其审查意见等,在补贴之后将补贴企业名单、补贴事由和补贴额度也予以公开。

除此之外,司法审查也并非全无用武之地。依《行政诉讼法》第 12 条的规定,公民或社会组织认为行政机关滥用行政权力排除或者限制竞争的,可以提起行政诉讼。据此,针对科技产业市场投资补贴而言,与科技企业或投资企业有竞争关系的企业认为政府滥用其补贴权造成排除或者限制竞争的结果的,即可以向司法机关提起行政诉讼。此时,司法审查的内容将不限于补贴的合法性,而扩大为对补贴之经济效应的审查,审查的开展也可以以反不正当竞争法等为依据,从而有效发挥司法对政府补贴的监督作用。

(三) 补贴错误风险防控机制的完善

补贴错误的风险源于科技产业市场投资补贴的间接性,即行政机关间接地补贴了科技企业,但由于科技企业并非行政法律关系的当事人,行政机关因拟对投资企业实施补贴而对科技企业进行调查即于法无据。据此,为了防止行政机关受到科技企业与投资企业串通欺诈之风险的出现,行政机关还需要获得对科技企业使用投资企业之投资的具体情况尤其是亏损情况进行调查的权力。

---

① 魏陆:《人大预算监督:亟须加快从形式向实质转变》,载《探索》2011 年第 3 期。

既然补贴资金实际上是以私法化的手段间接注入科技企业，行政机关也不妨以"私法化"的手段获得对科技企业使用投资情况的"调查权力"。具体而言，行政机关可以向投资企业发布投资合同范本，并且要求投资企业获得补贴以在向科技企业进行的投资中使用该合同范本为前提。而在合同范本中则可设置条款，要求获得投资的科技企业在必要时接受行政机关的财务调查。此时，该条款即成了合同法上的"为他人设定权利"的条款，即为行政机关设定了对科技企业进行财务调查的权力。该条款经投资企业与科技企业签订之后即具有了法律效力，行政机关拟对投资企业实施补贴时，即可依据合同条款的规定同时启动对科技企业的调查。此种情况之下，投资企业与科技企业之间是否存在真实的投资关系，以及该投资是否真正发生了亏损，这都可充分展示于行政机关面前，从而为补贴的实施提供充实的事实证据，减少投资企业与科技企业串通联合骗取补贴的情形发生。除此之外，我国公务员法规定，违反财经纪律，浪费国家资财的，应受行政处分。据此，行政机关还可以通过责任追究机制的细化和启用而倒逼其工作人员在补贴实施过程中采取更加审慎的态度，从而最大限度地防止投资企业与科技企业串通骗取补贴现象的发生，减少补贴实施的错误。

第三节　风险投资法律制度

政府投入是基础科学研究获得长足发展的动力。当然，在市场经济条件下，市场方为资源配置的基本模式。科技是推动经济发展的原动力，科技产业同样构成市场体系的重要组成部分，这就决定了市场投入同样也是科学研究经费的主要来源。市场投入的方式具有多样性，最常见的即是企业将部分盈利用于设立科研机构或用于项目研究，将企业科研机构的研究成果直接用于生产过程中。当然，此种方式适用于资金雄厚的大型企业，对中小型企业而言，其可能没有足够的资金支撑科学技术的开发和转化。对科研经费的需求即催生了新的产业即科技风险投资业。《国家创新驱动战略发展纲要》提出，要探索建立符合中国国情、适合科技创业企业发展的金融服务模式,积极发展天使投资,壮大创业投资规模,运用互联网金融支持创新。天使投资即属于风险投资的一种。风险投资业作为独立产业,其为科技产业提供了源源不断的资金支持。当然,风险投资业的独立又有相对性,其属于科技发展的衍生产品。在创新驱动战略实施背景下,针对科技产业风险投资蓬勃发展的情况,科技法有必要明确风险投资的运行、管理和退出等制度,建构完备的科技产业风险投资法律制度体系。

一、风险投资概述

（一）风险投资的概念与特征

风险投资是指由职业投资机构向资金需求高、发展潜力大的企业进行权益投资的投资形式。风险投资最早见于美国,1946 年于美国波士顿成立的美国研究开发公司即是最早的风险投资公司。[①] 随着风险投资的发展,美国也形成了由联邦证券交易委员会和州证券交易委员会组成的法律监督体制。[②] 风险投资似乎天然地与科技产业共生并存,其缘由即在于,科技产业的发展本身存在较高的风险,不管是科技研发还是成果转化,其都是对人类未知领域进行探索的过程,此过程即时刻存在失败的风险。当然,科技研发和成果转化获得成功之后,其收益也是难以估量的。科技产业的这种高风险性和高收益性的特征迎合了风险投资业的需求,因此也成为风险投资的重要领域。此种情况下,向"科技产业进行投资"甚至成为风险投资的特征之一,如世界经济合作与发展组织对风险投资所进行的定义即为:以高物资与知识为基础,向生产与经营技术密集的创新产品或服务所进行的投资行为。[③] 我国国务院对风险投资的定义同样加入了科技因素,如国务院于 1999 年发布的《关于建立风险投资机制的若干意见》即指出,风险投资是指向主要属于科技型的高成长性创业企业提供股权资本,并为其提供经营管理和咨询服务,以期在被投资企业发展成熟后,通过股权转

---

① 参见何悦:《科技法学(第二版)》,法律出版社 2014 年版,第 53 页。
② 参见施旻煜:《美国风险投资发展和法律监管的研究》,载《福建质量管理》2015 年第 8 期。
③ 参见孙玉荣、张蕾主编:《科技法学》,北京工业大学出版社 2006 年版,第 270 页。

让获取中长期投资增值收益的投资行为。风险投资具有以下特征:

其一,风险投资是一种权益投资。所谓权益投资,是指风险投资机构以获得被投资企业的股权权益为目的,并参与被投资企业的经营管理,这也是风险投资与其他投资的最大区别。具体而言,风险投资作为权益类投资的特殊性表现在以下两个方面:

一方面,风险投资机构向风险企业进行投资之后即取得了风险企业的部分股权,成为风险企业的股东,因此也参与风险企业的经营管理。此种情况下,风险投资机构与风险企业之间不是借贷合同关系,而是投资合同关系,其既获得股权,也参与风险企业的管理。实际上,风险投资机构在长期的投资过程中,一般形成了较为稳定的初创型企业的管理模式和管理经验,其通过投资参与风险企业的管理也有利于风险企业的成长。

另一方面,风险投资与一般的股权投资又有所不同,其具有一定的融资色彩。也就是说,风险投资机构通过投资获得股权之后,其并不以持有股票以获得长期分红收益为目的。风险投资机构在投入资金满足初创期企业尤其是科技型初创期企业的资金需求之后,在风险企业的经营管理步入正轨而发展为成长型企业的情况下,风险投资机构一般即将其股权予以变现并再次向其他初创期企业进行投资,这就使得风险投资异于以长期持有股票并获取企业发展盈利为目的的股权投资,具有一定的融资特征。当然,与融资不同,风险投资机构不仅获得风险企业的股权和参与经营管理,其向风险企业的投资一般也不需要风险企业提供担保。从这个角度而言,风险投资实际上兼及了股权投资与融资的优点,是二者的结合形态。

其二,风险投资是风险较高的投资行为。顾名思义,风险投资具有高风险性,其风险主要来源于以下几个方面:

首先,风险投资领域具有特殊性。如上所述,风险投资的主要投资对象为初创期的企业尤其是初创期科技型企业。初创期企业的市场风险是多方面的,初创期企业有可能因产品不符合市场需求而失败,也有可能因其经营管理不善而发生亏损。换言之,相较于具有稳定的经营模式和市场定位的成熟型企业而言,初创期企业在外部市场环境和内部管理体系上皆有可能存在导致创业失败的因素,这无疑加大了初创期企业运行的风险。这即是风险投资之风险的主要来源之一。更为重要的是,对于初创期的科技型企业而言,其风险只会加大而不会降低。具体而言,科技型企业的主要业务在于研发新技术并将之应用于生产实践中以提升其产品和服务的竞争力。而技术研发和成果转化的过程皆存在较大的风险。就技术研发而言,技术研发作为科学研究的过程,科学研究并不必然能够获得技术成果,研究失败的风险既可能由科学研究的难度造成,也有可能由科研人员的因素造成。而技术研发出来之后,其从实验室走向工厂,也有可能因技术本身的成熟程度、转化成本等方面的因素而导致失败。从这个角度而言,风险投资倾向于将资金投向初创期企业尤其是初创期科技型企业,这即造成了其风险高的状况。

其次,在投资过程中,风险投资是一种循环投资的模式,这也是造成其风险较高的原因。如上所述,风险投资机构通过投资获得股权之后,其并不以持有股票以获得长期分红收益为目的。风险投资机构在投入资金满足初创期企业尤其是科技型初创期企业的资金需求之后,在风险企业的经营管理步入正轨而发展为成长型企业的情况下,风险投资机构一般即将其股权予以变现并再次向其他初创期企业进行投资。不长期持有股权、将资本反复进行投资,这使得同一投资资本在一定时期内需要面对多次投资风险,从而提升了风险投资的风险度。

最后,风险投资的退出方式较为特殊,这也提升了其风险性。如上所述,风险投资具有一定的融资性质,但其与融资又有所不同,即风险投资过程中风险企业既不需要为投资提供担保,风险投资机构与风险企业之间也不是借贷关系,而是投资关系。作为一种投资,风险投资机构投资的退出即具有一定的限制,一般通过公开上市交易、回购、并购等方式转让股权,这在资金回收上存在较大的不便。更为重要的是,公开上市交易、回购、并购都需要在风险企业本身发展较为成熟之后进行,此种情况下,其他个人或企业方有可能购买风险投资机构享有的股权。风险投资资金在退出上受到的限制即提升了投资的风险度。

其三,风险投资是回报较高的投资行为。与风险投资的高风险相对应的是风险投资的回报相当高。投资企业之所以乐意承担较高风险而对风险企业进行投资,其原动力即在于风险企业一旦获得成功之后,投资企业即有可能获得超额的回报。此种回报一方面是技术成果的回报,即科技型企业的科学研究项目一旦研发投产成功之后,其即可能具有较高的专利价值。另一方面则是经营回报。对于科技型、创新型企业而言,其进入成熟期之后,正常的营业过程也可能获得较高回报。实际上,风险投资的回报高也是有统计数据予以支持的。据美国《风险资本》杂志统计,1998 年美国全部风险投资获得 10 倍以上回报的有 6.9%;5 倍至 9.99 倍收益的比例则为 10%;2 倍至 4.99 倍回报的比例为 20%;回报率低于 1.99 倍的有30%;其他 33% 中,有 23% 收回了部分投资,只有 10% 投资完全失败。[①]因此,高回报率也成为风险投资的另一特征。

(二) 风险投资的法律调整

基于风险投资对科技产业发展的重要作用,政府制定了诸多促进和规范风险投资的法律规范。

其一是科技法规范。首先,法律对风险投资进行了较为原则性的规定。最早规定风险投资的法律为 1996 年制定的《促进科技成果转化法》,该法第 24 条规定,国家鼓励设立科技成果转化基金或者风险基金,资金由国家、地方、企业、事业单位及其他组织或者个人提供,用于支持高投入、高风险、高产出的科技成果的转化,加速重大科技成果的产业化。该条在2015 年修改的新《促进科技成果转化法》中得到了保留,变更为第 39 条,该条第 2 款规定,科技成果转化基金和风险基金的设立及其资金使用,依照国家有关规定执行。除此之外,该法第 33 条规定,科技成果转化财政经费,主要用于科技成果转化的引导资金、贷款贴息、补助资金和风险投资以及其他促进科技成果转化的资金用途。这即强化了财政资金对风险投资的扶持。另外,现行《科学技术进步法》第 35 条规定,国家完善资本市场,

---

① 参见杜沔:《对风险投资中的风险控制工具的探讨》,载《中国科技产业》2001 年第 7 期。

建立健全促进自主创新的机制,支持符合条件的高新技术企业利用资本市场推动自身发展。国家鼓励设立创业投资引导基金,引导社会资金流向创业投资企业,对企业的创业发展给予支持。其中的创业投资引导基金实际上也是鼓励发展风险投资产业的补贴形式。其次,地方性法规对风险投资进行了补充性规定。各地方的科学技术进步条例和促进科技成果转化条例大多规定了对风险投资的扶持,如《昆明市科学技术进步与创新条例》第11条规定,鼓励和引导企业从事高新技术产品开发、生产和经营;引导和扶持创业风险投资机构对高新技术产业进行投资;引导金融机构在信贷等方面支持高新技术成果转化和高新技术产业发展。《上海市科学技术进步条例》则规定,本市设立创业投资风险救助专项资金,由创业投资企业自愿提取的风险准备金与政府匹配的资金组成,用于补偿创业投资企业对高新技术成果转化项目和高新技术企业投资失败的部分损失。具体办法由市科技、财政部门会同有关部门制定。创业投资风险救助专项资金用于补贴风险投资机构投资科技型企业所发生的亏损,这可视为该市科学技术进步条例对风险投资的鼓励性措施。最后,行政规范性文件对风险投资进行了详尽的补充。相关部门在此方面制定了诸多的规范性文件,主要有《关于进一步促进科技型中小企业创新发展的若干意见》《国家科技成果转化引导基金管理暂行办法》等。值得一提的是,随着天使投资这种风险投资模式的兴起,一些地方还专门制定了规范天使投资的行政规范,主要有《中关村国家自主创新示范区创业投资风险补贴资金管理办法》《江苏省天使投资引导资金管理暂行办法》《上海市天使投资风险补偿管理暂行办法》等。

　　其二是民商事法律规范。科技法规范主要规定了政府对风险投资的激励举措,当然,就风险投资而言,其主要内容为风险投资机构对风险企业进行资金输入,这是平等主体之间的权利义务关系,因此应主要由民商事法律规范调整。实际上,我国相关民商事法律规范也为风险投资的运行提供了有效法律保障。具体而言,一方面,就民商事主体法而言,2006 年修订的《合伙企业法》增加了关于有限合伙企业的规定,而从风险投资的实际情况来看,很多风险投资机构倾向于采用有限合伙企业的形式,这无疑为风险投资机构的设立和运行提供了法律保障。另外，《公司法》经修改之后，其中的很多限制性条件也得以取消，如取消了外资投资的限制，法定资本制也变更为折中资本制，这极大地提高了设立风险投资机构的便利性。另一方面，从民事行为法来看，《合同法》对民事主体之间的合同权利义务的规定以及"分则"的诸多规定也可以应用于规范风险投资活动。

二、风险投资的运行

（一）风险投资的主体

风险投资关系主要存在于风险投资机构与风险企业之间，这是风险投资中最为基本的两大主体。当然，风险机构的资金来源于投资人，因此投资人也是风险投资关系中的主体之一。

其一是风险投资人。风险投资人是风险投资机构之资金的来源。也就是说，风险投资机构在投资的过程中，为了最大限度地实行规模化经营，其在资金使用方面不仅使用自有资金，更可能通过多种渠道募集资金，其资金即来源于风险投资人。风险投资人一般包括自然人和机构投资者。自然人在有巨额闲置资产时，为追求高利益即可能将其资金投入风险投资机构。机构投资者一般包括银行、保险公司、基金管理者、企业等，这些主体在有闲置资产时也有可能用来投资风险机构。在风险投资人与风险投资机构之间可能形成借贷关系，即投资人将其资金借贷给风险投资机构并收取一定的利息；二者之间也可能是融资关系，即投资人将资金投入风险投资机构并获得股权。在这两种形式中，投资人承担的风险和收益各不相同。

其二是风险投资机构，这是风险投资运行的主要主体。风险投资机构是风险投资运行过程的中枢，它将社会闲散资金聚集之后，通过风险投资的形式将其输送到经济社会发展的第一线，最终能够提升社会资源的利用效率。当然，如上所述，风险投资是一种循环式的投资，风险投资机构通过投资获得股权之后，其并不以持有股票以获得长期分红收益为目的。风险投资机构在投入资金满足初创期企业尤其是科技型初创期企业的资金需求之后,在风险企业的经营管理步入正轨而发展为成长型企业的情况下,风险投资机构一般即将其股权予以变现并再次向其他初创期企业进行投资。这就要求风险投资机构本身不仅需要有较高的经营管理水平,能够合理配置其资金以进行投资,更为重要的是,风险投资机构需要对科技行业发展和市场发展具有极高的专业预判能力,同时也能够善于发现具有市场潜力的初创期企业,如此方有可能最大限度地规避风险,实现盈利。

其三是风险企业。风险企业是从事科技研发或市场经营管理活动、接受风险投资机构之投资的企业。技术含量高、市场前景好的企业方有可能获得风险投资机构的投资而成为风险企业,这也是风险投资机构为规避风险所进行的市场选择。按企业管理学所进行的分类,企业可以分为种子期、初创期、成长期和成熟期。实际上,种子期和初创期的企业资金需求大,而在这两个阶段企业又难以实现盈利,因此具有较强烈的获得投资的需要。然而,实践中,成长期企业由于具有较为稳定的盈利模式而更容易获得风险投资机构的青睐。有统计表明,在我国 2010 年所进行的风险投资中,只有 10.2% 的资金投向了种子期企业,初创期企业获得投资额占比则为 17.4%,高达 49.2% 的资金流向了成长期企业。[①] 针对这些情况,各地政府出台了系列政策支持风险投资机构向种子期和初创期企业进行投资。

（二）风险投资机构的组织形式

如上所述,风险投资机构是风险投资运行中最为重要的主体,对该主体之组织形式的规范也是风险投资法律制度的重要内容。在我国,风险投资机构的设立并未受到特别的法律限制,因此风险投资机构既可以是普通的公司,也可以采取外资企业、合伙企业等形式。当然,合伙企业法引进有限合伙这一法律制度则为风险投资提供了最佳的组织形式。

所谓有限合伙,是指由普通合伙人与有限合伙人共同设立的合伙企业形式。2006 年修订的《合伙企业法》增加了有限合伙这一合伙企业形式,依

---

① 参见王元等主编:《中国创业风险投资发展报告(2011)》,经济管理出版社 2011 年版,第14—15 页。

该法第 61 条的规定,有限合伙企业由 2 个以上 50 个以下合伙人设立;但是,法律另有规定的除外。有限合伙企业至少应当有一个普通合伙人。有限合伙人与普通合伙人的区别在于,普通合伙人以其所有的财产对企业的债务负责,承担的是无限责任;而有限合伙人则仅以其投入企业的资本为限对外承担民事责任。有限合伙企业之所以是风险投资机构设立的最佳组织形式,其原因在于:

一方面,如上所述,风险投资机构的运作具有风险极高的特点,参与投资的企业运作失败的,风险投资机构可能蒙受重大损失。基于这一特点的存在,风险投资机构的管理人员应当怀有对企业的绝对忠诚,以谨慎的态度处理投资事务。而在公司制企业当中,由于与公司存在切身利益的股东大会并不实际参与公司运营的具体过程,公司经营管理过程中的具体事务由职业经理人负责处理,这就弱化了公司所有人对经营管理过程的控制,无法保障经营管理人员对公司事务的绝对忠诚。更为重要的是,就算实际参与公司经营管理的人员同时作为公司股东,在有"有限责任"这一法律制度作为保护的情况下,实际参与公司经营管理的股东对公司的忠诚度也难以得到保障。而有限合伙制则解决了这一问题,参与公司经营管理的普通合伙人需要对公司债务承担无限责任,这就迫使其不得不以最大的忠诚度对待公司事务,从而能够防范风险投资机构管理人员损害企业利益行为的发生,减少投资人的投资风险。

另一方面,也正是由于风险投资具有高风险的特点,对普通投资人而言,最大限度地减少此种风险方能吸引其参与投资。有限合伙则为防范普通投资人的投资风险提供了制度保障。也就是说,在有限合伙中,普通投资人可以选择成为有限合伙人。此时,有限合伙人仅需要以其投入企业的资金对企业的债务承担偿还责任,而不用承担无限责任。这在风险高的投资中,以投入的资金为限承担责任,则减少了投资者尤其是银行、保险等机构投资者的后顾之忧,这能够吸引投资者参与风险投资,为风险投资机构提供充足资金。

(三)风险投资的资金来源

风险投资的资金来源于投资人,具体包括以下几种形式:

其一是个人闲置资金。随着经济的发展和人们收入水平的提升,近年来我国个人闲置资金有逐步增多的趋势。在此种背景上,利用个人闲置资金参与风险投资的情况也日益增多。

其二是银行资金。银行的基本功能在于吸收存款和发放贷款。晚近以来,国外银行在已有的业务范围外发展出新的业务,即向风险投资机构进行投资,或者直接向创业机构予以投资。此时,银行资金即成为风险投资资金的重要来源。

其三是保险资金,与银行相同,保险也有吸收社会闲散资金的作用。保险公司在吸收社会闲散资金的基础上,可以将这些资金用于投资以实现保险资金的保值增值。

其四是各种基金。养老基金、退休基金等也可以用来投资创业企业或风险投资机构。

其五是政府资金。我国科技法规范规定了政府对风险投资业的扶持,如《促进科技成果转化法》第 39 条规定,国家鼓励设立科技成果转化基金或者风险基金,其资金由国家、地方、企业、事业单位及其他组织或者个人提供。依此条之规定,中央政府和地方政府提供的资金也是风险投资资金的重要来源。实际上,在我国,政府对风险投资的鼓励甚至还可能通过设立风险投资机构而实现。另外,近年来一些地方政府出台了系列风险投资补偿政策,在风险投资机构因投资法律规定的企业而发生亏损时,可以申请政府给予补贴。此时,政府补贴实际上也成为风险投资资金的来源。

其六是其他市场主体资金。其他市场主体在有资金盈余的情况下,也可能将其资金用以投资创业企业或风险投资机构以获取高额利润。

(四)风险投资的实施流程

完整的风险投资一般具备以下实施流程:

其一是融资。所谓融资,是指风险投资机构筹集资金的过程。在风险投资过程中,投资机构实际上不仅以自有的资金进行投资,其往往还需要通过多种途径吸纳社会投资。如上所述,风险投资的资金来源具有多样性,既可能来源于个人投资者,也可能来源于机构投资者。风险投资机构在进行投资前,首先需要向这些投资人筹集资金。

其二是项目选择。在风险投资机构有足够资金的情况下,其也需要选择好的项目进行投资,如此才能提高投资收益。项目选择过程是较为专业和复杂的商业过程,在此过程中,投资机构需要对项目实施中的技术、团队、市场前景、政策等进行全面评估,只有技术含量高、市场前景好,同时具有较完备的管理体系的创业项目方有可能获得投资机构的投资。

其三是投资谈判。风险投资机构在确定投资项目之后,还需要与创业企业进行谈判。风险投资是一种权益投资,投资机构可以获得一定的股权,并参与企业的经营管理。因此,在风险投资机构展开投资前,其需要与创业企业进行谈判,通过谈判确定双方在股权分配、经营管理等方面的权利义务以及风险投资资金的退出事宜等。

其四是投入资金和参与管理。在进行谈判和签订投资合同的基础上,风险投资机构需要依合同规定向创业企业提供资金。实践中,风险投资机构一般是采取分阶段投入资金的方法,多批次向创业企业进行投资。在投入资金之后,风险投资机构可以依合同的规定参与创业企业的经营管理。

其五是退出投资。在创业企业生产经营步入成熟期之后,风险投资机构可以逐步撤出其投资。

三、风险投资的退出机制

风险投资机构向创业企业进行投资的目的并非长期持有其股权以实现分红,而是分享创业企业成长过程中的增值利益。因此,风险投资机构在企业步入成熟之后即可能退出投资。其退出投资的机制主要有以下几种:

(一)上市交易

上市交易是风险投资机构退出投资的最佳方式。当然,创业企业能够获得上市,这本身即要求创业项目的运行取得了一定的成果,甚至形成了稳定的盈利模式。因此,从这个角度而言,能够获得上市交易,也表明风险投资本身取得了成功。当然,通过上市交易方式退出投资,在股票发行过程中,创业企业可以采取溢价发行的方式,股票一经上市,创业企业也能够获得更多的融资;与此同时,风险投资机构通过公开市场交易的方式抛售股票,其退出了对创业企业股权的占有,股票份额转让给其他投资者,创业企业的资本并未减少。因此,上市交易也是对创业企业的经营管理影响最小的资本退出方式。

实践中,各国一般设置了专供中小型高新技术企业上市的证券市场,如美国的纳斯达克市场和我国的创业板市场。我国设置创业板的目的在于为暂时无法在主板市场上市的创业型、科技型中小企业提供融资场所。从这个角度而言,创业板本身即是一个市场主体的培育场所,其具有向中小型企业提供市场融资的功能。就风险投资而言,创业板的作用有二:其一是为创业企业提供融资。创业企业在创业板上市之后,其通过溢价发行的方式将股权投入市场,从而获得更多的融资。从这个角度而言,创业板本身即是风险投资的一种方式。其二是为风险投资机构退出投资提供渠道。创业企业在创业板上市之后,风险投资机构可以将其占有的股票在公开市场上出售以转换成资金,从而完成撤资的过程。更为重要的是,由于创业板上市的门槛较低,其在为创业企业提供资金和为风险投资机构退出投资提供渠道方面具有不可替代的优势。

(二)并购

并购是兼并与收购的合称。所谓兼并,是指企业通过现金结算等方式,将另一家企业的全部股权予以收购并将之变更为本企业的组成部分的市场活动;所谓收购,是指企业将另一企业的部分或全部股权予以收购,但保持被收购企业的独立法人资格的市场活动。兼并与收购的区别在于其行为结果的不同,即在兼并中,被转让的企业将失去独立的法人资格,而被收购的企业则可以保留其法人资格。并购是风险投资机构退出投资的方式之一。也就是说,在风险投资机构和创业企业不愿意追加投资或继续经营该企业时,通过并购,风险投资机构即可以撤出其投资。相较于公开上市交易,并购有其优势所在:其一,上市交易存在一定的限制性条件,只有满足创业板的上市要求时,其才可能通过上市交易撤出资金;而并购则不具有此方面的要求，并购作为一种市场行为，其依当事人之间的合意即可以进行，不需要经其他机关的审核。其二，上市交易的程序也较为繁杂，从申请上市到最终通过审核和上市需要经历较长时间；而在并购中，出让方和受让方的协商和交易可能在较短时间内完成，这使得风险投资机构能够迅速撤出投资并进行下一轮投资，从而提高投资资金的利用效率。其三，在上市交易中，创业企业尽管可以溢价发行，但股票上市后，其走势如何是不确定的，甚至存在无人买入而在短期内大幅度下跌的可能，这不但影响风险投资机构撤出投资的速度，也可能使其遭受损失；而在并购中，由于并购价格由创业企业和其他企业协商确定，相对而言其交易价格是可控的，可以减少风险投资机构的风险。

（三）回购

所谓回购，是指企业收回其股权的行为。国务院《关于建立风险投资机制的若干意见》对回购进行了定义，根据该意见，回购是指"企业购回风险投资机构在本企业所持股权的行为"。回购一般发生在风险投资机构不愿意继续投资而创业企业管理层又希望保持经营的情况下。一般而言，回购包括两种类型：其一是积极的回购。所谓积极的回购，是指创业企业的管理层看好企业的发展前景而希望加大对企业股权的持有进而与风险投资机构进行协商购回股权的方式。其二是消极的回购。所谓消极的回购，是指投资者不看好创业企业的前景而依协议或者寻求与创业管理层达成协议，将其持有的股票向创业企业进行转让的行为。不管是积极回购抑或是消极回购都需要满足两个条件：其一是风险投资机构与创业企业之间达成了协议，此种协议既可以是投资时约定的回购协议，也可以是在投资经营一段时期、投资方打算撤回投资或创业企业希望扩大企业份额时双方达成的协议；其二是创业企业本身需要有足够的资金用以回购企业股权。

（四）清算

在投资目标难以达成的情况下，风险投资机构可以通过清算方式收回或部分收回其投资。创业企业的清算可依两种渠道进行：其一是普通清算。普通清算需要由风险投资机构与创业企业达成协议，依协议清算企业财产并进行分割,据此风险投资机构可以收回或部分收回其投资。其二是破产清算。风险投资机构与创业企业不能达成清算协议时,则可以以创业企业之股权人的身份申请破产清算。申请破产清算之后,清算程序即依破产法的规定进行,创业企业在偿还债务之后,剩余财产即在包括风险投资机构的投资人之间进行分割。一般而言,只有在企业经营难以为继的情况下,风险投资机构方可能寻求开展清算程序,因此,清算的实施可能意味着风险投资的失败。

第六章　科技成果转化法律制度研究

科技成果转化是科技创新的重要环节,科技成果发明创造出来之后,其只有经转化为能够在社会生产中应用的技术,方可能作用于经济社会发展的过程并取得经济效益,进而为技术的持续进步提供物质基础,最终使科技创新进入良性循环的轨道。科技成果转化不仅在科技发展过程当中具有重要意义,由于该过程涉及国家、企业和科研人员的利益,形成多元化的社会关系,对这些关系的调整也是科技法的核心任务。因此,《促进科技成果转化法》即成为科技法体系的重要组成部分。我国历来重视科技成果转化方面的立法工作,在 1996 年制定了《促进科技成果转化法》,并于 2015 年进行了修改,形成了较为完备的创新成果转化法律体系,并在新形势下不断探索建立新的促进成果转化法律制度。

第一节　《促进科技成果转化法》的发展历程

一、《促进科技成果转化法》的制定

1996 年,《促进科技成果转化法》得以制定的根本原因在于市场经济体制的确立和发展。中共十四大明确提出中国经济体制的改革目标是建立社会主义市场经济体制。1993 年 3 月,八届全国人大一次会议将"国家实行社会主义市场经济"写入宪法。市场经济的发展为科技成果转化法律制度带来了新的机遇和挑战:一方面,市场经济体制促进了经济的快速发展,经济发展所需要的技术也大量增加,这突出了科技成果转化法律制度的重

要性,只有建立完备的成果转化制度,成果转化的速度才有可能满足经济发展的需要。另一方面,市场经济也对成果转化制度提出了新的要求,即在市场经济条件下,技术成果首先被当作一种商品而在市场中流通,这一产品在市场中的流通需要遵循价值规律,而不能依靠原有的国家计划和行政命令进行。例如,在当时,科学技术的创造和应用存在严重的脱节,当时全国隶属于县以上政府部门的研究开发机构有 5800 多所,每年重大科技成果约有 2/3 出自于科研院所和高校,而很多成果"只能是样品、展品,不为用户所需、难以适应用户要求,或者由于其他种种原因,而不能形成为产品、商品"①。这实际上是计划经济的必然结果,即在计划经济条件下,科学研究按行政命令而非市场需求进行,这就造成了市场需求与科学技术供给之间的脱节,最终制约经济的发展。因此,市场经济的发展要求国家立法通过价格规律的运用打通科技供给与市场需求之间的隔膜,这就是当时《促进科技成果转化法》的立法背景,也是《促进科技成果转化法》所要解决的重点问题。

《促进科技成果转化法》得以制定的直接原因则为科教兴国战略的提出。1995 年 5 月 6 日颁布的《中共中央、国务院关于加速科学技术进步的决定》首次提出了科教兴国战略。该决定指出,科教兴国,是指全面落实科学技术是第一生产力的思想,坚持教育为本,把科技和教育摆在经济、社会发展的重要位置,增强国家的科技实力及向现实生产力转化的能力,提高全民族的科技文化素质。同年召开的中国共产党第十四届五中全会在关于国民经济和社会发展"九五"计划和 2010 年远景目标的建设中把实施科教兴国战略列为今后 15 年直至 21 世纪加速中国社会主义现代化建设的重要方针之一。据此,科教兴国成为我国经济社会发展的基本战略。科教兴国战略实际上奠定了科技在经济发展中的基础性地位,即经济发展应当将重心放置在依靠技术进步上,这就要求科学研究与经济建设紧密结合,经济发展依赖技术进步,而研究成果也能够直接应用到社会生产当中。这

---

① 贾大平:《〈促进科技成果转化法〉的立法背景与主要内容》,载《科技成果纵横》1996 年第 5 期。

对法律制度提出了新的要求，即法律规范应当能够促进科技成果从实验室到工厂的转移，同时能够保障在此过程中综合平衡科研机构、科研人员和成果使用方的相关利益。此种背景下，《促进科技成果转化法》呼之欲出。

1996 年制定的《促进科技成果转化法》主要解决了以下问题：

其一是确立科技成果转化法律制度的宗旨和框架。如上所述，《促进科技成果转化法》是在科教兴国这一战略提出的背景下制定的，科教兴国战略的精神即成为该法的宗旨，因此，该法第 1 条明确规定，为了促进科技成果转化为现实生产力，加速科学技术进步，推动经济建设和社会发展，制定本法。从该条的字面意义来看，该法的立法目的在于促进科技成果的转化以服务于经济社会的发展，这即回应了科学研究与经济建设相脱节的问题，同时确立科技之于经济发展的核心动力地位，契合于科教兴国的战略安排。在此宗旨基础上，《促进科技成果转化法》形成了由原则、行政机关职能配置、成果转化指引、市场运行、保障措施等构成的内容体系。

其二是强化成果转化中间环节的保障。科技成果从实验室走向工厂，中间还需要经过反复验证和试验。尤其是在当时的条件下，科研与生产的脱节造成诸多成果离应用还有相当长的距离。此种情况下，中间实验环节即成为科技成果转化的瓶颈。为解决这一问题，《促进科技成果转化法》明确了对中间环节的保障。具体而言，《促进科技成果转化法（草案）》最先提出了对中间环节的保障，即规定国家鼓励并支持从事科技成果转化的中间试验基地、工业性试验基地、农业实验示范基地和工程技术创新机构、生产力促进机构和科技创业服务机构，并对其从事的活动作了规定。在此基础上，正式的法律文本则规定为国家鼓励企业、事业单位和农村科技经济合作组织进行中间试验、工业性试验、农业试验示范和其他技术创新和技术服务活动。同时，该法还明确了中间试验基地、工业性试验基地、农业试验示范基地以及其他技术创新和技术服务机构的活动范围。

其三是提出了系列保障措施。《中共中央、国务院关于加速科学技术进步的决定》明确提出："科技投入是科技进步的必要条件，是实施科教兴国战略的基本保证。必须采取有力措施，调整投资结构，鼓励、引导全社会多渠道、多层次地增加科技投入,尽快扭转我国科技投入过低的局面"。为落实该决定的要求,《促进科技成果转化法》设定了一系列保障措施:(1)财政扶持。即该法第21条规定,国家财政用于科学技术、固定资产投资和技术改造的经费,应当有一定比例用于科技成果转化。科技成果转化的国家财政经费,主要用于科技成果转化的引导资金、贷款贴息、补助资金和风险投资以及其他促进科技成果转化的资金用途。(2)税收优惠。即该法第22条规定,促进科技成果转化的活动可以享受税收优惠政策。(3)基金资助。即该法第24条规定,国家鼓励设立科技成果转化基金或者风险基金,资金来源于国家、企业等,主要用来支持科技成果转化活动。(4)信息服务。即该法第25条规定,国家推进科学技术信息网络的建设和发展,建立科技成果信息资料库,面向全国,提供科技成果信息服务。

其四是技术权益保障。技术权益分配是计划经济向市场经济转型过程中需要解决的关键问题。具体而言,在计划经济条件下,科研人员与科研机构之间存在某种程度的人身依附性,这也决定了二者之间更多的是一种领导与被领导的关系,并非平等的契约关系。而在市场经济条件下,随着科研机构市场化改革的推进,其与科研人员之间的人身依附关系弱化,契约关系加强。这种情况下,技术权益的分配即需要从立法的层面为契约关系的订立提供框架。这实际上也涉及两个问题:一是职务成果的归属和保护问题,科研人员使用科研机构的设备形成的成果应属于职务成果,《促进科技成果转化法》需要明确科研机构对职务成果的所有权和使用权,从而才能保障科研机构的合法权益;二是科研人员的主观能动性保障问题,科研人员使用科研机构的设备形成的成果属于职务成果,但职务成果的形成也凝合了科研人员的聪明才智和辛勤劳动,只有让科研人员在科研成果转化当中享有一定的收益,其进行创造的积极性方可能得到保障。除此之外,技术收益在合作单位之间的分配、技术秘密的保护等也亟待解决。为此,《促进科技成果转化法》专列了"技术权益"一章对这些问题进行规定,尤其是第29条明确了科研人员与科研机构之间的利益分配,即科技成果完成单位将其职务科技成果转让给他人的,单位应当从转让该项职务科技成果所取得的净收入中，提取不低于20％的比例，对完成该项科技成果及其转化作出重要贡献的人员给予奖励。

二、创新驱动战略与《促进科技成果转化法》的修改

《中共中央、国务院关于深化体制机制改革加快实施创新驱动发展战略的若干意见》（以下简称《意见》）提出，创新是推动一个国家和民族向前发展的重要力量，也是推动整个人类社会向前发展的重要力量，面对经济发展新常态下的趋势变化和特点，面对实现"两个一百年"奋斗目标的历史任务和要求，必须深化体制机制改革，加快实施创新驱动发展战略。创新驱动发展战略实际上不仅仅是科技发展战略，其本质上是经济社会发展战略，即通过科技创新促进社会发展的战略安排。创新驱动发展战略实施的总体思路和主要目标对《促进科技成果转化法》提出了新的要求。具体包括：

其一，需求导向对《促进科技成果转化法》的要求。《意见》提出，紧扣经济社会发展重大需求，着力打通科技成果向现实生产力转化的通道，让创新真正落实到创造新的增长点上，把创新成果变成实实在在的产业活动。这也决定了科技研发的目的在于促进经济社会发展，市场需求将决定科学研究的方向。需求导向反映到《促进科技成果转化法》层面，即要求该法强化对企业主体地位的保障，明确企业在科技成果转化过程中的权利义务和国家对企业之主导作用的保障手段，如其第24条即规定，政府有关部门、管理机构应当发挥企业在研究开发方向选择、项目实施和成果应用中的主导作用，鼓励企业、研究开发机构、高等院校及其他组织共同实施。

其二，人才优先对《促进科技成果转化法》的要求。《意见》提出，要把人才作为创新的第一资源，更加注重培养、用好、吸引各类人才，促进人才合理流动、优化配置，创新人才培养模式；更加注重强化激励机制，给予科技人员更多的利益回报和精神鼓励。重视人才对科技发展的重要作用，最终需要落实到对科研人员之权益的保护上。也就是说，科学研究本身是对人之主观能动性要求较高的社会活动，技术成果的创造发明，不仅要求科

研人员有扎实的理论知识,更要求其满怀创新激情,能够充分发挥主观能动性。而对科研人员的激励即需要落实到对其权益的保障上,只有科研人员创造的技术成果得到尊重,能够从中获得收益,其创造激情方有可能得以持续,科技创新也才能够进入良性循环的轨道。这反映到《促进科技成果转化法》中,即要求该法强化对科研人员权利的保障。

其三,科研规律对《促进科技成果转化法》的要求。《意见》提出,根据科学技术活动特点,把握好科学研究的探索发现规律,为科学家潜心研究、发明创造、技术突破创造良好条件和宽松环境,把握好技术创新的市场规律,让市场成为优化配置创新资源的主要手段,让企业成为技术创新的主体力量。这一方面要求政府强化对创新环境的保障,另一方面也要求政府减少审批环节对科技市场的干预,这即指向于政府职能从科研管理向创新服务的转变。

当然,除创新驱动发展战略实施对《促进科技成果转化法》提出新要求之外,随着经济社会的发展,该法本身存在的诸多问题也逐步暴露。《关于〈中华人民共和国促进科技成果转化法〉修正案(草案)的说明》中即指出,随着我国经济社会发展和科技体制改革的深入,该法有些内容已难以适应实践需要,主要是:科技成果供求双方信息交流不够通畅,企业对科研机构取得的科技成果信息缺乏充分了解,影响科技成果转化;科研机构和科技人员的考核评价体系以及科技成果处置、收益分配机制没有充分体现科技成果转化特点,对科研机构和科技人员的考核评价存在重理论成果、轻成果运用的现象,国家设立的科研机构处置科技成果所得收益需按规定上交财政,且审批手续繁琐,影响科研机构和科技人员积极性的发挥;科研的组织、实施与市场需求结合不够紧密,产学研合作落实得不够好,现有科技成果与企业需求有差距,企业在科技成果转化中的主导作用发挥不够;科技成果转化服务还比较薄弱,不便于科技成果转化的实施。针对上述问题,第十二届全国人大常委会第十六次会议于 2015 年 8 月 29 日通过了《关于修改〈中华人民共和国促进科技成果转化法〉的决定》,从以下几个方面进行了修改:

（一）强化科研自由的保障

科研自由是一种消极权利。一般而言，消极权利指公民"请求国家予以尊重和容忍的请求权"①。在宪法基本权利体系中，消极权利一般包括自由、财产、人格尊严等方面的权利。具体到科学研究领域，消极权利包括从事科学研究的自由。当然，在创新驱动发展战略实施背景下，科研自由的保障亦有其意义。具体而言，如上所述，《意见》确立了坚持市场导向的原则，市场导向的本质即是由市场规律自主决定科技研发资源的配置。而市场规律发挥作用的前提则在于市场主体之自由得到保障，也就是说，只有科研人员和科研企业等主体在科技研究的选题和方向、资金使用、成果转化合作对象选择等方面具有高度的自主权，减少国家对该过程的干预，科技研发资源的配置才有可能趋向合理，科技成果也才能按市场规律流动。因此，从这个角度而言，强化对科研自由的保障实际上是发挥需求导向作用的基础。为此，新《促进科技成果转化法》在具体条文设置上对科研自由的保障有所强化。新《促进科技成果转化法》第 3 条规定，科技成果转化活动应当尊重市场规律，发挥企业的主体作用；第 24 条规定，对利用财政资金设立的具有市场应用前景、产业目标明确的科技项目，政府有关部门、管理机构应当发挥企业在研究开发方向选择、项目实施和成果应用中的主导作用。其中，发挥企业的"主体作用""主导作用"即是科研自由具体化的表现。也就是说，科研自由意味着科研主体在项目选择与项目成果转化等方面享有依自己的意志作出决定的权利，《促进科技成果转化法》第 24 条的规定突出企业的"主导作用"即表明了企业的市场主体地位及与该地位相匹配的选择权，这即是对科研自由的宣示。另外，现行《促进科技成果转化法》第 16 条增加规定，科技成果持有者可以以其他协商确定的方式进行成果转化，这实际也扩展了科研主体的选择权范围。

（二）强化科研成果收益权的保障

如上所述，《意见》提出了坚持人才优先的原则，而只有科研人员创造

---

① 周刚志：《论"消极权利"与"积极权利"——中国宪法权利性质之实证分析》，载《法学评论》2015 年第 3 期。

的技术成果得到尊重,能够从中获得收益,其创造激情方有可能得以持续,科技创新也才能够进入良性循环的轨道。这反映到《促进科技成果转化法》中,即要求该法强化对科研人员权利的保障。《促进科技成果转化法》在此方面也进行了修改。首先,该法第3条增加规定,成果转化活动不得损害他人合法权益。这使得个人合法权益上升到该法的基本原则的地位,具有统领整部立法的作用,表明个人权益的维护成为该法的重要立法目的。其次,该法强化了对国家设立的科研主体科研成果收益权的保护。具体而言,该法第18条规定,国家设立的研究开发机构、高等院校对其持有的科技成果,可以自主决定转让、许可或者作价投资。在此之前,国家设立的研究开发机构、高等院校需要在获得审批的情况下方可转让其持有的科技成果。而依此条规定,研究开发机构、高等院校在科技成果转让方面即享有了更大的自主权。更为重要的是,该法第43条规定,国家设立的研究开发机构、高等院校转化科技成果所获得的收入全部留归本单位。这即实现了对研究开发机构和高等院校之科技成果处置权和收益权的全面保护。最后,该法还强化了对科研人员之成果收益权的保障。该法第44条规定,职务科技成果转化后,由科技成果完成单位对完成、转化该项科技成果作出重要贡献的人员给予奖励和报酬;第45条更将科研人员的收益提升到50%,这使得科研人员的收益权获得强有力的保障。

（三）明确国家提供帮助的义务

如上所述,《意见》将坚持遵循科研规律作为基本原则,这即要求政府职能从科研管理转向创新服务。创新服务的本质是一种给付义务,其指向于政府部门对科研权利中的请求权的满足,要求政府通过给予物质帮助和环境建设的方式为科技研发和成果转化提供良好条件。修改后的《促进科技成果转化法》从以下几个方面明确了公民请求国家给付的义务:首先,《促进科技成果转化法》第22条第2款规定,县级以上地方各级人民政府科学技术行政部门和其他有关部门应当根据职责分工,为企业获取所需的科技成果提供帮助和支持,此条实际上规定了企业获得帮助的权利。也就是说,从字面上进行理解,此条规定的是行政部门在其职责范围内为企业提供帮助的义务，此种义务是与企业权利相对应的。因此，《促进科技成果转化法》第 22 条第 2 款规定的是国家的"客观法义务"，与"国家职责"不同，这种义务具有具体性，同时隐含公民的主观公权利，公民据此得请求国家为特定的给付行为。[①] 其次，《促进科技成果转化法》第 11 条规定，国家建立、完善科技报告制度和科技成果信息系统，向社会提供科技成果信息查询、筛选等公益服务。此条设置了国家提供信息服务的义务，这个条款对国家义务的设置同时也隐含了公民享有的请求国家提供服务的权利。最后，依《促进科技成果转化法》第 12 条的规定，当科研主体的科技成果转化项目符合该条规定的情形时，其即可依该条的规定请求国家通过政府采购、研究开发资助、发布产业技术指导目录、示范推广等方式予以支持。这种情况下，公民的请求权即得以与国家的支持义务相结合，请求权具有了启动国家职责的功能。

另外，《促进科技成果转化法》还对国家职责进行了细化，使之成为具有可操作性的具体义务。新《促进科技成果转化法》将原法第 19 条改为第 31 条，其前后变化为从鼓励科研主体从事各种试验工作转变为支持公共研究开发平台建设。"支持公共研究开发平台建设"无疑比"鼓励科研主体从事试验工作"更具操作性，也切实表明政府在公共平台建设方面负有作为义务。换言之，《促进科技成果转化法》通过规定"支持公共研究开发平台建设"这一手段而使"鼓励科研主体从事试验工作"这一职责转化为义务，从而使该法的具体条文具有了可操作性。在此基础上，这些条款设置的国家职责不可能被空置，这增强了《促进科技成果转化法》的可操作性。

第二节　科技成果转化的组织实施

法律既要规定社会主体的权利义务关系，又需要设置落实这些权利义务的实施机制。《促进科技成果转化法》主要从政府职责、科研机构义务、企业作用和中介组织行为等方面设置成果转化的实施机制。

---

① 参见郑春燕：《基本权利的功能体系与行政法治的进路》，载《法学研究》2015 年第 5 期。

一、政府职责

政府是科技成果转化的重要推动力之一,纵使是在市场经济条件下,政府对科技成果转化的推动作用也是必不可少的。具体而言,一方面,科技成果的转化试验具有一定的公益性特征,其一旦转化成功,其他市场主体也有可能从中受益。这就可能触发市场主体"搭便车"的心理,怠于实施成果转化。另一方面,科技成果转化同样是科学技术发展的一环,需要遵循科技发展的基本规律。就科技发展而言,其从来就不是一项纯粹的市场行为。基于科技研发的高投入、高风险、收益慢的特点,科技发展需要坚持"两手抓"原则,既要遵循市场对物质资源的调配,又要实施强有力的国家干预。特别是对于市场不愿意进行投资的重大基础研究和成果转化项目,国家需要通过组织研究、经费资助、项目扶助等方式进行干预。从这个角度而言,政府职责是保障科技法实施和促进科技进步的重要推动力,《促进科技成果转化法》同样通过政府职能的设置推进科技成果的实施。

（一）财政资金扶持

资金是科技成果转化的直接推动力,在有资金扶持的情况下,科技成果转化所需要的人力资源、实验设备等都可以得到解决。因此,《促进科技成果转化法》也将财政资金扶持作为政府组织成果转化的主要职能之一,即该法第 4 条规定,国家对科技成果转化合理安排财政资金投入,引导社会资金投入,推动科技成果转化资金投入的多元化。财政资金的用途则主要由该法第 33 条规定,即科技成果转化财政经费,主要用于科技成果转化的引导资金、贷款贴息、补助资金和风险投资以及其他促进科技成果转化的资金用途。

（二）行政规划

行政规划是政府引导社会发展的重要方式,依《宪法》和《地方各级人民代表大会和地方各级人民政府组织法》等法律规范的规定,行政规划权也是各级政府的重要权力。尤其是在科教兴国战略和创新驱动发展战略实施背景下,科技发展和科技成果转化不仅是科技行业这一单一行业发展的问题,更是关系整个国民经济发展的基础性问题。此种情况下,科技成果转化的推进即应当与其他产业的发展相协调,如此才能最大限度地发挥科技在国民经济发展中的推动作用,真正实现"创新驱动发展"。而行政规划尤其是国民经济和社会发展规划则是实现科技与其他行业协同发展的重要手段,因此也成为《促进科技成果转化法》规定的政府组织实施成果转化的重要职责。因此,该法第 9 条规定,国务院和地方各级人民政府应当将科技成果的转化纳入国民经济和社会发展计划,并组织协调实施有关科技成果的转化。

（三）信息服务

信息在科技发展和成果转化中起到至关重要的作用,政府"应加强对科技成果转化活动中的关键信息的把握,排除信息不对称的障碍"①。一方面,有效的信息供给能够为研究的开展提供坚实的基础。科学研究需要建立在已有的成果的基础之上,前人的成果既为研究的开展提供灵感,又能够为评判现有研究是否具有可行性提供借鉴。另一方面,从社会资源节约的角度出发,只有在掌握充分的信息的基础上,研究的开展方可能避免重复,进而确保科研资源的有效利用。当然,在市场经济条件下,信息不对称是市场自身难以解决的问题。在此背景下,政府即有必要弥补市场缺陷,为市场主体提供充分的信息。据此,《促进科技成果转化法》也规定了政府的信息服务职责,即该法第 11 条规定,国家建立、完善科技报告制度和科技成果信息系统,向社会公布科技项目实施情况以及科技成果和相关知识产权信息,提供科技成果信息查询、筛选等公益服务。

（四）项目扶持

项目扶持也是政府促进科技成果转化的重要形式。相较于资金扶持,项目扶持所体现的政府对市场的干预力度更强,其原因即为项目扶持实际上体现了政府对科技发展的战略布局,在此过程中科研机构的研究方向和

---

① 葛章志、宋伟:《地方政府促进科技成果转化新政策研究》,载《科技管理研究》2015 年第 23 期。

研究计划只有符合政府的科技发展规划方有可能获得扶持,这表明其科研自由权利实际上受到一定限制。当然,对于基础性、共益性的成果转化项目而言,政府的项目扶持不仅不会干扰科技市场的自主运行,相反能够弥补市场缺陷。因此,《促进科技成果转化法》也将项目扶持作为政府促进科技成果转化的重要职责,并规定了政府扶持的项目方向,即该法第12条规定:"对下列科技成果转化项目,国家通过政府采购、研究开发资助、发布产业技术指导目录、示范推广等方式予以支持:(一)能够显著提高产业技术水平、经济效益或者能够形成促进社会经济健康发展的新产业的;(二)能够显著提高国家安全能力和公共安全水平的;(三)能够合理开发和利用资源、节约能源、降低消耗以及防治环境污染、保护生态、提高应对气候变化和防灾减灾能力的;(四)能够改善民生和提高公共健康水平的;(五)能够促进现代农业或者农村经济发展的;(六)能够加快民族地区、边远地区、贫困地区社会经济发展的。"

二、科研机构实施

科研机构是科技成果的生产者,其所生产的科技成果被实施,科学研究的开展才有可能获得收益,从而促使其研究进入良性循环的轨道。尤其是在国家对科研机构进行市场化改革的背景下,科研机构研究开发的技术必须能够拿到市场进行交易,通过交易方有可能获得充足的经费以维持科研机构的运转。因此,科研机构既是科技成果的生产者,其本身也存在强烈的动因实施成果转化。《促进科技成果转化法》则对科研机构的实施设置了相应的制度机制。

(一)转化方式

依《促进科技成果转化法》第16条的规定,科技成果转化的方式有:(1)自行投资实施转化;(2)向他人转让该科技成果;(3)许可他人使用该科技成果;(4)以该科技成果作为合作条件,与他人共同实施转化;(5)以该科技成果作价投资,折算股份或者出资比例;(6)其他协商确定的方式。该条对转化方式的规定,其本质上是对科技成果之转化权利的保障。也就是说，依该条之规定，转化的方式具有多样性，基本囊括了科技成果实施转化的全部方式；同时该条还设置了兜底条款，即科技成果持有人可以以其他协商的方式实施转化，这实际上为成果持有人设置了广泛的转化途径，减少其转化过程中可能受到的限制。另外，该法第 17 条规定，国家鼓励研究开发机构、高等院校采取转让、许可或者作价投资等方式，向企业或者其他组织转移科技成果。这实际上也是对科研机构采取形式多样的转化方式的鼓励。

（二）转化权利

《促进科技成果转化法》对不同科研主体在科技成果转化中的不同权利进行了规范：

其一是确认了国有科研院所和高校的成果转化自主权。依该法第 18 条的规定，国家设立的研究开发机构和高等院校可以自主决定转让、许可或者作价投资，但在转化过程中，应当通过市场化的方式即协议定价、在技术交易市场挂牌交易、拍卖等方式确定价格，尤其是在程序上，通过协议定价的，应当在本单位公示科技成果名称和拟交易价格。此条规定一方面确认了国家设立的研究机构和高校在科技成果转化方面的自主权。也就是说，在《促进科技成果转化法》修改之前，许多地方的法规或规范性文件出于保护国有资产的需要，往往要求科研机构在将作为国有资产的科技成果进行转让、许可或作价投资时，需要获得其主管部门的批准，即科研院所由科技行政管理部门批准，高等院校则由教育部门批准。而《促进科技成果转化法》的此条规定则赋予了国家设立的研究机构和高等院校进行转化的自主权，从而减少了科技成果转化的程序限制。当然，另一方面，此条还规定了国家设立的研究机构和高等院校在科技成果转化过程中受到的限制，包括通过市场化的方式定价、协议定价的需要在单位公示等，这实际是综合平衡成果转化效益、国有资产保护和科研人员权益的结果。

其二是确认了成果完成人和参与人进行转化的权利。成果完成人和参与人是科研成果得以产生的主要推动力，也是成果转化的主要收益者之一，因此，科研成果的完成人和参与人一般具有较为强烈的转化意愿。在此意义上而言,赋予科研成果的完成人和参与人进行转化的权利有利于促进科技成果的转化。因此,《促进科技成果转化法》第 19 条即规定,国家设立的研究开发机构、高等院校所取得的职务科技成果,完成人和参与人在不变更职务科技成果权属的前提下,可以根据与本单位的协议进行该项科技成果的转化,并享有协议规定的权益。依此条的规定,科技成果的完成人和参与人行使转化权利受到两方面的限制,一是不变更职务科技成果权属,这也是防止国有资产流失的必要举措;二是其与单位存在转化协议。也就是说,科技成果完成人和参与人的转化权利应来源于协议的规定而非法律的规定,《促进科技成果转化法》的作用仅在于确认其基于协议所取得的权利,而非赋予新的权利。

（三）绩效考核评价体系

依《促进科技成果转化法》第 20 条的规定,研究开发机构、高等院校的主管部门以及财政、科学技术等相关行政部门应当建立有利于促进科技成果转化的绩效考核评价体系,将科技成果转化情况作为对相关单位及人员评价、科研资金支持的重要内容和依据之一,并对科技成果转化绩效突出的相关单位及人员加大科研资金支持。将成果转化纳入绩效考核评价体系中有两方面的作用,其一是监督作用,即通过绩效考核实现对科研机构和科研人员工作的评估,从而倒逼其重视科技成果转化工作;其二是激励作用,绩效考核同时也是一种激励机制,其往往与薪酬制度相联系,能够激励科研机构和人员依考核标准的要求完成成果转化任务,最终促进科技成果的快速转化。

（四）科技成果转化报告

依《促进科技成果转化法》第 21 条的规定,国家设立的研究开发机构、高等院校应当向其主管部门提交科技成果转化情况年度报告,说明本单位依法取得的科技成果数量、实施转化情况以及相关收入分配情况,该主管部门应当按照规定将科技成果转化情况年度报告报送财政、科学技术等相关行政部门。该条设置的科技成果转化报告义务实际上也具有两方面的作用:一方面,科技成果转化报告制度具有监督功能,即通过该制度的实施,主管部门能够及时掌握科研机构和高等院校在科技成果转化方面的工作情况,进而适时在经费、项目等方面进行调整,促使科研机构和高等院校加快成果转化工作;另一方面,科技成果转化报告制度的实施有利于主管部门收集科技成果转化的相关信息,从而为其科学决策提供事实基础。

三、企业转化

企业是科技市场的主要参与者,在以需求为导向的科技市场体系当中,企业对技术的需求即决定了技术成果的生产和转化。因此,从这个角度而言,企业在科技成果转化过程中起到至关重要的作用,《促进科技成果转化法》对科技成果转化实施机制的设计自然离不开对企业活动的调整、激励和规范。当然,在市场经济条件下,立法不宜对企业活动进行过多的干预和限制,这是市场经济的要求,也是市场需求导向之目标的必然选择。因此,《促进科技成果转化法》主要从权利保障的角度促进企业参与到科技成果转化过程中。

(一) 转化权利

《促进科技成果转化法》明确了企业在科技成果转化方面广泛的权利,主要包括以下方面:

其一是自主寻求科技成果的权利。企业在生产经营过程中,有可能需要对其生产设备或者生产工艺进行升级换代,此时即需要应用新科技成果。在市场经济条件下,作为市场主体的企业当然需要自行寻找需要应用的科技成果,因此,《促进科技成果转化法》第 22 条明确规定了企业的此项权利,即企业可以自行发布信息或者委托科技中介服务机构征集其所需的科技成果,或者征寻科技成果转化的合作者。

其二是自主实施成果转化的权利。自主实施成果转化是企业经营自主权的范畴,即从企业的经营自主权出发,企业可以自主决定实施何种经营行为和如何实施该行为。此种权利投射到科技成果转化领域,企业即享有自主决定实施成果转化或者决定与其他主体合作实施转化的权利。此项权利在《促进科技成果转化法》中也得到了确认,即该法第 23 条第 1 款规定,企业依法有权独立或者与境内外企业、事业单位和其他合作者联合实施科技成果转化。

其三是获得政府帮助的权利。科研权利既属于自由权,又属于社会权,其含有积极权利的面向。相对应的,政府负有实施特定的给付行为的义务。此项义务体现于《促进科技成果转化法》第22条第2款中,即县级以上地方各级人民政府科学技术行政部门和其他有关部门应当根据职责分工,为企业获取所需的科技成果提供帮助和支持。

其四是参与政府项目的权利。如上所述,项目扶持是政府促进科技成果转化的重要方式之一。除了对企业或科技机构自主选定的项目进行扶持之外,政府还可以通过设定成果转化项目的方式促进科技成果的应用。对于政府设置的成果转化项目,《促进科技成果转化法》则赋予了企业参与实施的权利,即《促进科技成果转化法》第23条第2款规定,企业可以通过公平竞争,独立或者与其他单位联合承担政府组织实施的科技研究开发和科技成果转化项目。

(二) 产学研合作

产学研合作也是促进科技成果转化的重要途径,当前我国科技成果转化存在的主要问题之一即是高校科研机构的产业化程度较低,这是影响成果转化的主要障碍,解决这一障碍的关键在于强化产学研合作。[①]《促进科技成果转化法》即通过产学研合作渠道的设置促进企业参与成果转化活动,主要包括以下内容:

其一是鼓励企业、研究开发机构、高等院校合作实施成果转化项目,即对于利用财政资金设立的具有市场应用前景的项目,科技行政管理部门负有鼓励企业、科研机构和高校进行合作的职责。

其二是鼓励企业、研究开发机构、高等院校建立科技成果转化平台,主要包括研究开发平台、技术转移机构或者技术创新联盟等,并通过这些平台实施成果开发和转化。

[①]　参见张竞水:《促进产学研有效合作加快科技成果转化》,载《黑河学刊》2015年第12期。

其三是鼓励企业、研究开发机构、高等院校进行人员交流,即该法第 27 条规定,国家鼓励研究开发机构、高等院校与企业及其他组织开展科技人员交流,根据专业特点、行业领域技术发展需要,聘请企业及其他组织的科技人员兼职从事教学和科研工作,支持本单位的科技人员到企业及其他组织从事科技成果转化活动;第 28 条规定,国家支持企业与研究开发机构、高等院校、职业院校及培训机构联合建立学生实习实践培训基地和研究生科研实践工作机构,共同培养专业技术人才和高技能人才。

四、转化媒介作用

科技成果的转化媒介在科技成果转化过程中也起到至关重要的作用。特别是在科技成果的产生和应用环节相分离的情况下,转化媒介通过将生产科技成果的科研机构与应用科技成果的企业联系起来,最终促进成果的顺利转化。因此,加大对转化媒介的培养力度也是国家促进科技成果转化的重要措施。《促进科技成果转化法》主要通过对中介服务机构和公共研究开发平台等转化媒介的扶持以促进成果转化。

(一) 中介服务机构

中介服务机构即是为科研成果转化提供各种服务的组织机构,其是科研机构与政府、企业之间的纽带,"科技中介组织对密切政府、创新主体与市场之间的知识创新与技术转移发挥了重要的推动作用,是加快科研创新与科研成果转化、市场化和产业化的重要力量,也是提高企业产品科技含量,缩小与发达国家差距,促进科技进步的重要力量"[①]。科研机构研究开发出来科技成果,通过中介组织提供的分析、评估、经纪等专业化服务才能够较好地进行定价并实施转化。基于中介服务的重要性,《促进科技成果转化法》规定了中介服务机构提供服务时的行为准则,即科技中介服务机构应当遵循公正、客观的原则,不得提供虚假的信息和证明,对其在服务过程中知悉的国家秘密和当事人的商业秘密负有保密义务。

---

① 李健:《成果转化中创新主体的法律保障体系构建——以科技中介组织为例》,载《中国高校科技》2017 年第 Z1 期。

（二）公共研究开发平台

公共研究开发平台的作用在于集中对拟转化的成果进行试验、开发等。一般而言，科技成果离"生产力"还有较大距离，实验室状态下生成的科技成果要进入到工厂成为可以应用的成果，还需要经历严格的试验和测试。科研机构和企业并非成果转化实验和测试的专门机构，前者擅长技术开发，后者主要运用技术成果投入生产。因此，在很多情况下，成果转化过程中的测试则需要由专业机构负责。公共研究开发平台即是这样的组织，《促进科技成果转化法》也规定了对公共研究开发平台的扶持，即该法第31条规定，国家支持根据产业和区域发展需要建设公共研究开发平台，为科技成果转化提供技术集成、共性技术研究开发、中间试验和工业性试验、科技成果系统化和工程化开发、技术推广与示范等服务。

第三节　科技成果转化中的权益保障

权利义务的设置是法律调整社会生活的主要方式，通过对权利义务的规定，人们在社会生活当中即具有了明确的行为指引。当然，对《促进科技成果转化法》而言，其对特定目的的追求同样需要通过权利义务的设置来实现。尤其是在科技成果转化过程中，一项技术的成功转化往往可能带来巨额收益，这是科研机构和人员从事研究和企业应用技术的内在动因。据此，只有对科技成果转化当中的权利和义务进行合理分配，科研机构、科研人员和企业的积极性方有可能被调动起来。实际上，从美国的立法经验来看，不管是《拜杜法》还是《斯蒂文森—威德勒创新法案》及其后续修订，美国政府也都是通过强化对发明人权利的保护以鼓励创新和科技成果商业化，从而实现权利资源的有效配置。[①] 在我国，科技成果转化中的权益保障主要通过明确权益归属、设置技术秘密保护义务和明确科研人员收益等方式实现。

---

① 参见蒙启红、李恩临：《取予之间：美国对政府资助研发合同的法律规制》，载《齐齐哈尔大学学报（哲学社会科学版）》2016年第11期。

一、技术权益归属

科技成果转化中的技术权益归属是指在科技成果转化过程中产生的成果专利申请权、成果使用权和转化权、实施成果后的收益权、为实施成果创办高技术企业的产权等的归属。① 由于科技成果的转化工作一般涉及科研机构与企业之间的关系,转化过程中产生的新技术权益的归属是《促进科技成果转化法》需要予以解决的问题,否则科研机构与企业之间的合作即可能被破坏,最终不利于成果转化工作的开展。对于科技成果转化中的技术权益归属,《促进科技成果转化法》确立了两项原则:

其一是合同优先原则。《促进科技成果转化法》第 40 条规定,科技成果完成单位与其他单位合作进行科技成果转化的,应当依法由合同约定该科技成果有关权益的归属。《促进科技成果转化法》之所以就技术权益归属确立了合同优先原则,其缘由即在于,在市场经济条件下,不管是科研机构转化其成果,还是企业购买、转化和应用技术成果,这都是市场主体依其意志进行的经济活动,这些活动处于企业经营自主权的保护范围内,属于私法自治的范畴。基于私法自治的原则,国家立法对成果转化过程中的技术权益归属所进行的规定即应当不优于当事人之间的意思表示,这即是合同优先原则得以确立的缘由。当然,在国有科研院所和高校进行科技转化过程中,技术权益归属还有可能涉及国有资产流失的问题,即国有科研院所和高校的成果转化负责人有可能出于谋取私利的目的在合同中放弃技术权益,这即造成国有资产的流失。因此,国有科研院所在技术权益分配方面受到一定限制。这并非否认私法自治和合同优先原则。实际上,国有科研院所和高校在科技成果转化过程中受到一定的程序限制才能够最大限度地防止国有资产流失情况的发生。

其二是无合同规定时依法律规定进行处理原则。私法自治是私法范畴中的最高原则,此项原则适用于科技成果转化过程中的技术权益归属问题,即要求技术权益依当事人之间的合同进行分配。当然,在现实中,很多

① 参见孙玉荣、张蕾主编:《科技法学》,北京工业大学出版社 2006 年版,第 69 页。

科研机构和企业出于各种原因,其技术转化合同可能未详细规定技术权益的归属。此时,法律即应当发挥定分止争的功能,规定合同未约定时技术权益的归属,否则科研机构与企业之间容易在此问题上发生纠纷。《促进科技成果转化法》第 40 条对技术权益进行了如下规定:(1)在合作转化中无新的发明创造的,该科技成果的权益,归该科技成果完成单位。没有新发明创造产生,那么该合作转化的过程就仅仅是将原有的技术应用到生产中的过程,亦即是一个纯粹的"转化"过程,而由于原有的技术由科研机构生产,则技术权益当然由其享有。当然,尽管技术权益由科技成果完成单位享有,出于公平的需要,合作机构在此过程中的支出也应当得到补偿。(2)在合作转化中产生新的发明创造的,该新发明创造的权益归合作各方共有。在合作转化过程中有新的发明创造产生的,该发明创造从性质上而言即属于合作成果。依专利法等法律规范的规定,在无合同约定时,合作成果由参与合同的各方共同享有。因此,《促进科技成果转化法》规定新产生的发明创造由参与合同的各方共同享有与专利法等法律规范的规定保持一致。(3)对合作转化中产生的科技成果,各方都有实施该项科技成果的权利,转让该科技成果应经合作各方同意。共有成果的使用权由共有人享有,而其转让权则由共有人共同行使,这也是关于合作成果处理的一般性规则。

二、技术秘密保密义务

技术秘密保护制度是保障科技成果转化合同得以顺利进行的前提,因此是科技法保障科技成果转化的重要法律机制。[①] 只有有充分的技术秘密保护制度进行保护,成果所有人方可能放心地实施科技成果转化,否则科技成果所有人的发明创造将有可能因泄密而失去技术价值。据此,《促进科技成果转化法》设置了较为严密的技术秘密保密义务体系。

---

① 参见郭宇燕:《促进科技成果转化的法律保障机制——以法律经济分析为视角》,载《山西农业大学学报(社会科学版)》2016 年第 5 期。

(一) 转化合作者的保密义务

《促进科技成果转化法》规定了转化合作者的保密义务,即该法第 41 条规定,科技成果完成单位与其他单位合作进行科技成果转化的,合作各方应当就保守技术秘密达成协议;当事人不得违反协议或者违反权利人有关保守技术秘密的要求,披露、允许他人使用该技术。从此条规定中可见,技术秘密的保密义务是一种合同义务,《促进科技成果转化法》仅要求科技成果完成单位与其他单位合作进行科技成果转化时签订保密协议且各方当事人需要遵守保密协议的规定。技术秘密的保密义务之所以需要由保密协议约定而非由法律直接规定,其缘由即在于,市场经济条件下技术秘密本身是作为商业秘密而存在的,依《反不正当竞争法》的规定,商业秘密只有在权利人采取了保密措施的情况下方被认定为法律意义上的"商业秘密"并得到法律的保护。而签订保密协议即是保密措施的一种。因此,在科技成果完成单位与其他单位合作进行科技成果转化时,科技成果的完成单位不要求签订保密协议的,则视为其对拟转化的技术未采取保密措施,该技术因此也可能不被认定为商业秘密而得到保护。在此意义上而言,科技成果转化过程中的保密义务需要依合同而产生。当然,作为事前防范举措,《促进科技成果转化法》也要求市场主体建立完备的技术秘密保护制度,即该法第 42 条规定,企业、事业单位应当建立健全技术秘密保护制度,保护本单位的技术秘密。

(二) 中介组织的保密义务

在科技成果转化过程中,中介组织也负有保密义务。在科技成果转化过程中,中介组织起到桥梁性的作用,是科学技术供给方和应用方联系起来的纽带,主要提供信息、咨询、法律、评估等方面的服务。中介组织在提供服务过程中,有可能需要接触到科技成果中的核心技术秘密,这也是提供价值评估、侵权可能性评估等方面的服务的前提。据此,中介组织承担保密义务即具有一定的现实必要性。《促进科技成果转化法》也明确规定了此种义务,即该法第 30 条第 2 款规定,科技中介服务机构提供服务,应当遵循公正、客观的原则,不得提供虚假的信息和证明,对其在服务过程中知悉的国家秘密和当事人的商业秘密负有保密义务。需要注意的是,与科技成果转化合作者的保密义务不同,中介组织的保密义务是一种法定义务,此种义务由法律直接规定而非由当事人的合同进行约定。因此,不管科研机构或企业与中介组织之间的合同是否设定了中介组织的保密义务,中介组织都负有此项义务。

(三)职工的保密义务

职工的保密义务基于劳动法的规定产生。劳动法明确规定,职工基于劳动关系的存在而接触到用人单位的技术秘密与经营秘密的,不得自行予以泄漏或出售。职工的保密义务是一种法定义务,其非基于劳动合同产生,而是基于法律的规定而产生。《促进科技成果转化法》将此种义务具体化。在科技成果转化过程中,职工的保密义务包括以下几方面内容:其一,职工应当遵守本单位的技术秘密保护制度。《促进科技成果转化法》第42条规定了企业和事业单位建立完善技术秘密保护制度的义务,在此基础上,该条还进一步明确职工应遵守本单位的技术秘密保护制度的义务。其二,职工不得将职务科技成果擅自转让或者变相转让。将职务科技成果擅自转让的行为既是侵犯成果转让权的行为,此种行为的实施也会造成技术秘密的泄漏,同时构成对技术秘密权的侵犯。因此,《促进科技成果转化法》规定了职工在此方面的不作为义务。其三,竞业限制的义务。竞业限制义务同时是劳动法规定的一种义务形态。当然,劳动法仅设置了此种义务形态,职工的竞业限制义务并非产生于法律的规定,而是产生于合同的约定,其是一种约定义务。《促进科技成果转化法》则对此种义务进行了具体化,即《促进科技成果转化法》第42条第2款还进一步规定,企业、事业单位可以与参加科技成果转化的有关人员签订在职期间或者离职、离休、退休后一定期限内保守本单位技术秘密的协议;有关人员不得违反协议约定,泄露本单位的技术秘密和从事与原单位相同的科技成果转化活动。竞业限制义务的设置一方面有利于保护科研单位的技术成果,另一方面实际上也有利于促进科技人才在高校、科研机构和企业之间的流动。

三、科研人员收益

科研人员在科技成果的研发和转化过程中,其付出的不仅有劳动,还有其在科学研究方面的才智。因此,科研人员的收益不仅限于劳动收入,在科技成果转化获得收益的情况下,其还应当能从中获得收益。实际上,保障科研人员在科技成果转化过程中的收益也是促进科研人员积极参与科技成果转化的有效办法,因此《促进科技成果转化法》也规定了科研人员的收益。

（一）职务科技成果转化中科研人员收益的一般规定

《促进科技成果转化法》第 44 条和第 45 条规定了职务科技成果转化中科技人员收益分配的一般规则。具体包括以下规则:

其一,科技成果完成单位应当对完成转化科技成果的科研人员或其他辅助人员进行奖励,这是科技成果转化中科研人员享有收益的一般性规则。

其二,科技成果完成单位对相关人员进行奖励的方式和数额等适用合同优先原则,由科技成果完成单位与相关人员进行约定。《促进科技成果转化法》确立的合同优先原则实际也是私法自治原则的具体化。也就是说,科技成果完成单位是否对科研人员和其他人员进行奖励以及在何种限度内进行奖励,这实际上属于企业经营自主权的范畴。作为一种私法关系,科技成果完成单位是否实施奖励和如何实施奖励应由当事人双方进行约定,而不宜由法律直接进行规定。

其三,科技成果完成单位与相关人员之间无约定的,则适用法律规定。《促进科技成果转化法》规定了科技成果完成单位的最低奖励限度,即不管是在直接折价转让、作价投资抑或是合作实施中,完成、转化职务科技成果作出重要贡献的人员的收益比例都不低于 50%。需要说明的是,1996 年制定的《促进科技成果转化法》规定的折价转让中相关人员的收益比例为不低于转化成果所得的净收入的 20%;合作实施中相关人员的收益比例为5%,作价投资中相关人员的收益比例则无明确规定。从这个角度而言,

2015 年修改的《促进科技成果转化法》加大了对相关人员进行奖励的力量，其目的在于调动相关人员实施成果转化的积极性。

（二）国有科研机构职务科技成果转化中科研人员的收益

《促进科技成果转化法》对职务科技成果转化中科研人员收益的规定，首先确立了应当给予奖励的原则，在此原则下将奖励的方式和数额等交由合同进行规定，无合同规定的方在法律中规定了最低比例。而就国有科研机构包括国家设立的研究开发机构、高等院校等，其对科研人员进行奖励的比例则另有规定，即《促进科技成果转化法》第 45 条第 2 款规定，国家设立的研究开发机构、高等院校规定或者与科技人员约定奖励和报酬的方式和数额应符合该条第 1 款第 1 项至第 3 项规定的标准，即不管是在直接折价转让、作价投资抑或是合作实施中，完成、转化职务科技成果作出重要贡献的人员的收益比例都不低于 50%。《促进科技成果转化法》之所以作此规定，其目的在于解决国有科研机构之科技成果冗沉的问题；另外，相较于私营企业而言，国有科研机构和高校在所有权关系上隶属于国家，国家立法当然可以对其内部的人员奖励问题进行更为详细的规定，以确保其符合科技成果转化的目的。

第四节　科技成果转化的容错机制

"十三五"规划将创新发展作为引领未来五年经济社会发展的理念，提出要将发展基点放在创新上，以科技创新为核心，以人才发展为支撑，塑造更多依靠创新驱动、更多发挥先发优势的引领型发展。可以预见，创新驱动发展战略实施将是未来几年我国政府推进社会经济发展的重要路径。科技成果转化是创新驱动发展的必经环节，"实现创新驱动发展的重要指标是科技成果转化率"①。然而，科研事业单位②的成果转化一直存在机制不畅通的问题③，其中即包括科研主体缺乏转化自主权、转化收益得不到保障等问题④。实际上，这些问题在新《促进科技成果转化法》颁行之后已基本得到解决，新《促进科技成果转化法》既解除了成果转化在程序和形式上的限制，又提高了科研主体获得收益的比例。当然，在权利保障层面的问题得到解决之后，责任问题似乎还没有解决。科研事业单位的科技成果及负责成果转化的人员具有特殊性，负责人处理作为国有资产的科技成果造成损失的，可能需要承担行政处分责任，这就造成了负责人不敢实施转化的后果。针对此问题，《国家创新驱动战略纲要》提出，重视科研试错探索价值，建立鼓励创新、宽容失败的容错纠错机制；教育部和科技部于 2016 年 8 月 17 日公布实施的《关于加强高等学校科技成果转移转化工作的若干意见》（以下简称《若干意见》）特别提到高校领导在科技成果转化定价决策过程中的免责问题；2016 年 7 月 28 日通过的《湖北省自主创新促进条例》也有类似规定，这即是科技成果转化的容错机制。当然，对成果转化负责人的责任追究并不体现在科技法中，而是体现在行政法中，行政管理规范设置的责任追究机制实际上形成对科研事业单位之科技成果转化工作的阻碍，也与科技法规范中的容错机制产生冲突。不管是《若干意见》还是湖北省的地方立法都未能扫清这些阻碍，且其所设置的容错机制在免责主体、范围等方面都有所局限或规定不明。科技成果转化容错机制的建构需要在行政管理规范清除责任限制的基础上，在科技法规范中明确规定免责的事由和范围，并设定其运行规则。

---

① 张武军、徐宁：《新常态下科技成果转化政策支撑与法律保障研究》，载《科技进步与对策》2016 年第 3 期。

② 需要明确的是，本书将讨论限定于科研事业单位的科技成果转化。至于私营企业和科研机构的科技成果转化，由于负责实施转化的人员不受行政处分责任追究机制的约束，是否"免责"也属于企业自主经营权的范围，应由合同法予以调整，故不在本书的研究范围。

③ 参见张胜、郭英远：《破解国有科研事业单位科技成果转化体制机制障碍》，载《中国科技论坛》2014 年第 8 期。

④ 参见杨武松、赵业新：《科技成果转化中国有无形资产管理的制度障碍与对策》，载《中国科技论坛》2015 年第 12 期。

一、责任追究机制对科技成果转化的限制

《促进科技成果转化法》等法律规范主要通过职责、权利和责任这三方面机制影响科技成果转化活动。具体而言,作为社会规范,法律与道德之区别在于,法律所调整的是社会主体的外在行为而非其内在的心理动机,"我的行为就是我同法律打交道的唯一领域"①。而法对社会主体之行为的调整则需要借助外在的制度机制,这些制度机制既能够对社会主体的行为进行评价,也能够引导社会主体实施或者抑制其不实施特定的行为。此种引导或者抑制落实到法律规范条文中,即转化为职责、权利和责任,科技法尤其是《促进科技成果转化法》亦从以上几个方面建构科技成果转化的促进机制:其一,就职责机制而言,职责机制的作用在于规范政府在促进科技成果转化方面的职责,力图通过职责的行使打造科技成果转化的良好环境。其二,就权利机制而言,权利机制的作用既在于为科研主体实施科技成果转化活动提供充足的自由,也通过保障科技成果转化之后的收益权利形成内部激励,从而刺激科研主体积极实施成果转化。其三,就责任机制而言,责任机制既是制约机制也是促进机制。就其促进作用而言,责任的设置使得不履行转化义务的科研主体需要承担一定的不利后果,如《武汉市促进科技成果转化条例》第 22 条规定,应用性研究项目完成后一年内未组织实施转化的,暂停政府资助,这种不利后果的存在反过来可能推动科研主体积极履行其义务。就其制约作用而言,责任的设置则可有效制约科技成果转化过程中的弄虚作假、非法获利等行为。

在上述三方面机制中,新修改的《促进科技成果转化法》在职责和权利方面建构了较为完善的制度机制。其一,就职责而言,新《促进科技成果转化法》细化了政府促进科技成果转化之职责的设置。例如,新《促进科技成果转化法》第 4 条规定了国家在科技成果转化方面的财政资金投入;第 5 条规定各级政府在加强财政、投资、税收等方面的政策协同;第 11 条规定各级政府对重点科技成果转化项目的组织实施。以上这些规定明确了政

---

① 《马克思恩格斯全集》第 1 卷,人民出版社 1956 年版,第 16 页。

府在促进科技成果转化方面的职责,这些职责遍及科技成果转化的整个流程。此外,该法甚至还为政府设置了人才、税收、金融等方面的扶持措施,能够为科技成果的转化提供良好的外部环境。其二,就权利而言,新《促进科技成果转化法》建构了体系化的科研权利,具体包括:(1) 转化自主权。依《促进科技成果转化法》第 24 条的规定,对利用财政资金设立的具有市场应用前景、产业目标明确的科技项目,政府有关部门、管理机构应当发挥企业在研究开发方向选择、项目实施和成果应用中的主导作用。此条规定实际上是对科研主体自主转化科技成果权利所进行的确认,"促进成果转化法第 24 条的规定突出企业的'主导作用'即表明了企业的市场主体地位及与该地位相匹配的选择权,这即是对科研自由的宣示"[①]。该法第 18 条更是直接规定了科研主体在成果转让、许可等方面的自主权利,这取消了事实上存在的科技成果转化审批权,解除了成果转化的程序束缚。(2) 转化收益权。新《促进科技成果转化法》强化了对科研主体转化收益的保障。该法第 43 条规定,国家设立的研究开发机构、高等院校转化科技成果所获得的收入全部留归本单位;第 44 条则规定,职务科技成果转化后,由科技成果完成单位对完成、转化该项科技成果作出重要贡献的人员给予奖励和报酬;第 45 条更是将科研人员的收益从原有的 20% 提高到了 50%。这些条款对科研机构和科研人员之科研成果转化收益的保障将能够极大程度地刺激科研主体实施成果转化。

在《促进科技成果转化法》通过转化自主权的设置解除了科技成果转化的审批程序限制、强化转化收益权以刺激成果转化并通过政府职责的设置为科技成果转化打造了良好的外部环境的情况下,科技成果转化法律机制的运行为何还不通畅、成果转化率有待提升? 其缘由即在于,《促进科技成果转化法》在解决了职责和权利问题之后,尚没有意识到责任机制对成果转化的抑制作用,这使得责任追究成了阻碍科技成果转化的最后堡垒:一方面,科研事业单位实行科技成果转化受到严格的责任限制。这种限制

[①]　周海源:《从政府职责到科研权利:科技法虚置化的成因与出路》,载《华中科技大学学报(社会科学版)》2016 年第 6 期。

并非来自于科技法,而是来自于其他法律规范。具体而言,依专利法等法律规范的规定,科研事业单位所取得的科技成果一般为职务成果,职务成果即属于国有资产。《科学技术进步法》第 20 条将政府财政性资金形成的科技成果授权项目承担单位所有,[①]这也未改变科技成果之国有资产的性质。对这些国有资产的处理受到国有资产管理方面的法律规范的限制,需要承担这些法律规范设置的责任。在行政法层面,就科研事业单位成果转化负责人而言,这些人员一般被纳入事业单位工作人员的管理范围内,事业单位工作人员管理规范上的责任追究机制即可适用于这些人员实施科技成果转化的行为。另一方面,科技成果转化法律机制中缺乏责任免除机制。《促进科技成果转化法》的第三章和第四章设置了诸多保障措施和成果收益分配规则,与此同时,该法第五章还规定了科技主体在成果转化过程中的各类责任,但这些章节皆没有规定对成果转化失败之责任的减免。实际上,《科学技术进步法》存在此类容错机制,即《科学技术进步法》第 56条规定,原始记录能够证明承担探索性强、风险高的科学技术研究开发项目的科学技术人员已经履行了勤勉尽责义务仍不能完成该项目的,给予宽容。但该条规定将责任减免限定于"科学技术研究开发项目",而不包括科学技术成果转化项目,换言之,《科学技术进步法》中的容错机制不能适用于成果转化过程。

　　基于上述情况的存在,在政府职责与科研主体的权利得到立法明确规定的情况下,责任追究即成为阻碍科技成果转化的最后堡垒。科技成果转化是与市场规律和科技发展规律都有关联的活动,市场变动或科研自身的因素都可能造成成果转化项目的失败。换言之,成果转化失败的风险实际上并不亚于科技研发可能存在的失败风险。从法律机制的整体构造来看,纵使《促进科技成果转化法》保障了科研主体实施成果转化的自主权和收益权,并通过政府职责的设置为成果转化提供良好的外部环境,但由于成果转化失败的风险较高,而事业单位国有资产监管层面的责任机制又较

---

　　①　参见张胜、郭英远:《简政放权:健全国有科研事业单位科技成果转化的市场导向机制》,载《科学管理研究》2014 年第 5 期。

严,这种责任机制将严重限制科研主体在成果转化方面的积极性和探索精神,也可能使《促进科技成果转化法》通过职责和权利设置的成果转化激励机制失去作用,最终造成成果转化率不高的问题。例如,在"湖北健康(集团)股份有限公司与武汉大学化学化工研究所联营合同纠纷抗诉案"[①]中,一审、二审和再审法院皆认定被告武汉大学化学化工研究所提供的技术工艺不成熟,设备设计存在重大缺陷,缺乏履行合同的能力,因此造成的损失应当由被告承担主要责任,最终判处被告向原告湖北健康(集团)股份有限公司赔偿经济损失 249 万元。在该案中,被告因技术不成熟而缺乏履行合同的能力,法院据此判处被告赔偿因此造成的原告的损失,这是符合合同法的规定的,也有利于维护原告的合法权益。然而,如被告在赔偿损失之后,据此要求负责该项成果转化的工作人员对该赔偿承担责任,或者追究其成果转化失败的责任,这即有可能造成科研人员不敢实施成果转化。换言之,在较高的成果转化风险和严格的责任追究机制面前,科研主体只有在有容错机制保护的情况下方有可能大胆实施成果转化,而《促进科技成果转化法》也才能将其职责、权利和责任机制连成整体,最终形成职责设置、权利赋予和责任免除三方面要素联动的体系化的成果转化激励机制,这即凸显了建构科技成果转化容错机制的必要性。

二、建构科技成果转化容错机制需要清除的法律障碍

如上所述,责任追究机制构成阻碍科技成果转化的最后堡垒。当然,这一堡垒并不体现在《促进科技成果转化法》等科技法规范当中,而是体现在行政法规范中。具体而言,科研事业单位的工作人员为行政法意义上的事业单位工作人员,同时也是刑法意义上的"国家工作人员",其科技成果也属于国有资产,实施成果转化的人员和行为受到《事业单位国有资产管理暂行办法》《事业单位工作人员处分暂行规定》和刑法的约束,其责任也规定在这些法律规范中。

---

①　参见湖北省高级人民法院(2000)鄂高法监一经再字第 14 号民事判决书。

依《事业单位国有资产管理暂行办法》第 54 条的规定,违反该办法有关事业单位国有资产管理规定的其他行为,依据国家有关法律、法规及规章制度进行处理。因此,据该条规定,只有违反该办法规定的,方需要承担责任。在科研事业单位中,科技成果转化的行为即属于《事业单位国有资产管理暂行办法》规定的资产处置行为,该办法也规定了资产处置需要遵循的规则:其一是在处置程序上,科技成果在转化前需要依该办法第 38 条的规定进行评估:科技成果的价值较大时,需要经主管部门审核后报同级财政部门审批;价值较小时,则由其主管部门审批并报财政部门备案。其二是在处置方式上,价值较大的成果需要以出售、出让、转让等市场化的方式进行。当然,在新《促进科技成果转化法》制定之后,科技成果转化的审批程序被取消,且在转化方式上科研主体可以灵活运用协议定价等方式。由于《促进科技成果转化法》具有优于《事业单位国有资产管理暂行办法》的效力,科研主体依《促进科技成果转化法》的规定进行转化而造成“违反”《事业单位国有资产管理暂行办法》的规定的,也不应当适用该办法第 54 条的规定追究科研主体的责任。从这个角度而言,《促进科技成果转化法》扩大了科研主体在科技成果转化程序和方式方面的权利,这在一定程度上“架空”了《事业单位国有资产管理暂行办法》中的责任追究机制,使之不再产生阻碍科技成果转化的作用。

当然,难点并不在于此,而在于《事业单位工作人员处分暂行规定》中规定的国有资产流失责任。依该暂行规定第 19 条第 4 项的规定,造成国有资产流失的,给予警告、记过、降低岗位等级、撤职、开除等形式的处分。从此条规定的字义来看,其中的国有资产流失责任是一种结果取向的责任形式,即只要成果转化负责人的转化行为造成了国有资产流失这一后果,则不管其行为是否违反国有资产监督管理等方面的规定,都一律需要承担法律责任。换言之,纵使负责人严格依照《促进科技成果转化法》和《事业单位国有资产管理暂行办法》的规定进行成果转化,其也有可能产生国有资产流失的后果并承担责任,可能的情形有四种:其一,以上文所述的“湖北健康(集团)股份有限公司与武汉大学化学化工研究所联营合同纠纷抗诉案"为例,该案中科技成果因不够成熟而转化失败,这当然造成该项成果的价值下降,甚至使该成果的价值归零,这即造成了国有资产的贬损。其二,在该案中,因成果转化失败,被告武汉大学化学化工研究所需要赔偿原告损失249万元,这即造成了该研究所的损失,可能被认定为国有资产流失。其三,在一项科技成果经协议定价并被转化之后,由于市场因素等外部因素的变动,该项成果的市场价值有可能大幅上涨,远远超出其协议定价。这种情况下,对该项成果转化项目进行事后评估时,即有可能认定成果被折价出售,这也是国有资产流失的一种方式。其四,科技成果在进行估价之后,其市场价值实际上有可能远低于估价,此时,科研主体以市场价值进行交易和转化的,当然也可能被认定为造成国有资产的贬值和流失。

总而言之,国有资产流失的概念过于宽泛,基于科技成果转化的特殊性,该过程可能造成国有资产流失的情形较多。此种情况下,以"国有资产流失"为追究成果转化负责人责任的要件,而不考虑负责人是否遵循相关法律规范的规定进行转化,这将可能极大地提高科技成果转化过程中的法律风险,导致负责人不敢实施转化,进而阻碍成果的有效转化。据此,《事业单位工作人员处分暂行规定》中规定的国有资产流失责任应当予以修改。尤其是在科技法规范尝试设立容错机制的情况下,这些规定设置的阻碍科技成果转化的责任机制需要在科技法规范全面确立科技成果转化容错机制之前予以调整,否则将造成科技法规范与其他法律规范的冲突。具体的调整方式有二:

其一是修改国有资产流失责任的构成要件。刑法中也规定有国有资产流失方面的犯罪行为,依《刑法》第168条的规定,国有公司、企业的工作人员,由于严重不负责任或者滥用职权,造成国有公司、企业破产或者严重损失,致使国家利益遭受重大损失的,即需要承担相应的刑事责任。此条规定的责任构成要件是"行为加结果",即国有公司、企业的工作人员一方面应当实施了严重不负责任或滥用职权的行为,另一方面该行为也造成国有公司、企业严重损失的后果,只有具备这两方面的要件,方可能认定行为人构成国有公司、企业、事业单位人员失职罪或滥用职权罪。《刑法》第168

条从行为和结果两方面设置责任追究的要件,其既能够有效扼制成果转化
过程中不负责的行为,又能够为已履行勤勉尽职义务仍未避免损失的行为
人提供一定的免责空间,符合科技成果转化的需要。因此,《事业单位工作
人员处分暂行规定》中规定的行政处分也应当对接于《刑法》中规定的国有
公司、企业、事业单位人员失职罪,将"行为违法"和"造成损失"规定为追究
责任必备的要件。即该暂行规定不应以"国有资产流失"为责任追究的唯
一要件,而应当在"国有资产流失"这一结果上加上对行为违法性的要求,
处置国有资产的行为既违反《促进科技成果转化法》和《事业单位国有资
管理暂行办法》等法律规范的规定,又造成了国有资产流失的结果时,方追
究其责任。

其二是限定适用范围。如果说考虑到事业单位国有资产管理的特殊
性,对于造成国有资产流失的行为,不论行为违法与否都应一律追究的话,
那此种责任追究也应限于一般情形下的国有资产管理和处置行为。考虑
到上文所述的科技成果转化的特殊性,此种责任追究应为科技成果转化
"网开一面",具体方法即为在《事业单位工作人员处分暂行规定》中限定国
有资产流失责任的适用范围。亦即该暂行规定应在第 19 条第 4 项中增加
规定:"法律另有规定的除外"。通过这一适用除外制度的设置,在有科技
成果转化造成国有资产流失时,则可不予适用该暂行规定的规定,而适用
《促进科技成果转化法》和《事业单位国有资产管理暂行办法》等法律规范
的免责规定。只有这样,才能排除《事业单位工作人员处分暂行规定》通过
责任设置所造成的容错机制建构阻碍,在有科技法规范规定容错机制时,
即不会造成该暂行规定的责任追究机制与科技法中的容错机制的冲突。

三、科技成果转化容错机制的法律框架

在破除阻碍科技成果转化的责任机制之后,《促进科技成果转化法》或
者其他相关立法还需要完善科技成果转化的容错机制,其目的一方面在于
保障科技成果转化负责人的合法权益及其积极性,另一方面也在于明确免
责的要件和界限,防止容错机制沦落为私吞国有资产的渠道。《若干意见》

已勾勒科技成果转化容错机制的轮廓，相关立法除需要将"免责"的对象扩展为全部科研事业单位的成果转化负责人之外，还需要明确免责前提和免责范围。

（一）免责的前提

《若干意见》规定，科技成果转化过程中，高校领导在履行勤勉尽职义务、未牟取非法利益的前提下，免除其在科技成果定价中因科技成果转化后续价值变化产生的决策责任。即该意见将"履行勤勉尽职义务"和"未牟取非法利益"规定为免责的前提。

1. 履行勤勉尽职义务

作为一种义务形态，勤勉尽职义务要求科研事业单位工作人员诚信地履行对待单位的职责，在管理单位事务时应当勤勉谨慎，须以一个合理谨慎的人在相似情形下所应表现的谨慎、勤勉和技能履行职责，要采取合理的措施，以防止单位利益遭受损失，为实现单位最大利益努力工作。① 笔者认为，勤勉尽职义务是比注意义务更为严格的一种义务形态。勤勉尽职义务不仅要求工作人员忠诚和注意经营管理过程中可能发生损失的情形，还要求工作人员具有专业上的判断能力，即其对损失的发生具有较一般人更为专业的预判和防范能力。具体到科技成果转化的过程中，勤勉尽职义务的履行要求成果转化负责人既要对成果本身及拟合作企业的转化能力、经营状况具有专业的认识能力，对市场发展也要有作为专业管理人员应具备的判断力。

《促进科技成果转化法》或者其他相关法律规范可以从以下两个方面细化科技成果转化过程中的勤勉尽职义务：

其一是实体上的勤勉尽职义务。勤勉尽职义务要求负责人对经营管理过程中可能发生的损失有预先的判断，而此种判断建立在充足的信息收集等准备工作的基础之上。对科技成果转化负责人之准备工作的考量可以从以下三个方面进行：（1）科技成果本身的成熟程度。即负责人应当对

---

① 参见周天舒：《论董事勤勉义务的判断标准——基于浙江省两个案例的考察》，载《法学杂志》2014 年第 10 期。

科技成果本身的研发情况有足够的了解,能够认真听取一线科研人员的意见,对实验结果的可重复性有充足的把握。(2)成果转化合作对象的经营状况和转化能力。经营状况比较容易把握,通过工商登记查询等即可了解。难点在于合作对象的成果转化能力,合作对象应有一定的技术能力和专业人员队伍方有可能将成果予以转化。成果转化的负责人应对这些方面的内容进行详细考察,并形成考察报告。(3)同类产品的市场状况。负责人对拟转化成果的同类产品在市场中的销量、利润等也应有相当程度的了解,并需要将拟转化成果与市场同类产品进行比较,知晓拟转化成果在同类产品中的市场竞争力。

其二是程序上的勤勉尽职义务。程序上的勤勉尽职义务要求成果转化的负责人严格按照相关法律法规和内部流程的规定办理成果转化事宜。换言之,容错机制的建构同时需要从程序的角度设置成果转化负责人的勤勉尽职义务。实际上,当前相应的法律规范也设置有此方面的义务。例如,《事业单位国有资产管理暂行办法》规定了国有资产的处理程序,包括评估、审批、报备等程序。当然,《促进科技成果转化法》取消了其中的审批程序。据此,科研事业单位成果转化负责人在转化时应当履行评估和报备等程序义务。另外,《促进科技成果转化法》第18条规定,在以协议定价进行的成果转化中,成果转化的负责人应当在本单位公示拟交易的价值。因此,公示义务也是成果转化负责人应履行的义务。除此之外,容错机制的建构还需要规定以下程序上的勤勉尽职义务:一是民主决策的义务,即成果转化的负责人应当充分听取科研人员和从事市场运作的相关人员的意见,在民主的基础上进行决策;二是公开的义务,在成果转化过程中,除保密需要外,成果转化负责人应当将转化的全部流程在本单位公示,包括成果转化的合作对象、交易价格、技术方案、收益分配等都应当予以公示。

2. 未牟取非法利益

所谓牟取非法利益,是指在科技成果转化过程中不具有正当理由而获利。不管是《若干意见》还是湖北省的地方立法都将"未牟取非法利益"作为容错免责的前提,但二者也都没有为"牟取非法利益"的判断提供明确具体的标准,这正是后续立法完善科技成果转化容错机制所要解决的核心问题。

　　实际上,"未牟取非法利益"之所以难以界定,其缘由即在于,从法学方法论的角度分析,"牟取非法利益"是法律规范中的一种"类型"而非"概念"。拉伦茨(Karl Larenz)对"概念"与"类型"的区分有经典论述,他提出,如果立法者想要形成一个"概念",那么当且仅当该概念的全部要件在具体事件或案件事实全部重现时,概念始可适用于彼;而类型只能描述而不能定义,为描述类型而提出的各种因素不需要全部出现,它们也可以多少不同程度地出现。① 因此,相关法律规范试图为作为"类型"的"牟取非法利益"提供明确具体的判断标准时,即需要放弃对其进行定义的做法,而应对其各种表现形式进行描述。《国务院办公厅关于严禁在社会经济活动中牟取非法利益的通知》对"牟取非法利益"有一些描述,主要包括接受任何名义的"酬金"或"馈赠"、以低于市场价格购得对方提供的商品、收取回扣、勒索财物等行为。后续立法可借鉴该通知的做法,尽可能地对牟取非法利益的情形进行详尽描述。

　　当然,后续立法除了需要对牟取非法利益的行为进行详细的描述外,还需要从中归纳这些行为的共同特征以作为认定牟取非法利益的辅助性规则,主要有三:其一是主观上的恶意,即行为人对其行为可能造成国有资产流失的后果存在故意或过失;其二是客观上的收益,即行为人获得了物质或精神上的利益;其三是行为上的关联性,即行为人牟取非法收益的行为与科技成果转化过程中造成的国有资产流失存在因果联系。

　　(二) 免责的范围

　　《若干意见》和《湖北省自主创新促进条例》规定,在科技成果转化过程中,只有后续价值变化产生的定价失误方在容错免责的范围内。笔者认为,在科技成果转化过程中,负责人的决策不仅包括定价决策,还包括其他方面的决策,其他方面的决策失误也应纳入免责范围内。科技成果转化能

---

　　① 参见〔德〕卡尔·拉伦茨:《法学方法论》,陈爱娥译,商务印书馆 2003 年版,第 100—101 页。

否成功,实际上受到两个因素的影响,即科技因素和市场因素。在成果转化过程中,这两个因素都具有相当的不可预测性,因此,因这两个因素造成的成果转化失败或定价失误皆应当纳入免责的范围内。

1. 科技因素造成的损失

科技成果转化能否获得成功,首先取决于成果本身是否成熟,只有成熟的科技成果方有转化成功的可能。例如,在上文所述的"湖北健康(集团)股份有限公司与武汉大学化学化工研究所联营合同纠纷抗诉案"中,成果转化失败的根源在于成果的不成熟,不具有可操作性。因此,科技因素是决定成果转化能否成功的首要因素。而科技因素本身又相当复杂,一项成果被研发出来之后,其或许在实验环境下具有可操作性,但要将其转化为能够在工厂环境下复制出来的生产设备或产品,则需要更为严谨的实验和论证。科技成果转化绝不仅仅只是将知识产品进行交易和转让,而是知识产品的应用性研发和再创新,这即决定了这一过程具有相当大的不可预测性,[①]实验和论证或许只能提供大致的参考数据,科技成果能否转化成功,最终还需要实施了转化方可知晓。也正是有此因素的存在,一项成果的价值在未转化前实际上也不能准确地进行评估,技术的成熟程度和转化的难易程度都是影响科技成果价值的重要因素。简言之,科技成果转化的过程实际上也具有不亚于科技研发过程的不可预知性和不确定性。既然科技研发的过程可以容忍失败,同样具有不可预知性和不确定性的成果转化过程当然也应当容忍失败。在此意义上而言,因科技因素导致的成果转化失败或者定价失误皆应当纳入免责的范围内。

2. 市场因素造成的损失

与科技因素相比,市场因素的复杂程度有过之而无不及。具体而言,科技成果转化本身即是一种市场行为,是将科技转化为生产力或者产品的活动。在此过程中,科技成果需要接受市场的评判,只有能够经受市场检验、相对于其他技术或产品而言具有市场竞争力的成果方有可能得以成功转化。尤其是在以技术入股方式实施的科技成果转化中,成果提供方同时

---

① 参见朱一飞:《高校科技成果转化法律制度的检视与重构》,载《法学》2016 年第 4 期。

作为入股项目或企业的股东而存在，这种情况下，科技成果并非转化为生产力或产品即表明成果转化获得成功，成果转化为生产力或产品，但其无市场竞争力，最终可能造成该转化项目的失败和国有资产的减损。市场本身同样具有不可预测性，一方面，市场因素的变动可能造成转化后的科技成果的价值变动；另一方面，市场中同类产品技术水平的提升也可能造成转化的产品或设备无销路。总而言之，市场因素同样是影响科技成果转化能否成功的重要因素，此种因素的不确定性与科学规律和市场规律相关，非事前的技术可行性方案和市场调研报告所能够准确预测，因此，因市场因素造成的成果转化失败或定价失误也应当纳入免责的范围内。

四、科技成果转化容错机制的运行规则

在科技成果转化容错机制的法律框架建构起来后，容错机制的运行尤其是勤勉尽职和未牟取非法利益等问题的认定更需要具体的程序性规则和证据规则予以规范。

（一）程序规则

在程序设置上，笔者认为，科技成果转化的免责程序可以设置为责任追究程序的抗辩程序。所谓抗辩程序，是指在相关责任人受到责任追究时，请求有权机关认定其具有法律上的免责事由的程序机制。科技成果转化的容错机制作为抗辩程序而存在，这表明成果转化负责人并不是完全不承担责任，也不受问责机制的约束。相反，成果转化负责人在转化过程中因定价失误或转化失败造成损失的，有权机关还是应当依《事业单位工作人员处分暂行规定》等法律规范的规定启动追责程序，在追责程序的运行过程中，成果转化负责人提出免责抗辩，这种情况下方启动免责程序。将免责程序定位为责任追究程序的抗辩程序的缘由在于：其一，"容错免责"以"可能存在责任"为前提，换言之，"免责"与"责任追究"本来就是二位一体的概念组合，将免责程序揉入责任追究程序中，表明容错机制不能成为造成损失的成果转化负责人凌驾于法律之上的缘由，容错机制并不能架空责任追究机制，造成损失的成果转化负责人只有在追责过程中进行了免责

认定才能免于或减轻承担责任。其二,将免责程序设置为责任追究程序的抗辩程序,才能使得有权机关在认定成果转化负责人是否具有免责必要的同时,全面审查其实施的各类行为及因此造成的全部损失,即除了审查其是否履行了勤勉义务等容错机制上的义务外,还需要审查其在成果转化过程中展现的科学素养、专业技能、经营管理知识及其实施转化的其他行为,此种情况下方有可能对成果转化负责人的责任进行更为全面的认定。其三,容错机制的存在并不表明成果转化负责人完全不用承担责任,"容错免责"除了有免除责任之意,实际上还包含了减轻责任这一内涵,因此,将容错机制纳入责任追究机制中也能够对成果转化负责人的责任进行更为公正的认定。

据此,在具体的程序规则上,可将容错机制设置于问责程序的调查环节中。即在行政处分的追究过程中,有权机关宣布启动对成果转化负责人进行问责时,该负责人即可提出免责抗辩。作为调查程序的一环,免责抗辩可包括以下步骤:其一是提出申请,即被问责的负责人在问责调查程序启动后的一定时间内,应向问责机关提出免责认定申请;其二是核实,问责机关收到申请后,应要求被问责的负责人提供相应材料,问责机关同时也需要调查取证;其三是认定,在取证的基础上,问责机关对负责人是否具备免责情节以及在多大程度内免责进行认定。在此基础上,问责机关方可作出最终的行政处分决定。

(二) 证据规则

证据是影响法律实施的核心要素,法律规定的事实要件只有被证据证明为客观事实,该法律条文追求的法律效果才得以实现。就科技成果转化免责而言,成果转化负责人需要获得"免责",就需要有证据证明其行为属于免责的事由和范围。此时,举证责任的分配和证据的认定即成为影响责任认定的关键。证据规则需要依免责事由分述。

1. 勤勉尽职义务的证据规则

履行勤勉尽职义务的举证责任应由被问责人承担,其缘由在于:其一,如上所述,容错机制是作为抗辩程序而存在的,在抗辩程序当中,被问责人提出了免责的主张,该主张的证明责任当然由被问责人承担。"若被告提出了独立的抗辩主张,应承担完整意义上的证明责任。"①否则,其抗辩即不成立。其二,履行勤勉尽职义务是一种作为的义务,作为义务表明成果转化负责人应实施特定的行为。此种作为义务实际上隐含了提出证据的责任,即义务主体不仅应当"作为",还应当证明其已经实施了法律要求的行为,否则法律将推定其未履行该作为义务。其三,被问责人作为成果转化的负责人,其在成果转化过程中考察了哪些因素、经历了哪些决策环节,这都应当有材料予以证明,即负责人应当在有充分的技术可行性方案和市场推广方案的情况下方可作出转化决策,要求成果转化负责人在此方面承担举证责任,实际上也可以倒逼其在获取充分信息的基础上方实施转化。其四,举证责任同时意味着对举证不能之不利后果的承担,如果由问责机关承担举证责任,成果转化负责人由于不须承担举证不能导致的不利后果,其有可能销毁掌握的不利证据以逃避追责。

至于证据的具体形式,则需要结合勤勉尽职义务的具体内容分析。如上所述,勤勉尽职义务包括实体和程序两方面内容,在实体上,成果转化负责人应当证明其转化和定价决策的作出具有充足的材料,其材料起码包括科技成果转化的可行性方案、成果转化合作对象经营状况和转化能力的考察报告、同类产品市场状况的调查报告。只有具备这些材料方叮认为成果转化负责人已本着认真负责的态度对待成果转化项目,因此也才有可能给予免除或部分免除成果转化失败或定价失误的责任。在程序上,成果转化负责人应当提供民主决策、公开公示等方面的材料,证明其严格遵循了成果转化的处理程序。

当然,并不是成果转化负责人只要提供了上述证据即可认定其符合免责规定。如上所述,由于只有因科技因素和市场因素造成的损失方在免责的范围内。因此,在证据认定的过程中,科技成果转化负责人应就其证据负担说服责任,即其应当提出具有说服力的事由说明根据已有证据即可合

---

① 刘广林:《证明责任分配之基础:诉讼主张的识别》,载《西南民族大学学报(人文社会科学版)》2015 年第 10 期。

理地形成转化和定价的决策。或者说,其应当说明在当时尽其所能所掌握的材料的基础上,已经可以合理地得出转化和定价的决策结论。其只要能够说明在当时的条件下基于已有材料所实施的转化和定价决策的合理性,对于后续出现的、不可预测的科技因素和市场因素造成的损失,即可不承担责任。当然,科技成果转化负责人所提供的材料是否已经是当时条件下"尽可能取得"的最为完备的材料,或者说后续出现的造成损失的科技因素和市场因素是否真正具有不可预测性,这需要专业的认知能力。而勤勉尽职义务是比注意义务更为严格的一种义务形态,其要求工作人员具有专业上的判断能力,对损失的发生具有较一般人更为专业的预判和防范能力。成果转化负责人是否具有这一能力,即需要引入同行评议的方法,由具有专业技能的人员对证据材料进行认定。

在此基础上,围绕勤勉尽职义务这一因素而言,成果转化负责人的责任即可分三种情况认定:其一,成果转化负责人既掌握了充足的材料,对科技因素和市场因素又具有相对专业的判断能力,只是由于确实不可预测的科技因素或市场因素造成了损失,此时可免除全部责任;其二,成果转化负责人掌握了充足的材料,但不具备专业人员应有的判断能力,此时可免除其失职或渎职责任,但由于其不具有专业判断能力,应将其调离负责成果转化的工作岗位;其三,不掌握充足材料即实施转化,则应认定负责人未履行勤勉尽职义务,进而追究其失职或渎职责任。

2. 未牟取非法利益的证据规则

未牟取非法利益的举证责任应当由问责机关承担,或者说,问责机关应当提出证据证明成果转化负责人从成果转化过程中获取了非法利益,才能认定成果转化负责人应承担责任。未牟取非法利益的举证责任不由成果转化的负责人承担,其缘由即在于,该项义务是一项不作为义务,只有针对特定时空下的行为(如某时某地发生的特定杀人、盗窃等行为)所进行的指控且被指控人恰好有不在场证据的情况下,被指控人方有可能证明其未实施该项行为,履行了不作为义务。而科技成果转化过程中的牟取非法利益行为可以在转化前、转化中和转化后的任何时间实施,也可以在任何场合实施,利益的形式更具有多样性,科技成果转化负责人在客观上根本没有办法证明其未在此过程中的任何时间节点获取任何非法利益,因此该事项的举证责任不应由负责人承担;相反,追责机关认为负责人需承担责任,则应当提出证明其牟取非法利益的证据。

第七章　创新环境法律保障制度研究

《国家创新驱动战略纲要》提出从法治、市场和文化等角度培育创新友好的社会环境。就技术开发和转化而言,高新技术企业法律制度、技术市场法律制度和科技园区法律制度是最主要的创新环境法律保障制度,创新驱动发展战略的实施需要从法律层面明确高新技术企业的认定、优惠,技术市场的主体、权利义务,以及科技园区管理职责、体制等内容,进而为科技创新提供良好的法律环境。

第一节　高新技术企业法律制度

高新技术企业是科技研发和成果转化的前沿阵地,在以市场为导向的经济环境下,以技术研发或成果应用为核心竞争力的高新技术企业发挥着引领经济发展的作用。实际上,近年来,高新技术企业确实在经济发展中扮演着重要角色,据统计,到 2014 年,全国高新技术企业数达到 62556 家,比 2010 年增长了 96.4%;年末从业人员达到 1914.8 万人,比 2010 年增长了 45.8%;工业总产值达到 211335.9 亿元,比 2010 年增长了 77.6%;净利润达到 14399.2 亿元,比 2010 年增长了 46.8%。① 当然,在创新驱动发展战略实施过程中,高新技术企业更有可能成为创新驱动发展的"桥头堡"。《中共中央、国务院关于深化体制机制改革加快实施创新驱动发展战略的若干意见》即提出,要完善企业为主体的产业技术创新机制,鼓励构建

---

① 参见吴冒鹏:《我国高新技术企业发展情况分析》,载《江苏科技信息》2016 年第 31 期。

以企业为主导、产学研合作的产业技术创新战略联盟。据此，高新技术企业在未来科技市场发展中的地位将有可能进一步增强。基于高新技术企业在科技产业发展中的重要作用，我国应进一步完善高新技术企业管理法律制度。

一、高新技术企业的认定条件

高新技术企业的认定是高新技术企业享有法律规定的权利的前提，其只有经认定方取得"高新技术企业"之资格，才享有依法请求相关部门给予优惠的权利。实践中，高新技术企业不仅需要从事与技术开发或应用相关的活动，其在企业注册、人员构成、研究经费占比等方面也有相关要求。在高新技术企业认定条件方面，科技部首先于 2000 年制定了《国家高新技术产业开发区高新技术企业认定条件和办法》，该办法适用于全国范围内的高新技术企业认定工作。2008 年，科技部、财政部和国家税务总局制定了《高新技术企业认定管理办法》，对高新技术企业认定条件作出了新的规定。2016 年，科技部、财政部和国家税务总局对该办法进行了修改，根据修改后的规定，高新技术企业认定条件共有八项，分别为：(1) 企业申请认定时须注册成立一年以上。(2) 企业通过自主研发、受让、受赠、并购等方式，获得对其主要产品（服务）在技术上发挥核心支持作用的知识产权的所有权。(3) 对企业主要产品（服务）发挥核心支持作用的技术属于《国家重点支持的高新技术领域》规定的范围。(4) 企业从事研发和相关技术创新活动的科技人员占企业当年职工总数的比例不低于 10％。(5) 企业近三个会计年度（实际经营期不满三年的按实际经营时间计算，下同）的研究开发费用总额占同期销售收入总额的比例符合如下要求：① 最近一年销售收入小于 5000 万元（含）的企业，比例不低于 5％；② 最近一年销售收入在 5000 万元至 2 亿元（含）的企业，比例不低于 4％；③ 最近一年销售收入在 2 亿元以上的企业，比例不低于 3％。其中，企业在中国境内发生的研究开发费用总额占全部研究开发费用总额的比例不低于 60％。(6) 近一年高新技术产品（服务）收入占企业同期总收入的比例不低于 60％。(7) 企业创新能力评价应达到相应要求。（8）企业申请认定前一年内未发生重大安全、重大质量事故或严重环境违法行为。

《高新技术企业认定管理工作指引》对上述条件进行了具体化解释。例如，就企业注册年限而言，根据该工作指引的解释，"注册成立一年以上"意指企业注册登记期满 365 个日历天数以上；就知识产权的所有权而言，该工作指引也进行了限缩解释，要求高新技术企业提交的作为认定条件的知识产权需要在中国境内取得或批准，并依中国法律的规定处于有效期内。

二、高新技术企业的认定程序

在管辖权配置上，高新技术企业的认定遵循国家统一部署和各地方负责实施的原则，由科技部、财政部、国家税务总局组成全国高新技术企业认定管理工作领导小组，领导小组在高新技术企业认定方面享有广泛的职权，具体包括确定全国高新技术企业认定管理工作方向，协调、解决认定管理及相关政策落实中的重大问题等。领导小组下设办公室负责日常工作，领导小组办公室人员由科技部、财政部、国家税务总局派出，负责各地区高新技术企业认定工作的备案管理、公布认定的高新技术企业名单等。当然，高新技术企业认定的具体工作由各地方办理。因此，省级科技行政部门和财政、税收部门组建本地区的高新技术企业认定管理机构，其职责包括负责本行政区域内的高新技术企业认定工作、负责将认定后的高新技术企业按要求报领导小组办公室备案、对通过备案的企业颁发高新技术企业证书等。在具体的程序设置上，高新技术企业的认定需要经过多层程序环节。

（一）企业自愿申请

高新技术企业认定属于依申请实施的行政行为的范畴，其以当事人的申请为启动要件。因此，当事人自愿申请是高新技术企业认定程序启动的初始环节。实际上，被认定为高新技术企业对企业发展而言不仅是企业商誉上的提升，更可以享受国家规定的诸多高新技术企业优惠政策。因此，企业自身存在申请认定为高新技术企业的动力。企业提出申请需要经历以下步骤:其一是自我评价。《高新技术企业认定管理办法》和《高新技术企业认定管理工作指引》明确规定了认定为高新技术企业的条件,企业在申请认定之前,需要对照《高新技术企业认定管理办法》和《高新技术企业认定管理工作指引》的规定进行自我评价,认为符合高新技术企业认定条件的方可进行申请,这也是避免企业资源和行政资源浪费的有效办法。其二是注册登记。企业要申请认定的,在自我评价的基础上需要进行注册登记。企业进行注册登记只需要登录专门的登记网站即高新技术企业认定管理工作网,按网站指示填写企业注册登记表并在线提交即可。企业在提交企业注册登记表后,高新技术企业认定机构即对该表进行审核,审核通过后即在网络系统上进行确认并激活企业的申请账号。其三是提交材料。在注册登记的基础上,企业需要登录高新技术企业认定管理工作网,按要求填写高新技术企业认定申请书,申请书通过网络系统直接提交至认定机构。另外,企业还需要向认定机构提交系列书面材料,具体包括加盖企业公章的高新技术企业认定申请书以及其他证明材料,如营业执照、知识产权证明、企业职工和科技人员情况说明材料等。

(二)专家评审

认定机构在收到企业申请之后,即组织专家进行评审。认定机构组织的专家评审组成员应不少于 5 名,且其中的技术专家不少于 60%,并至少需要 1 名财务专家。专家评审组在工作机制上采取单独评审制,即由每名专家单独对企业提交的材料进行审查,在此基础上独立填写高新技术企业认定技术专家评价表,每名财务专家也独立填写高新技术企业认定财务专家评价表,专家组组长对专家填写的评价表进行汇总并按分数平均值填写高新技术企业认定专家组综合评价表,并提交高新技术企业认定机构。

(三)认定机构认定和报备

认定机构在收到专家评审组提交的高新技术企业认定专家组综合评价表后,对企业提交的材料进行综合认定;认定机构认为有必要的,也可以到企业进行实地考察。在此基础上,认定机构提出认定意见和高新技术企业名单,报高新技术企业认定领导小组办公室备案。

（四）公示公告

经认定报备的企业名单,由高新技术企业认定领导小组办公室在高新技术企业认定管理工作网公示 10 个工作日。无异议的,予以备案,认定时间以公示时间为准,核发证书编号,并在高新技术企业认定管理工作网上公告企业名单,由认定机构向企业颁发统一印制的高新技术企业证书（加盖认定机构科技、财政、税务部门公章）;有异议的,须以书面形式实名向领导小组办公室提出,由认定机构核实处理。

三、高新技术企业的优惠待遇

高新技术企业认定具有的公法效果即是企业可享受国家规定的优惠政策。实际上,为促进高新技术企业的发展,国家也制定了系列针对高新技术企业的优惠政策,包括税收、资金信贷、会计成本计算等方面的优惠。

（一）税收优惠

高新技术企业的税收优惠政策最早实施于 1994 年。财政部和国家税务总局于 1994 年发布了《关于企业所得税若干优惠政策的通知》,该通知规定,经税务机关审核,国务院批准的高新技术产业开发区内的高新技术企业,减按 15％的税率征收所得税;新办的高新技术企业自投产年度起免征所得税两年。根据该通知的规定,在国家批准的高新技术产业开发区内的高新技术企业方可享有税收优惠政策,企业所得税的税率减为 15％。2004 年发布的《国家税务总局关于做好已取消和下放管理的企业所得税审批项目后续管理工作的通知》则将税务机关的审核予以取消,取消后,经认定的高新技术企业享受的税收减免待遇不变。除上述优惠待遇之后,部分地方还规定了高新技术企业在税收程序上的优惠。例如,《深圳经济特区高新技术产业园区条例》第 49 条规定,市政府工商、税务、劳动等行政管理部门可以对高新区的高新技术企业的年度检验等事项实行信誉免检。

（二）资金信贷优惠

在资金信贷方面高新技术企业也享有系列优惠待遇。例如，依相关政策规定，银行对高新技术企业应给予积极支持，尽力安排其开发和生产建设所需要的资金；由银行给予高新技术企业安排一定额度的债券等。[①]

第二节　技术市场法律制度

技术市场是科学技术得以流通的场所。而技术通过市场流通可以实现转化和收益，从而为技术的深化开发提供充足的资金支持。从这个角度而言，技术市场实际上是科学技术开发和转化的"加速器"，尤其是在以市场为导向的科技创新管理体系当中，技术市场更发挥着不可替代的重要作用。因此，对技术市场的规范即是科技法的重要任务。由于技术市场主要由交易主体、交易设施、交易管理、交易规则等内容构成，技术市场法律制度也主要就上述内容进行规定。就技术市场法律制度的法律渊源而言，在法律层面，《科学技术进步法》《促进科技成果转化法》和《合同法》等法律规范规定了技术交易和市场管理的一般性规则；在规范性文件方面，1996 年10 月国家科委印发的《"九五"全国技术市场发展纲要》、2006 年 3 月科技部印发的《关于加快发展技术市场的意见》等也可作为技术市场制度的法律渊源。除此之外，诸多省份也制定了各自的技术市场条例，如北京市、湖北省、上海市等都制定了技术市场条例，这构成技术市场法律制度的主要规范依据。以上规范共同建构了我国技术市场法律制度的主要框架和内容。

一、技术市场主体法律制度

技术市场主体，是指参与技术市场经营管理活动的法律关系主体。技术市场主体是市场主体在技术市场领域的具体化，在市场经济条件下，市

---

① 参见曹昌祯主编：《中国科技法学》，复旦大学出版社 1999 年版，第 178 页。

场主体具有自主参与技术市场中的经营管理活动的权利,由此成为技术市场中的权利义务关系的承受者。技术市场中的法律关系主体主要有两大类,其一是私法关系主体,主要有技术开发企业、技术商品经营机构和中介组织等;其二是管理主体,主要有科技行政管理部门及其他附属主体等。

（一）科技开发企业

科技开发企业是从事技术开发、技术转让或提供技术咨询服务的企业,其是技术市场的供给者。在市场经济中,作为技术供给者的科技开发企业享有卖方的一般性权利,如自主决定是否转化技术、选择交易对象和交易方式、参与协商定价等权利;其义务与其他买卖合同关系中的卖方义务也基本相同。当然,在技术交易过程中,卖方应当保证其所交易的技术为合法取得的技术,取得的方式包括受让、研究开发等,同时也应保证其技术的真实性。

（二）技术商品经营机构

技术商品经营机构是技术市场高度发达的产物。即在技术市场高度发达、市场交易较为活跃的情况下,技术的生产和销售过程有可能分离,技术商品经营机构即是专门负责技术销售的市场主体。因此,从这个角度而言,技术商品经营机构等同于技术市场中的"商店",其集中购进技术产品之后再向需要应用技术的企业或其他组织进行销售。《湖北省技术市场管理条例》专门规定了技术商品经营机构的设置,根据该条例的规定,技术商品经营机构的设立在实体上需要具备以下条件:（1）有明确的经营范围和服务方向;（2）有与业务相适应并能独立支配的财产和资金;（3）有与业务相适应的工作条件（包括必需的科研仪器、设备等）和固定场所;（4）有固定的与业务相适应的专业技术人员和管理人员。在程序上,则需要按民办科技机构的设立程序进行办理。

（三）技术市场中介机构

技术市场中介机构是各地方技术市场条例规范的重点内容。各地技术市场条例主要从以下几个方面对技术市场中介机构的设立和运行进行规范:（1）技术市场中介机构的设立。湖北、上海等地的技术市场条例规定了中介机构的设立条件和程序,如在设立条件上,《上海市技术市场条例》规定,技术市场中介组织应当有明确的业务方向和与其相对应的专用名称;有与服务范围、规模相适应的专业人员和管理人员;专职的专业人员中应当具有一定数额的中级以上的专业技术人员;有固定的场所和必需的资金、设施;有组织章程和服务规范等。在程序上,技术市场中介组织的设立则需要向工商行政管理部门注册和向科技行政管理部门备案。(2)技术市场中介组织的经营范围。上海、北京、湖北等地的技术市场条例规定,技术市场中介组织主要为技术交易提供场所、技术信息、技术论证、技术评估、技术经纪、技术产权交易、技术招标代理等服务。(3)技术市场中介组织的权利义务。一方面,技术市场中介组织享有一般的市场主体的权利义务;另一方面,其负担特有的义务,如《北京市技术市场条例》规定,技术交易中介服务机构应当遵循诚实信用原则,依照法律、法规以及行业规范开展技术交易服务活动;中介方应当保证自己所提供技术信息的真实性及其来源的合法性。

二、技术市场管理法律制度

市场的有序运行离不开政府强有力的调控。尤其是在市场自身发育不完备的情况下,政府实施的指导和激励更是市场交易得以快速发展的重要推动力。就技术交易市场而言,市场主体的活动构成了市场交易的主要内容,而市场主体有序的交易同样要求政府加以调控。据此,技术市场管理法律制度也是技术市场法律制度的重要组成部分。

技术市场的管理一般由科技行政管理部门负责,其在技术市场管理方面享有广泛的职权。例如,《湖北省技术市场管理条例》规定,科技行政管理部门主管本行政区域的技术市场行政管理工作,享有的职责包括:贯彻实施有关技术市场管理的法律法规和规章,并进行监督、检查;管理和监督技术交易活动,组织和指导技术商品信息交流;负责技术合同的认定、登记和技术市场的统计工作;负责技术市场管理人员和经营人员的培训、考核工作;对从事技术交易作出成绩的单位和个人进行表彰、奖励,会同有关部门对技术交易中的违法行为进行查处；组织技术市场发展和管理方面的理论研究。除科技行政管理部门之外，一些地方还设置有技术市场办公室，其性质一般为科技行政管理部门下属的事业单位，负责技术市场的日常管理工作。另外，工商、财政、税收、物价等部门也在其职责范围内对技术市场实施管理。上述部门在其职责范围内，主要通过行政检查、行政登记等制度实施对技术市场的管理。

（一）行政检查制度

行政检查是行政执法的重要手段，其既可以作为实施行政许可、行政处罚等行政行为的前置性手段，也可以作为独立的执法环节存在，在行政执法过程中的重要意义是不言而喻的。"行政检查在行政法实施中起着承前启后的核心作用，它作为行政法实施过程中的关键环节独立存在，此由行政权的深化的趋势和行政检查的特性决定。"①行政检查制度也是技术市场管理的重要法律制度，在技术市场管理当中，行政机关主要对技术市场遵守有关法律法规的情况进行检查，检查的对象包括科技开发企业、技术商品经营机构和中介组织等。《湖北省技术市场管理条例》规定，技术市场实行检查制度，技术市场管理工作人员凭省统一制发的技术市场检查证，依法对技术市场进行监督、检查。

（二）行政登记认定制度

行政登记是行政机关对市场进行管制的重要方式，其意义有二：一方面，行政登记能够促使行政机关及时了解市场发展动态，包括市场主体和市场交易的变动趋势等，从而为其他规制手段的实施提供充足信息；另一方面，行政登记本身即是一种规制手段，通过行政登记的实施，市场主体从事市场经营活动即在程序上受到了行政机关的规控。技术市场管理中的登记认定制度包括两方面内容：其一是技术合同的认定登记。例如，《上海市技术市场条例》第 20 条规定，本市实行技术合同认定和登记制度。技术

---

① 朱维究、刘永林：《论行政检查与行政法实施——以确保行政规范性文件得到真正落实为视角》，载《政治与法律》2012 年第 7 期。

交易的当事人持所订立的技术合同向技术合同认定登记机构申请认定和登记。经认定和登记的，由技术合同认定登记机构发给认定登记证明。技术合同经认定和登记后，当事人享受国家和本市的有关优惠政策。未经认定和登记或者不予认定的合同，不得享受国家和本市的有关优惠政策。技术合同登记的意义有二：一方面，就法律规定的特殊类型的技术合同而言，登记是合同成立的要件，这些合同的当事人在合意的基础上尚需要进行登记方使合同具有约束双方当事人的效力；另一方面，合同登记也是相应的交易活动取得公法上效果的前提。例如，依《上海市技术市场条例》第20条第2款的规定，技术合同进行登记之后，当事人方可享受国家和上海市规定的技术交易的优惠政策。其二是技术市场主体设立登记。技术市场主体要在技术市场中开展经营管理活动，不仅需要在工商行政管理部门进行注册登记，还应当到科技行政管理部门进行登记。例如，《上海市技术市场条例》规定，设立技术交易服务机构应在设立之后的15日内向科技行政管理部门备案，这即是登记的一种类型。

（三）基金扶持制度

基金扶持是政府促进科技产业发展的重要方式。政府对科技产业发展的扶持存在于科技发展的全部过程，即不仅科技研发和成果转化存在政府基金扶持，在技术市场交易领域，政府基金扶持制度也发挥着重要作用。上海市和北京市的技术市场条例都规定了相应的基金扶持制度，如《上海市技术市场条例》第17条规定，本市设立技术市场基金，为加快技术在应用领域的扩散，促进技术市场的发展，提供各种形式的支持。据此，上海市设立了技术市场基金，该基金主要用于引导市场主体加快成果应用活动以提高成果转化率和市场交易活跃度。北京市的基金扶持范围则更为广泛，依《北京市技术市场条例》第33条的规定，该市安排的专项资金可以用于组织技术交流、交易活动和技术市场的基础性建设等活动，也可以用于技术市场的宣传、培训、理论研究和法制建设等活动以促进技术市场的发展。

（四）税收管理制度

技术市场中的税收管理制度包括两方面内容：其一是税收征收制度。

技术交易过程中有可能产生各种税费,这些税费的征收是政府对技术市场实施调控的重要方式。基于税收法定的原则,税收应由税务机关依税法规定进行征收。在此过程中,技术市场管理部门应在其职责范围内予以配合。例如,《北京市技术市场条例》第28条规定,经认定登记的技术合同,其中卖方、中介方是自然人的,其个人所得由技术合同登记机构按照劳务报酬所得或者特许权使用费所得,依法代扣、代缴个人所得税。据此,技术合同登记机构可以代扣、代缴个人所得税。其二是税收优惠制度。市场主体在技术交易过程中享有一定的税收优惠,这是《科学技术进步法》设置的促进技术进步的重要方式。各地技术市场条例一般也规定了税收优惠制度,据此设定了税收优惠的范围和享受优惠的程序。在税收优惠的范围上,《湖北省技术市场管理条例》规定,科研单位、大专院校和其他全民所有制事业单位,在技术交易中所得的技术交易收入,按规定暂免征收营业税和所得税;其他企业年度技术交易收入总额不超过50万元的也可以享有暂免征收所得税政策。在税收优惠程序上,市场主体是否享有税收优惠资格则一般以科技行政管理部门的登记为前提,如《北京市技术市场条例》第25条规定,技术交易当事人持技术合同登记机构的登记证明,向主管财政、税务部门提出申请,经审核批准,其技术交易的收入享受国家规定的税收优惠政策。

（五）责任追究制度

责任追究是行政机关实施管理、维护市场秩序的重要手段,通过对违法行为人责任的追究,受到破坏的法律关系方得以恢复,市场秩序也才能够得到维护。在技术市场管理当中,责任追究主要通过行政处罚的方式实现。因此,各地技术市场条例规定了行政机关广泛的处罚权。在处罚的事由方面,市场主体违反国家法律、法规、规章的规定,损害国家和社会公共利益或侵犯他人合法权益的行为,包括提供虚假技术或者技术信息、未取得许可证而从事相应市场交易活动、通过虚假宣传非法牟利、以不正当手段骗取技术合同登记证明等行为都可能面临科技行政管理部门的处罚。在处罚的手段方面,科技行政管理部门可以运用警告、罚款、停业整顿、没收非法所得、赔偿损失等处罚方式。当然,当事人对处罚不服的,可以通过复议或诉讼的方式提出异议。

三、技术合同法律制度

（一）技术合同概述

技术合同是当事人之间就技术开发、技术应用、技术咨询等方面的事项达成合意而签订的规定相互之间权利义务关系的合同的总称。技术合同首先是经济合同的组成部分,其实际上是社会关系主体在从事经济活动的过程中就相互间的权利义务关系所形成的契约。因此,技术合同的签订和履行需要遵守一般的合同规则,包括平等规则、自愿规则和合意规则等,即当事人需要在平等的基础上,依其自身的意思表示与对方形成合意。据此,技术合同具有以下特征:其一,技术合同是以提供技术或技术服务为标的的合同。合同标的决定了合同的类型,技术合同的特殊性也正是由其标的的特殊性所决定的。技术合同的标的为提供技术或技术服务。所谓的技术,是指经科研机构或企业开发、能够应用于生产生活实践中的物质设备或操作方法的总和。技术服务则是指由市场主体提供的技术开发、技术改造、技术咨询等方面的服务,其本质上是一种劳务活动。当然,此种劳务带有显著的"技术"特性,能够为接受劳务的当事人带来显著的技术效益。其二,技术合同的履行具有复杂性。不管是以提供技术为标的的合同还是以提供技术服务为标的的合同,合同履行的方式都具有特殊性。也就是说,由于技术合同的"技术性"特征,技术合同的履行过程也融入了当事人双方的创造性劳动。其三,技术合同涉及复杂的技术权益收益问题。技术合同涉及合同当事人之间的权益划分,如科技开发合同必然涉及技术开发方和应用方的权益分配问题以及技术开发企业与科研人员的权益分配问题。

基于技术合同在经济发展中的重要作用,我国历来重视技术合同的立法工作。早在 1987 年,第六届全国人大常委会第二十一次会议即审议通过了《技术合同法》,这是我国第一部专门规范技术合同的法律规范,可见技术合同制度在当时的社会背景下的重要性。到 1989 年,国家科学技术委员会制定了《技术合同法实施条例》作为《技术合同法》的实施办法,该条例对《技术合同法》中规定不明的条款进行了解释,也对《技术合同法》实施过程中产生的诸多问题进行了补充规定,进一步完善了我国技术合同法律制度。1999 年,第九届全国人大第二次会议审议通过了《合同法》,该法于同年 10 月 1 日正式实施。《合同法》在制定的过程中实际上吸收了《经济合同法》《技术合同法》和《涉外经济合同法》的规定,统一了我国的合同法律制度。《合同法》的制定实施,实际上也宣告了《技术合同法》的失效,当然,《技术合同法》的具体规定基本上得以在《合同法》的第十八章中保留。在此之后,最高人民法院还于 2004 年通过了《关于审理技术合同纠纷案件适用法律若干问题的解释》,进一步完善了我国的技术合同法律制度。

（二）技术合同的类型

依《合同法》的规定,技术合同主要分为技术开发合同、技术转让合同、技术咨询合同和技术服务合同。

1. 技术开发合同

技术开发合同是指当事人之间就新技术、新工艺的开发和应用所签订的规定双方权利义务关系的协议。依《合同法》第 330 条的规定,技术开发合同是指当事人之间就新技术、新产品、新工艺或者新材料及其系统研究开发所订立的合同。据此,技术开发合同的标的即是具有创新性的技术成果,而技术开发合同中开发者的义务则为运用其知识和智力创造具有创新性和应用性的技术成果。技术开发合同一般包括两种类型:其一为委托开发合同,即当事人一方委托另一方开发符合某种需要的技术的合同。委托开发合同的委托方一般为从事生产经营的企业,受托方则为科研机构,合同的主要内容为规定受托方应从事的研究活动和开发的技术成果以及委托方提供实验条件和报酬等义务。其二为合作开发合同,即当事人之间就共同开发特定技术而对双方权利义务关系所达成的协议。与委托开发合同不同,合作开发合同的双方当事人皆为技术开发者,双方都承担从事科学研究或技术试验的义务。当然,在此过程中,双方应有所分工,共同完成技术开发的任务。

2. 技术转让合同

依《合同法》的规定，技术转让合同是指技术的合法拥有者将其技术通过市场交易的方式进行转让而与受让人签订的合同。依《合同法》第 342 条第 2 款的规定，技术转让合同应当采取书面形式。因此，书面形式是技术转让合同生效的要件之一。与技术开发不同，技术转让是技术成果产生之后的处理方式，即技术的所有者将已经存在的技术转让给他人的过程。因此，技术转让合同的标的为已经存在的技术成果。技术转让合同一般包括以下几种类型：其一是专利权转让合同，即享有专利权的权利人将其专利让与他人而签订的合同。在此类合同中，出让人须享有某项技术的专利权，其权利的取得可以是经开发申请而取得，也可以是受让而取得。其二是专利权申请转让合同，即技术成果的所有人将其发明或取得的特定技术的专利申请权让与他人而签订的合同。在专利权申请转让合同中，专利权尚未产生，因此双方当事人所转让的不是专利权，而是就特定技术向专利主管部门申请专利的权利。其三是专利实施许可合同，即专利权人将实施其专利的权利向他人转让而签订的合同。在专利实施许可合同中，特定技术已为专利主管部门赋予专利权，但专利权人并非将专利权进行转让，而仅仅是转让该项专利的实施权。其四是技术秘密转让合同，即技术所有人将其技术秘密向他人转让而签订的合同。

3. 技术咨询合同

依《合同法》第 356 条的规定，技术咨询合同是指一方当事人为另一方当事人就特定技术项目提供可行性论证、技术预测、专题技术调查、分析评价等而签订的合同。一方面，技术咨询合同的特殊性表现为其是以"技术咨询"为标的的合同，具体的内容包括可行性论证、技术预测、专题技术调查、分析评价等活动；另一方面，技术咨询合同又是一种劳务活动，通过签订技术咨询合同，合同一方当事人可以请求另一方当事人支付特定的劳务，其劳务表现为技术上的咨询服务。在技术咨询合同中，委托人的主要义务为提出并阐明咨询问题、提供相应技术背景资料、支付报酬等；受托人的主要义务则为按照合同约定完成相关项目的论证、评估，不对外泄露委托人提供的技术及其他材料等。

4. 技术服务合同

技术服务合同也是《合同法》规定的技术合同形式,其意指当事人之间就完成服务项目、解决技术问题而签订的协议。技术服务合同签订的目的在于解决特定技术问题,当然,特定技术问题不包括建设工程的勘验、设计、施工合同和承揽合同,这在《合同法》中有专章规定。实践中,技术服务合同主要有辅助服务合同、中介合同、培训合同等。技术服务合同同样也是一种劳务合同,以一方当事人为另一方当事人提供服务为标的。技术服务合同的主要内容为委托方按照约定提供工作条件、完成配合内容、支付报酬;受托方完成工作任务、不泄露委托方技术秘密等。

(三)技术合同的认定

技术合同的认定是技术市场管理的重要内容,通过认定,部分技术合同才有可能取得公法和私法上的法律效果。技术合同认定的部门是科技行政管理部门。依《技术合同认定登记管理办法》第 3 条的规定,科学技术部管理全国技术合同认定登记工作。省、自治区、直辖市和计划单列市科学技术行政部门管理本行政区划的技术合同认定登记工作。地、市、区、县科学技术行政部门设技术合同登记机构,具体负责技术合同的认定登记工作。

技术合同认定适用以下程序办理:其一是提出申请,技术合同认定登记实行按地域一次登记制度。技术开发合同的研究开发人、技术转让合同的让与人、技术咨询和技术服务合同的受托人,以及技术培训合同的培训人、技术中介合同的中介人,应当在合同成立后向所在地区的技术合同登记机构提出认定登记申请。在提出申请时,申请人应当提交书面合同文本和其他证明性材料。需要说明的是,依《合同法》等法律规范的规定,并非所有技术合同都需要采用书面形式,技术咨询合同等可以采用口头合同形式。然而,申请合同认定的则一律需要提交书面合同。对以口头形式签订的技术合同,登记机构可以不予受理。其二是审查。合同登记机构受理合同登记申请之后即进入审查程序,主要从以下几个方面进行审查:首先是书面材料的审查，即审查当事人提交的合同内容及相关附件是否完整，如不完整，则要求其在一定时间内补正；其次是合同内容的书面审查，即对合同内容是否符合《合同法》规定的技术开发、技术转让、技术咨询、技术服务等规范名称和各类合同应具备的条款进行审查；最后是事实审查，即审查合同是否明确规定相互间的权利义务及权利义务与真实的交易情况是否相符等。其三是作出认定，即对事实上符合登记条件的合同进行分类登记和存档，并发给当事人技术合同登记证明，载明经核定的技术性收入额。

技术合同的认定登记具有以下效力：其一，在私法上，认定登记是部分合同生效的要件。例如，依专利法等法律规范的规定，专利申请权或专利权转让合同需要进行登记，合同自登记之日起生效。因此，登记即构成合同生效的要件。其二，技术合同认定登记也是提取奖金或科研人员报酬的依据。例如，依《技术合同认定登记管理办法》第 5 条的规定，法人和其他组织按照国家有关规定，根据所订立的技术合同，从技术开发、技术转让、技术咨询和技术服务的净收入中提取一定比例作为奖励和报酬，给予职务技术成果完成人和为成果转化作出重要贡献人员的，应当申请对相关的技术合同进行认定登记，并依照有关规定提取奖金和报酬。其三，合同认定登记也是当事人享有税收优惠、奖励等公法上权利的前提。依《技术合同认定登记管理办法》第 5 条、第 6 条的规定，当事人只有申请进行登记后，其才有可能享受国家实施的促进科技成果转化的税收、信贷和奖励等方面的优惠政策。

第三节　科技园区法律制度

科技园区是科技研发和成果转化的重要平台。在科技向产业化、集群化发展的过程中，科技园区的作用是不可忽略的。《国家创新驱动发展战略纲要》提出，优化区域创新布局，聚焦国家区域发展战略，以创新要素的集聚与流动促进产业合理分工，推动区域创新能力和竞争力整体提升。科技创新区域布局的打造需要依据科技园区这一平台。实际上，我国自 20

世纪八九十年代起,在北京、上海、西安等地设立了诸多高新技术产业开发区,在开发区内实施了系列优惠政策,在行政管理体制方面进行了诸多有益探索。经过几十年的发展,我国各地高新技术产业开发区也初具规模,其经济效益日益凸显,在社会发展中起到重要作用。当然,在创新驱动发展战略实施背景下,科技园区立法和园区管理体制有必要予以改革创新。

一、境内外科技园区立法概况

科技园区建设在科技发展过程中扮演着至关重要的角色,这是科技园区建设和发展需要运用法律加以规范的前提。当然,各国或地区对科技和科技园区发展采用不同的立法模式。就美国、法国等国家而言,其未就科技园区的发展制定专门的法律规范。当然,其他促进科技发展的法律规范则有助于科技产业的集群化发展,进而在事实上形成科技企业的聚集区即科技园区。例如,在美国硅谷发展过程中,美国在资本、风险投资、人才、产学研合作等方面的法律规范尤其是《国内收入法》《经济复兴税法》和《小企业管理法》等对硅谷的形成和发展起到了重要的促进作用。① 而日本和我国台湾地区则存在专门的科技园区立法,这些立法的制定及其成功实施,为我国各地科技园区立法提供了成功经验,促进了各地科技园区立法的发展。

(一)日本筑波科学城立法

日本筑波科学城是世界闻名的科技创新基地,其成功发展离不开立法的保障。具体而言,在 20 世纪 60 年代,随着日本经济的发展,企业生产对技术的需求日益旺盛。在此背景下,立足于筑波已有的基础,日本政府于 1970 年出台了《筑波研究学园城市建设法》,于 1971 年制定了《筑波研究学园城市建设计划大纲》,于 1983 年颁布了《高技术工业聚集地区开发促进法》,这些法律规范构成了日本筑波科学城得以快速发展的法律基础。其中,《筑波研究学园城市建设法》规定了科学园建设的目标和建设过程中相

---

① 参见卢志刚:《高新科技园区统一立法宏论》,载《武汉船舶职业技术学院学报》2006 年第 4 期。

关政府部门的职责划分,构成日本筑波科学园建设的"基本法"。《筑波研究学园城市建设法》的特色有三:其一,《筑波研究学园城市建设法》立法目的明确,其第1条规定的立法目的为,策划筑波研究学园城市建设综合规划并推进实施,建设一个符合实验研究及教育的研究学园城市。因此,该法是一部激励型立法,其具有明显的激励目的,而非对已有的法律关系进行调整的调整型立法。其二,《筑波研究学园城市建设法》是由日本国会制定的法律,是国家层面的立法。也就是说,一方面,《筑波研究学园城市建设法》的立法目的在于在筑波市建设科学城,因此该法的主要作用领域实际上在筑波。但另一方面,《筑波研究学园城市建设法》作为国家层面的立法,其当然在全国范围内有效,具有普遍适用的效力。《筑波研究学园城市建设法》作为国家立法而存在,这表明,筑波科学园建设实际上构成国家层面的发展战略而非地方科技发展战略。其三,与作为国家立法相对应的,《筑波研究学园城市建设法》规定了日本中央政府对筑波科学园区的直接管理。依《筑波研究学园城市建设法》的规定,筑波科学园建设过程中的规划权由国土交通大臣行使,科学园周边的土地则由地方政府负责规划和管理。由中央政府直接实施对特定区域的管理,这在科层制政府体制当中较少出现。当然,这也同时表明了日本政府对筑波科学园发展的重视。[①]

(二)我国台湾地区科学园区立法

20世纪70年代,我国台湾地区经济经过二十多年的高速发展之后步入了滞胀期。为改善产业结构,台湾当局于70年代效仿美国硅谷建设新竹科学工业园区。在新竹科学工业园区发展过程中,台湾当局的相关立法也起到了巨大的推动作用。具体而言,台湾当局于1979年公布了"科学工业园区设置管理条例",在此基础上,以该条例为"基本法"制定颁行了系列科学园区建设规划方面的法律规范,形成了以"科学工业园区设置管理条例"为核心,由"科学工业园区设置管理条例施行细则""科学工业园区管理局组织条例""科学工业园区管理局办事细则""科学工业园区管理局协调

---

① 参见郭胜伟、刘巍:《日本筑波科学城的立法经验对我国高新区发展的启示》,载《中国高新区》2007年第2期。

联系各服务单位作业程序须知""'行政院'国科会科学工业园区指导委员会设置管理要点"和"科学工业园区管理局作业基金收支保管及运用办法"等立法构成的园区建设管理法律规范体系,实现了对与园区发展相关的引进投资、土地建管、管理贸易、储运保税、电讯管理、研究发展、安全卫生、医疗保健、门禁管制、服务管理、消防民防和场地租借等事务的全面规范。[①]作为园区发展之"基本法"的"科学工业园区设置管理条例"主要包括以下内容:其一是设置了园区的管理体制。依该条例的规定,科学工业园区的设置由"行政院国家科学委员会"决定,园区的管理则由"行政院国家科学委员会"于各园区设立的"管理局"负责。"管理局"在园区管理方面享有广泛职权,包括实施园区发展政策、策略及相关措施,负责园区事业设立审查、吸引投资和对外宣传等多达 34 项职权。与此同时,园区还设立"审议会",其职权在于就园区企划管理决策、引进科学工业之种类和优先顺序、园区内投资申请案等事项行使审议权。在此基础上,"税务""海关""邮电""金融"等部门还在园区内设立分支机构,分支机构受园区"管理局"或其分局指导、监督,负责办理相应行政事务。其二是园区土地管理。在园区土地来源上,如土地原属其他机关所有,则由园区"管理局"通过申请拨用的方式收归"管理局"集中管理;如原属私人所有,则通过征收补贴的方式收归"管理局"。民营法人和财团法人在申请"行政院"核定之后即可取得科学工业园区内的土地。另外,园区内也划定了一部分地区作为社区,由园区"管理局"进行开发和管理。其三是税收优惠。园区内营运、研究等主体进口机器设施的,免征进口税捐、货物税和营业税;进口原料、物料、半成品的,免征进口税捐、货物税和营业税;园区对外出口产品或劳务的,其营业税税率为零,且免征货物税。另外,如企业或研究机构的技术被"科学工业管理局"认定为对工业发展有特殊贡献的,可减免其承租土地五年以内的租金。

(三)我国主要科技园区立法

受日本和我国台湾地区科技园区发展尤其是其立法保障实践的影响,

---

① 参见陈俊:《台湾新竹科学园区的立法调整及借鉴》,载《国际经济合作》2010 年第 2 期。

我国也制定了诸多关于科技园区发展的法律和政策。其一是中央层面的政策和立法。1985 年，《中共中央关于科学技术体制改革的决定》提出，要在全国范围选择若干智力资源密集地区，采取特殊政策，逐步形成一批有特色的高新技术产业开发区。1991 年，国务院发布《关于批准国家高新技术产业开发区和有关政策规定的通知》，在北京、西安、上海等设立了第一批共 26 个国家级高新技术产业开发区；1992 年新增第二批共 25 个国家高新技术产业开发区。随着高新技术产业开发区的建设和发展，国家也逐步完善了相关政策和立法，如国务院于 1991 年制定了《国家高新技术产业开发区高新技术企业认定条件和办法》《国家高新技术产业开发区若干政策的暂行规定》等。1993 年制定的《科学技术进步法》更是为科技园区立法的推进提供了充足依据。该法第 24 条规定，国务院可以根据需要批准建立国家高新技术产业开发区，并对国家高新技术产业开发区的建设、发展给予引导和扶持，使其形成特色和优势，发挥集聚效应，这解决了高新技术产业开发区设立的合法性问题。国家科委则对该条进行了具体化，即国家科委于 1996 年制定了《国家高新技术产业开发区管理暂行办法》，该办法成为科技园区建设和管理的主要依据之一。当然，由于《科学技术进步法》的规定较为原则，行政机关还制定了系列对开发区管理进行细化的法律规范，如国务院发布的《关于国家高新技术产业开发区管理体制改革与创新的若干意见》、国家税务总局制定的《国家高新技术产业开发区税收政策的规定》等。

　　总的来说，国家层面的立法仅解决了科学园区设置和税收优惠等方面的合法性问题，至于科技园区的规划建设和管理等问题，则主要由各地园区立法或相关政策解决。例如，北京市于 2000 年制定了《中关村科技园区条例》，该条例共有 8 章，分别规定了市场主体和竞争秩序、促进和保障措施、风险投资、资金支持、人才引进等事项。2010 年，为配合国家推进的高新技术产业开发区向自主创新示范区升级的战略，北京市制定了《中关村国家自主创新示范区条例》以替代原有的园区条例，该条例就科技金融、土地利用、政府服务等进行了更为详尽的规定。除此之外，北京市还制定了

《中关村科技园区首台（套）重大技术装备试验、示范项目实施办法》《关于建设中关村国家自主创新示范区的若干意见》《关于加快建设中关村科学城的若干意见》《中关村国家自主创新示范区企业登记办法》《中关村国家自主创新示范区技术秘密认定管理暂行办法》等规范性文件。除北京之外，其他建设有国家自主创新示范区或其他级别的科技园区的地方也制定了相应立法，如西安制定了《西安开发区条例》、深圳制定了《深圳经济特区高新技术产业园区条例》、苏州制定了《苏州国家高新技术产业开发区条例》等。

二、科技园区法律制度的主要内容

如上所述，我国自 20 世纪 90 年代起即展开了科技园区建设和管理的相关立法工作。实际上，中央层面的立法仅仅解决了园区设置和税收优惠等方面的问题，至于园区建设过程中的规划、土地利用和园区管理过程中的审批权配置等问题则一般由地方科技园区管理条例进行规定。

（一）园区管理和服务

在园区管理体制方面，各地科技园区管理条例一般都设置了由管委会进行管理的体制。实际上，由管委会进行管理的管理体制沿袭于经济开发区管理体制。改革开放之后，我国为了加快改革开放政策的实施而设立了一批现代化工业、产业园区，全称为"经济开发区"。经济开发区设立的目的在于解决经济发展的集约化程度不高、计划经济体制下审批手续繁杂等问题。1984 年至 1990 年，国家展开了设立国家级开发区的试点工作，在沿海 12 个城市建立了 14 个国家级开发区。这些开发区多设立了管委会这一管理机构。经济开发区管委会的设置一方面将企业集中起来，统一提供基础设施和用工等服务，另一方面也将分散于各职能部门的审批权集中到开发区管委会，并由管委会的职能部门行使，从而提高了行政审批的效率。科技园区本质上也属于经济开发区的一种，只不过园区内企业可能享受更为优惠的待遇。当然，在管理体制上，各地科技园区立法一般也设置了管委会体制，如《深圳经济特区高新技术产业园区条例》即规定，市政府设立高新区领导机构和高新区行政管理机构,管理高新区的相关事务。同时,该条例还赋予了管委会广泛的职权,包括组织编制高新区总体发展规划和产业发展规划、负责对进入高新区的企业或者项目的审核、负责高新区内用地(包括用地位置与面积)的初审等。

除管理体制外,各地科技园区管理条例一般还设置了政府行为规范。实际上,从经济开发区抑或科技园区的设置来看,其不仅是市场体制改革的试验田,同时也是行政管理体制改革的试验田。也就是说,园区管理体制的设置同时也是行政机关开展简政放权改革的重要实践。因此,许多科技园区管理条例也规定了政府的行为规范。例如,《深圳经济特区高新技术产业园区条例》在其第四章第二节中用 6 个条文规定相关政府部门在园区管理过程中应注重的事项,包括应当为高新区的高新技术企业提供优质、高效、便捷的服务,公开有关高新区的政务和服务承诺及信息,简化行政审批手续等;《中关村国家自主创新示范区条例》也设置了"政府服务和管理"一章,规定跨层级联合工作机制、示范区建设规范、审批简化、政务公开等事项。

(二) 园区规划建设

园区规划建设也是各地科技园区管理条例规范的重点内容。例如,《中关村国家自主创新示范区条例》专设一章"土地利用"以规范园区规划建设事项;同样的,《深圳经济特区高新技术产业园区条例》也设置有"规划与建设"一节以规范园区规划建设事项。总体而言,各地科技园区立法中关于园区规划与建设的条款主要包括以下内容:其一是规划权的配置。园区发展的规划权一般由市一级或直辖市政府行使。例如,《中关村国家自主创新示范区条例》第 10 条规定,市人民政府负责统筹、规划、组织、协调、服务示范区的建设与发展。这实际上即规定了由北京市政府行使园区发展规划权。而《深圳经济特区高新技术产业园区条例》第 22 条也规定,市政府应当按照深圳市城市总体规划,根据高新区的发展需要和实际情况,对高新区和高新技术产业带的建设用地与发展进行统一规划。由市或直辖市一级政府行使园区发展的规划权实际上也是《地方各级人民代表大会和地方各级人民政府组织法》的要求,各地科技园区管理条例只不过是将上位法的规定予以具体化。其二是园区的总体布局。科技园区的布局一般在各地科技园区管理条例出台之前已经形成,科技园区立法将其纳入其中,这既是对已有的科技产业布局的认可,也是将相关产业和区域纳入统一管理的必要方式。当然,科技园区立法对园区布局的规范也可在一定程度上起到调整园区布局的作用,最终促使园区布局和产业结构趋于合理。基于上述原因,各地科技园区管理条例也对园区布局进行了规范。《中关村国家自主创新示范区条例》第 3 条规定,中关村国家自主创新示范区由海淀园、丰台园、昌平园、电子城、亦庄园、德胜园、石景山园、雍和园、通州园、大兴生物医药产业基地以及市人民政府根据国务院批准划定的其他区域等多园构成;《深圳经济特区高新技术产业园区条例》则规定,高新区的公共设施用地面积应当占高新区总面积的 30%以上,其中绿地面积应当占高新区总面积的 10%以上。其三是土地利用。土地利用是各地科技园区管理条例进行规范的重要内容之一,主要包括对土地使用审批权的规定。例如,《深圳经济特区高新技术产业园区条例》设置了国有土地使用权出让制度和国有土地租赁制度,提出要逐步由土地使用权出让制度过渡为土地租赁制度。在此基础上,该条例规定,企业需要利用土地的,由高新区行政管理机构审批,同时规定了企业在获得土地使用权之后的建设时限,即土地使用者自出让合同签订之日起一年内应完成建筑物投资的 25%。

(三) 优惠措施

优惠待遇也是各地科技园区管理条例规定的重点内容,主要就以下几个方面进行了规定:其一是人才引进的优惠待遇。人才是科技产业发展的核心动力,科技园区的发展当然离不开人才的支持。为此,各地科技园区管理条例都将人才引进优惠待遇放置在重要位置。《深圳经济特区高新技术产业园区条例》即专设一节规定了人才引进的优惠待遇,如其第 8 条规定,高新区引进的留学人员、外省市科技和管理人才在办理人才工作证的前提下,其在子女教育、购房等方面享有本市户籍人员的同等待遇。另外,《深圳经济特区高新技术产业园区条例》也为留学人员的引进提供了便利,如担任专业技术职务不受聘用单位指标的限制等。《中关村国家自主创新示范区条例》则规定,市和区、县人民政府及有关部门应当根据国家和本市的有关规定为高端领军人才和高层次人才在企业设立、项目申报、科研条件保障、户口或者居住证办理、房屋购买和租赁等方面提供便利。与此同时,该条例还规定了人才在职称评价、科技成果折股、企校人才流动等方面享有的优惠待遇。其二是资金扶持。《深圳经济特区高新技术产业园区条例》设置的资金扶持包括归国人员创业资助资金、"深圳虚拟大学园"项目等。《中关村国家自主创新示范区条例》则设置有"科技金融"一章,该章专门用来规定科技与金融的融合,其主要措施包括鼓励和支持各类金融机构在示范区开展金融创新、支持示范区内的企业运用票据等集资手段、支持企业和其他组织在示范区内设立为科技型企业服务的小额贷款机构和担保机构等。其三是创业扶持。例如,《中关村国家自主创新示范区条例》在"创新创业主体"一章规定了各类创新创业主体的设立程序,其中,条例对审批流程的简化有利于促进创新创业主体的设立。与此同时,该条例还规定了对科技人员创业的鼓励。其四是中介服务。各地科技园区管理条例也规定了诸多促进中介服务发展的措施,如《深圳经济特区高新技术产业园区条例》第14条规定,市政府鼓励企业、高等院校、科研机构和其他组织或者个人在高新区设立为培养初创阶段的小企业或者合伙成长的创业服务机构(孵化器)。《中关村国家自主创新示范区条例》第15条第2款也规定,鼓励企业、高等院校、科研院所以及其他组织和个人,在示范区设立大学科技园、创业园、创业服务中心等各类创业孵化服务机构以及科技中介机构,利用社会资源,提升创新创业服务能力。

三、科技园区管理体制改革

(一) 园区管委会的职能变迁历程

在我国,园区管委会大多经历了初创、二次创业、扩容和部分高新区变为自主创新示范区的过程,园区管委会的职能也随之发生变化。

其一是初创期,园区管委会的主要职能在于推进园区建设。此时,园区管委会主要围绕园区基础设施建设来配备其职能。由于基础设施建设与城市规划、项目审批、土地划拨等方面的职能具有紧密联系,初创期的管委会大多首先配备这方面的职能。例如,就西安高新区管委会而言,到1992年,经陕西省政府和西安市政府"市政发(1992)100号"等文件的授权,该管委会成立了发展改革和商务局、国土资源和房屋管理局、规划建设局等职能部门,并获得了政策区规划定点、科技开发企业及项目的审批、股份制企业审批等职能。从这些职能部门的设置和职能配备的情况来看,在初创期,西安高新区管委会的职能主要集中在园区规划建设等方面,而管委会在1992年的主要任务也在于抓基础设施建设,完成了总面积为3.2平方公里的东、西两个集中区的建设工作,并实现了产业、文化、住宅和商贸的分区建设,在管理体制上创造了"一区五园"的模式。

其二是二次创业期,园区管委会的经济管理职能进一步强化。1996年后,第一批设立的技术开发区已取得长足发展,表现为基础设施建设基本完成,科技产业也形成了规模化发展的效应。如在1996年,苏州高新区共有50余家跨国公司和260多个项目进驻,利用外资达12.3亿元,国民生产总值占全区的22.3%。[①] 此时,高新区需要实现从规模化建设向内涵式发展的转变和要素驱动向创新驱动的转变。这就在客观上要求高新区实施更有力的经济调控,经济管理职能的强化即成为这一阶段园区管委会职能变迁的主旋律。因此,1996年制定的《国家高新技术产业开发区管理暂行办法》规定了管委会在拟定和实施高新技术产业发展规划、完善分配制度、建立风险投资机制等方面的职权,这可视为对园区管委会之经济管理职能的强化。也正是自1997年起,西安高新区深化了内部管理体制改革,强化了经济管理和服务的职能,在人才引进、孵化器建设、金融扶持等方面行使广泛的职权。如在1997年,西安高新区管委会推出系列人才吸纳政策,引进留学归国人员130多人、其他人才1500余人;1998年,进一步加大投资服务工作力度,全年新增担保金3402.98万元,同比增长117.3%。这些措施的实施,离不开管委会之经济管理职能的强化。

---

①　参见汪长根、陈楚九:《苏州新区第二次创业研究》,载《江南论坛》1997年第10期。

　　其三是扩容期,园区管委会获得大量社会管理职能。新世纪之后,全国 53 个国家级高新技术产业开发区经二次创业,其版图进一步扩展。例如,到 2001 年,西安高新区在原有基础上启动三期建设工程,建成占地 34 平方公里的中国西部创新科技城,五个国家级科技园和一批专业园区建设也获得重大进展,形成了"巨无霸"式的科技园区;在 2002 年,苏州高新区园区面积已达到了原规划的 52 平方公里。另外,在许多高新区中,除科技企业之外,街道、农村等也被划入了管委会的管辖范围内。此时,园区管理体制中原有的"小政府、大社会"的优势已不能适应园区面积的扩大和事务的复杂化,这即为园区管委会获得大量社会管理职能并趋同于一级政府提供了契机。因此,在 2002 年,苏州市将侧重于行使开发管理职能的原苏州高新区管委会与侧重于社会管理的虎丘区政府合并,苏州高新区管委会借助虎丘区政府这一"外壳",设置了民政、教育等职能部门,获得了较为完备的社会管理职能。长沙、郑州、杭州等地的园区管委会也实行了同样的改革。在未进行管委会与区政府合署办公的高新区,管委会的社会管理职能同样得到强化。例如,西安市于 2003 年制定了《西安市开发区条例》,将诸如公用事业、劳动和社会保障等部分社会事务管理职权授予园区管委会。实践中,园区管委会也强化了社会管理方面的职权的行使,如在 2005 年,园区管委会分八次共组织农民 3000 多人次参加就业培训,成功推荐 800 人就业;加大社会保险的推广工作,新增社会保险参保单位 340 户,同比增长 20.24%;收缴各项保险基金额 1.79 亿元,同比增长 42.22%;社会保险覆盖人数增加 8000 多人。

　　其四是自主创新示范区建设时期,园区管委会获得了先行改革的权力。2009 年,经国务院批准,中关村高新技术产业开发区升级为国家自主创新示范区;截至 2016 年 7 月,国家自主创新示范区已达 16 个。国家自主创新示范区定位为"在推进自主创新和高技术产业发展方面先行先试、探索经验、做出示范的区域",因此,自主创新示范区实际上具备先行推行改革的权力。据此,各自主创新示范区也推行了系列改革,如上海张江高新区管委会联合上海市金融办和市银监局等部门推出了张江科技银行建设的总体方案,这是科技金融整合的典范,也可视为对现有的金融体制的重大改革;中关村园区管委会则推出"四众"模式构建创新创业生态系统,强化对创新创业的扶持。这些措施实施的背后,都表明园区管委会获得更大的自主进行制度创新的权力。

（二）园区管委会职能膨胀

1. 园区管委会职能变迁中的职能膨胀

从园区管委会职权变迁历程中即可发现,其职能呈现出来日趋膨胀的局势。具体而言,园区管理管委会设立之初的定位应当是对园区建设和运行事务进行管理。对园区建设和运行进行管理是园区管委会的基本职能,各级政府设立园区管委会这一派出机构,其目的即在于将园区建设管理机制予以固态化,这也是园区管委会这一政府之外的常态化执法机构得以存在的缘由。换言之,在现有的宪政体制下,由人民代表大会产生的一级政府负责相应行政区域的全部经济和社会事务的管理,在此基础上设立的园区管委会仅管理园区的建设和运行事务。这既是园区管委会设立的初衷,也是现有宪政体制下园区管委会职能的合理定位。

然而,在园区发展的过程中,园区管委会的职能也随之产生了膨胀,这种膨胀在上述园区管委会的职能变迁历程中得到充分展现,具体表现有二:其一是从园区建设管理职能扩展到经济管理职能。这种膨胀发生在高新区二次创业之后,表现为园区管委会获得了大量经济管理的权力。其二是从经济管理扩展到社会管理。园区管委会在发展过程中,除逐步扩大经济管理职能外,还获得了社会管理的职能。这主要发生在高新区扩容之后,许多园区管委会设立了教育、司法、发改、建设、外经贸等职能部门,兼具园区建设、经济管理和社会管理等方面的职能。这些职能实际上超出了"园区管理"的范畴,是职能膨胀的直观表现。

2. 园区管委会职能膨胀的逻辑

园区管委会职能之所以呈现膨胀化的趋势,除了适应园区规模日益扩大后的管理要求之外,其背后的原因即是园区建设过程中的集权式管理逻辑。所谓集权式的管理逻辑,是指基于集中力量办大事的要求而在权力的分配上将相应的管理职权集中于某一机关之手,由该机关进行统一调度和管理的思维。集权式的管理逻辑具有两层含义:其一是管理逻辑。管理强调的是行政主体对相对人的"管"。管理逻辑存在管理者与被管理者的二元对立,强调管理者管控目标的实现,管理的开展表现为权力自上而下的强制与命令的过程。[①] 因此,"管"的手段具有一定的强制性,具体包括了许可、处罚、检查等手段。其二是集权化的过程。所谓的集权化,是指将权力集中于特定机构之手。集权化是行政效率原则作用的结果,集权的目的在于为行政机构迅速开展行政管理活动提供保障。就此意义而言,集权化管理可能产生两个效果:一是在行政机构之间,权力向特定机构集中;二是在行政机构与社会主体之间,社会主体处于"被管理"的地位,缺乏参与性和自主性的权利。

园区管委会职能的膨胀即体现了上述逻辑:在园区建设过程中,园区管委会为实现园区秩序的有序化,内在地要求具备土地规划、企业设立登记、税收优惠等方面的职权,这些职权的背后代表着特定的社会资源,职权的行使实际上即是园区管委会调动社会资源促进园区发展的过程,也是"管理"的过程。而在传统行政体制当中,作为派出机构的园区管委会当然不具备以上职权,只能要求上级政府进行授予。因此,上级政府需要将其所属职能部门的相应管理职权授予园区管委会,由园区管委会统一行使,如此即形成了经济管理和社会管理职权向园区管委会集中的效果。

3. 园区管委会职能膨胀的困境

园区管委会职能的过度膨胀使得园区管委会异化为一级政府,园区管委会的管理体制即遭遇实践层面和法律层面的双重困境:

在实践层面,许多园区管委会设置了司法局、发改局、建设局、外经贸局等职能部门,其职能配备趋同于一级政府,此时,园区管委会存在的必要性即有可能遭受质疑。也就是说,园区管委会设立的目的在于推进园区建设和管理,而随着园区的日益成熟,园区建设任务可能会逐步减少,而园区

---

① 参见王琛伟:《我国行政体制改革演进轨迹:从"管理"到"治理"》,载《改革》2014 年第 6 期。

运营过程中涉及的事务也可能逐步固定化,此时,作为临时性派出机构的园区管委会是否有必要被一级政府所替代,这即是值得探讨的问题。另外,在园区建设过程中,上级机关将工商、税务、土地规划等职能集中由园区管委会行使,这实际上也具有提高行政效率和为相对人提供便利的考虑。然而,随着行政服务中心的逐步完善和"一站式"办理流程的建立,园区管委会"集中管理"的优势即被瓦解,这实际上也构成对园区管委会存在之必要性的侵蚀。

不仅如此,园区管委会职能的膨胀还遭遇严重的合法性危机,具体表现为:其一,在我国《宪法》第 30 条规定的行政区划中仅包括了省、自治区、直辖市、自治州、县、自治县、市、区、乡、民族乡、镇等,其中并没有"开发区"这一行政区域。这也表明,尽管省、市级政府可以为特定的园区建设任务而设立园区管委会并授予其一定的管理职能,但园区管委会没有宪法上的地位,这也决定了园区管委会只能作为派出机构和临时性机构而存在,管委会职能膨胀而趋同于一级政府,这与《宪法》第 30 条规定的精神不符。其二,人民代表大会制度是我国的根本政治制度,《宪法》第 3 条也规定了国家机关向人民代表大会负责的原则。而园区管委会既行使广泛的职权,又不接受人民代表大会的直接监督,这与我国的宪政体制并不相符。其三,行政诉讼法规定派出机构行使被授予的职权时产生的责任由授权机关负责,而在园区管理体制中,管委会获得上级政府的授权,又将相应职权交由其下属的职能部门行使,这就可能造成授权关系的混乱,行政诉讼的被告因此也难以确定。当然,苏州高新区采取了管委会与区政府合署的办法,看似解决了缺乏人大监督和行政诉讼被告难以确定的问题,但由于管委会的设立无宪法依据,其与区政府的合署也不具备宪法上的正当性。

(三) 园区管委会创新服务职能转变的合理性

1. "研发管理向创新服务转变"的内涵分析

所谓创新服务职能,是指政府在科技行政管理领域所承担的为科技主体提供各种便利条件的职责。创新服务职能是创新驱动发展战略实施对政府职能转变的要求,也是服务政府理论在科技行政管理领域的展开。服务型政府"是一种以服务为导向的政府模式"①，从服务型政府建设的背景出发，"研发管理向创新服务转变"即可作如下理解：其一，创新服务职能提出的实质是管理理念向服务理念的转变。如上所述，园区管委会的职能配备大都秉持"管理"逻辑，以公共利益面目出现的管控目标在行政管理过程中占据优越性地位。此时，行政目的的优越性地位和行政效率的价值取向即成为园区管委会职能日趋扩大的内在理由。而创新服务职能的提出则要求政府实现从"管理"逻辑到"服务"逻辑的转变，这意味着园区管委会需要以服务供给作为其主要的行政任务。此时，相对于个人权利，行政目的不再具备压倒性的优势——作为服务供给者的行政主体所开展的活动当然要以被服务者的利益最大化为目的。"服务行政的行政活动将真正地做到以社会为本位，以人的真实需求为出发点和归宿点。"②其二，创新服务职能的提出要求科技行政管理职能实现从集权到放权的变迁。应该说，三十多年来改革开放的成果即是推动了国家向社会的放权，"30 年来中国改革的一个重要成就即在于打破了这种国家集中型权力秩序模式，将应当属于社会的自治权归还给社会"③。创新服务职能的提出契合了这一放权的过程，其一方面建立在行政审批制度改革的基础之上，要求以审批形式存在的政府管制权进一步缩减；另一方面，"服务"理念同时彰显了科技企业的主体资格，作为法律关系主体的科技企业将拥有更多的自主权和自治权。

　　2. 职能转变的法律依据

　　其一，我国《宪法》第 47 条规定公民有进行科学研究的自由，且国家需要给予帮助。此条规定有两层含义，其前半部分确认公民开展科学研究的自由，对应的是国家不予以干预的义务，要求国家通过"不干预"的形式确

---

① 张乾友：《变革社会中的服务型政府建设——任务型组织的途径》，载《北京行政学院学报》2014 年第 1 期。

② 王锋、郭哲：《行政模式的范式变迁》，载《求实》2015 年第 3 期。

③ 江国华、张倩：《权力的分解、位移与下沉——写在 1982 年〈宪法〉实施三十周年之际》，载《法学杂志》2012 年第 7 期。

保自由的实现。① 而此条款的后半部分则明确了国家提供帮助的义务,这种帮助不应构成对科研自由的限制,而应成为科研自由得以实现的推动力。园区管委会职能实现从研发管理向创新服务转变是符合《宪法》第47条之精神的:一方面,研发管理职能的削减有利于减少管委会对科研活动的干预和限制,最终保障科研自由得以实现;另一方面,创新服务职能的建构实际上有利于管委会为科技研发活动提供更多的保障。从这个角度而言,"创新服务"实际上即是政府向科研主体提供服务以履行《宪法》第47条之给付义务的方式。

其二,如上所述,作为派出机构的园区管委会并非宪法上的一级政府,为其配备工商、税收、司法、教育等职权并不具备宪法上的正当性。而园区管委会职能从研发管理到创新服务的转变则可以解决此问题,即这种转变一方面要求管委会削减工商、税收、司法、教育等职权,解决了管委会职权配备无宪法依据的问题;另一方面,创新服务职能强调的是管委会与科研主体之间平等的服务供给关系,这种关系的平等性决定了其并不需要具备明确的宪法依据,这即赋予了此种转变以合法性。

3. 创新服务职能的制度基础

其一,研发管理向创新服务的转变契合于中国行政体制改革的要求。应该说,近年来,中国行政管理体制改革的主线即是政府职能的转变。"十三五"规划有关于政府职能转化的要求,近年来国务院推行的行政审批体制改革的目的也在于推动政府职能的转化。研发管理向创新服务转变要求园区管委会一方面削减其在土地、企业设立等方面的审批职权,另一方面也要求园区管委会强化其在创新服务上的供给职能,为科技研发应用提供共性技术平台、中介、知识产权等方面的服务。从这个角度而言,研发管理向创新服务的转变与行政管理体制改革的方向相一致,顺应了行政管理体制改革的潮流,行政管理体制的改革也将成为创新服务职能建构的推动力。

其二,研发管理向创新服务的转变契合于科技行政管理的特殊性。科

---

① 参见王德志:《论我国学术自由的宪法基础》,载《中国法学》2012年第5期。

研活动本身是一项对人之主观能动性要求极高的活动，人只有在具备充足的创造激情下，科学技术的创新才可能得到实现。而人只有在自由和权利得到保障的情况下，其创造热情才有可能被激发。从这个角度而言，科技行政管理的首要任务在于为科研主体提供良好的外部环境，而非对研发活动进行规制和调控。实际上，从科技发展的基本规律来看，政府在创新创业平台建设、高端人才引进等方面的服务作用也是不可或缺的。[①] 研发管理向创新服务转变使得园区管委会得以专注于服务的提供，打破政府在资源及生产经营领域的垄断地位，限缩政府在科技产业发展方面的管制性权力，使政府的资源配置职能让位于市场，[②] 为科研主体创造良好的外部环境，并通过市场效应和权利激励而激发科研主体的创造热情。

其三，如上所述，从 2009 年起，部分高新产业开发区经国务院批准升级为国家自主创新示范区，自主创新示范区具有自主从事改革试点工作的权力。这种权力实际上也可运用于园区管委会对其自身职能的改革上。在"十三五"规划提出政府职能从科研管理向创新服务转变的背景下，园区管委会完全可以先行进行这一改革，逐步将其管理职能转变为服务职能。

（四）园区管委会创新服务职能的建构路径

如上所述，在政府职能转变的大背景下，园区管委会职能有必要实现从研发管理到创新服务的转变，此种转变需要园区管委会在组织结构、权力配置和权力关系上实现系列变迁。

1. 组织结构：园区管委会组织体制改革

园区管委会职能膨胀是园区发展的"副产品"，在园区获得长足发展的背景下，园区管委会的管辖范围扩大，管理职能也逐步扩展，从而使之具有了类似于一级政府的组织结构和职能，进而也脱离了"负责园区管理的派出机构"的本来面貌。基于此，园区管委会之职能的转变即需从组织结构的角度开展，只有将园区管委会从实质意义上的一级政府恢复为园区管理

---

① 参见王育宝、胡芳肖：《科技园区持续发展的机制探讨》，载《中国科技论坛》2016 年第 5 期。

② 参见王克稳：《我国行政审批制度的改革及其法律规制》，载《法学研究》2014 年第 2 期。

机构的地位,膨胀的职能才可能得以剥离。为此,园区管委会创新服务职能建构的第一步即是将行政区和园区相分离。具体而言,对于在本园区内具有类似于一级政府的完整管理职能的园区管委会,如西安高新区管委会等,需要在现有园区辖区范围内设立一级政府,管委会的机构和职能转移到一级政府中;对于在园区内仅承担部分经济、行政和社会管理的管委会,如南京高新区管委会,则需要将其所承担的经济、行政和社会管理职能归还给上级政府。在此基础上,园区管委会与地方政府相分离,园区管委会仅负责创新服务方面的事宜,而不负责其他事务的管理。此种改革方案的可行性在于,随着园区的日益成熟,园区内的经济、行政和社会管理等方面的事务实际上已日益成熟,形成一定的固态化的管理模式,因此需要将这些事务交由地方政府进行管理,而不能一直由作为临时性派出机构的园区管委会进行管理,这也是依法行政的要求。

当然,在将园区管委会与地方政府相分离之后,其组织定位是否需要进行进一步的改革,这也是值得探讨的问题。实际上,在园区管委会设立之初,园区管委会即存在体制合一型、体制分离型和企业法人型三种管理模式,三种模式的代表分别为苏州高新区管委会、张江高新区管委会和深圳科技工业园(集团)有限公司。前两种模式都存在职能膨胀的倾向,这在前文已有充分论述;后一种模式采用公司化的运营方式,以营利为导向的公司化经营也难以全面承担创新服务的职能。为此,笔者认为,园区管理体制可改革为自治组织的管理模式。园区管委会从政府派出机构向自治组织的演进是基层治理跨越科层制范式的需要。① 更为重要的是,这种转变,使得园区治理机构与科技企业之间的联系更为密切,从而也能够促使其提升创新服务的能力。当然,"十三五"规划也提到,要支持社会组织的发展,这即为园区管委会向自治组织的演进提供了制度空间。

2. 权力配置:从管理到服务的转变

园区管委会职能实现从研发管理到创新服务的转变,最重要的步骤还

---

① 参见吴新叶:《基层治理需要跨越科层制范式的藩篱——与王龙飞博士商榷》,载《探索与争鸣》2016 年第 1 期。

在于对其职能进行调整，这种调整需要实现园区管委会的职能从管理到服务的转变——管理强调的是自上而下的权力行使，服务强调的则为平等主体之间的交往行为。"政府科学管理职能转变的基本方向是简政放权。"①在职能配备上，从管理到服务的转变包括两方面的内容，即管理职能的削减和服务职能的强化。应该说，将园区管委会从行政区中剥离并使之从派出机构转化为自治组织之后，园区管委会承载的经济、行政和社会管理等职能即需要向地方政府移交，此种移交将使其职能转变的任务完成一半，即完成了管理职能的削减。在此基础上，园区治理机构还需要进一步强化创新服务职能。

在园区管委会的组织形式实现从派出机构到自治组织的转变之后，其创新服务职能可以从以下两个方面进行建构：一方面，科技行政管理部门可将依科技法规范享有的创新服务职能授予园区管委会行使。实际上，《促进科技成果转化法》的修订也体现了强化创新服务职能的思想，该法第12条规定企业可请求国家通过政府采购等方式予以支持，第22条第2款规定科技行政管理部门应为企业获取所需的科技成果提供帮助和支持，第11条设置了国家提供信息服务的义务，这实际上强化了科技行政管理部门的服务供给义务。可以预见，未来的科技法规范将会在更大程度上将行政机关的"管理"职能转化为"服务"职能。在此基础上，地方政府和科技行政管理部门在对园区治理机构进行授权时，应以服务职权的授予为主，管理性的职权则应由地方政府保留。就具体的服务面向而言，创新要素的供给对科技企业的发展至关重要，因此地方政府可将人才保障、金融服务、共性技术平台运营、仪器共享、科技信息资源交换等方面的服务性职能授予园区管委会，使之"将主要的资源和精力配置到改善科技公共服务、打造创新生态系统上来"②。另一方面，作为自治组织的园区管理机构还可以依据自治章程获得为科技企业提供服务的职能。当前我国建立有村委会、行业协

---

① 程志波：《论我国当前科学宏观管理体制改革的若干问题》，载《中国科技论坛》2014年第12期。

② 周国辉：《重心要放到强化创新服务上》，载《科技日报》2016年3月16日第3版。

会等自治组织,自治组织的运作机理在于,组织体成员通过自治章程的形式授予自治组织在一定范围内处理相关公共事务的权力,此种权力即为自治权,自治权由自治章程授予,需在章程规定的范围内运行。就科技园区而言,要实现园区管委会从派出机构到自治组织的转化,科技企业可以签订自治章程设立自治组织,自治章程规定作为自治组织的园区管委会所承担的服务职责,从而实现园区管委会的职能向创新服务的转变。

3. 权力关系:两组关系的调整

在将园区管委会与地方政府相分离并将之转化为自治组织而剥离其管理职能、强化服务职能的基础上,作为自治组织的园区管委会的运行还需要处理好两组关系:

一方面,就园区管委会与地方政府的关系而言,园区管委会与地方政府相剥离之后,二者之间即不应保持被领导与领导的关系。作为自治组织的园区管委会在法律地位上应当具有类似于行业协会的独立性,是自发、自主的独立主体,与地方政府处于平等的法律关系中。① 此时,地方政府对园区管委会不能"发号施令",只能通过协商的方式要求园区管委会配合政府管理工作的开展。当然,地方政府需要将部分创新服务职能通过授权的方式交由园区管委会行使,在该职能的行使范围内,地方政府具有指挥权和监督权,园区管委会对被授予权力的行使需要接受授权机关的指令;对于园区管委会其他事务的执行,地方政府应仅有指导权,而无强制性的指挥权。

另一方面,在园区管委会与科技企业的关系当中,在园区管委会的"管理"职能被剥离之后,其与科技企业之间即不再是管理与被管理的关系。相反,作为自治组织的园区管委会需要接受科技企业的监督与制约,具体表现为以下三个方面的关系:其一,园区管委会由科技企业通过签订自治章程的形式获得合法性,科技企业的会员大会或会员代表大会通过自治章程,选举产生园区管委会,园区管委会按照章程自主治理的过程就是行业自治。其二,由于园区管委会由科技企业的会员大会或会员代表大会通过

---

① 参见易继明:《论行业协会市场化改革》,载《法学家》2014 年第 4 期。

签订自治章程而产生,园区管委会进行自治的权力即产生于科技企业的让渡,园区管委会需要按章程的规定行使自治权,服务于科技企业的发展。其三,基于此种权力让渡关系的存在,科技企业与园区管委会之间当然存在监督关系,一般由会员大会或会员代表大会代为行使监督权。总而言之,由于园区管委会由科技企业通过章程而产生,其职权也来源于自治章程的授予,这即可确保园区管委会的作用主要为服务于科技企业的创新发展,从而实现园区管委会的职能由研发管理向创新服务的转变。

参 考 文 献

一、著作

1. 财团法人资讯工业策进会编:《次世代浪潮下的科技法律》,新学林 2008 年版。

2. 曹昌祯主编:《中国科技法学》,复旦大学出版社 1999 年版。

3. 陈历幸:《社会视野下的科技法律塑造:以政策与法律的关系为重心》,复旦大学出版社 2011 年版。

4. 陈乃蔚主编:《科技法新论》,上海交通大学出版社 2001 年版。

5. 陈新民:《公法学札记》,中国政法大学出版社 2001 年版。

6. 丁邦开、赵凡主编:《科技法学纲要》,南京大学出版社 1990 年版。

7. 范晓峰:《科技政策发展与科技法制建设:科技立法工作的回顾与思考》,知识产权出版社 2006 年版。

8. 冯震宇:《高科技产业之法律策略与规划》,北京大学出版社 2005 年版。

9. 傅强等:《科技北京建设的法制保障研究》,知识产权出版社 2014 年版。

10. 古津贤、李耀文主编:《生命科技法律与伦理》,天津人民出版社 2014 年版。

11. 何建志:《基因歧视与法律对策之研究》,北京大学出版社 2006 年版。

12. 何礼果:《现代科学法研究》,北京交通大学出版社 2006 年版。

13. 何敏主编:《科技法学》,华中理工大学出版社 1999 年版。

14. 何士青、徐勋:《科技异化及其法律治理:基于以人为本的视角》,中国社会科学出版社 2010 年版。

15. 何悦:《科技法学(第二版)》,法律出版社 2014 年版。

16. 江国华编著:《中国行政法学(总论)》,武汉大学出版社 2012 年版。

17. 蒋坡主编:《科技法学理论与实践》,上海人民出版社 2009 年版。

18. 蒋坡主编:《科技法学研究》,法律出版社 2007 年版。

19. 〔德〕卡尔·拉伦茨:《法学方法论》,陈爱娥译,商务印书馆 2003 年版。

20. 孔平主编:《企业科技进步的法律机制》,中国科学技术出版社 1993 年版。

21. 李光禄、牛忠志主编:《创新型社会建设中的科技法律制度研究》,中国人民公安大学出版社 2009 年版。

22. 李丽辉主编:《法律维度下的科技》,中国政法大学出版社 2015 年版。

23. 李响、王金堂主编:《科技法与知识产权法研究》,中国人民公安大学出版社 2008 年版。

24. 李玉香等:《科技成果转化法律问题研究》,知识产权出版社 2015 年版。

25. 罗匡主编:《高技术法导论》,中国科学技术大学出版社 1992 年版。

26. 罗荣等编著:《科技法与经济法导论》,科学技术文献出版 1992 年版。

27. 罗玉中:《科技法基本原理》,中国科学技术出版社 1993 年版。

28. 《马克思恩格斯全集》第 1 卷,人民出版社 1956 年版。

29. 马治国:《中国科技法律问题研究》,陕西人民出版社 2001 年版。

30. 马忠法:《科技成果流转法律制度与上海创新型城市建设之研究》,知识产权出版社 2012 年版。

31. 倪正茂:《科技法学原理》,上海社会科学院出版社 1998 年版。

32. 牛忠志主编:《科技法通论》,吉林大学出版社 2007 年版。

33. 彭辉:《上海建设全球科技创新中心法治软环境研究》,上海社会科学院出版社 2016 年版。

34. 邱玟惠:《谱出生物科技法之妙音美律:生物科技法学方法之理论与实践》,元照出版有限公司 2011 年版。

35. 沈仲衡编著:《科技法学》,暨南大学出版社 2007 年版。

36. 孙学亮:《技术创新与产业发展的法律环境研究》,经济管理出版社 2009 年版。

37. 孙玉荣、张蕾主编:《科技法学》,北京工业大学出版社 2006 年版。

38. 王河主编:《中国科技法学》,法律出版社 1991 年版。

39. 王元等主编:《中国创业风险投资发展报告(2011)》,经济管理出版社 2011 年版。

40. 谢学军、欧琳:《科技争议的法律解决》,中国科学技术出版社 1993 年版。

41. 信春鹰主编:《中华人民共和国科学技术进步法释义》,法律出版社 2008 年版。

42. 严明清主编:《科技法学概论》,新华出版社 1991 年版。

43. 颜厥安:《鼠肝与虫臂的管制:法理学与生命伦理探究》,北京大学出版社 2006 年版。

44. 杨长贤等:《生物科技与法律:美国生技发明专利案例分析》,北京大学出版社2006年版。

45. 杨丽娟:《科技法历史形态演化的哲学反思》,东北大学出版社2007年版。

46. 易继明:《技术理性、社会发展与自由:科技法学导论》,北京大学出版社2005年版。

47. 易继明、周琼:《科技法学》,高等教育出版社2006年版。

48. 易继明主编:《中国科技法学年刊(2005年卷)》,北京大学出版社2005年版。

49. 赵震江主编:《科技法学》,北京大学出版社1998年版。

50. 邹茂仁主编:《科技法学》,武汉大学出版社1992年版。

二、论文

1. 陈恭:《未来30年上海将如何推进产业发展——"上海未来产业发展战略和'十三五'产业转型升级"专题研讨会综述》,载《科学发展》2015年第8期。

2. 陈建国:《政社关系与科技社团承接职能转移的差异——基于调查问卷的实证分析》,载《中国行政管理》2015年第5期。

3. 陈俊:《台湾新竹科学园区的立法调整及借鉴》,载《国际经济合作》2010年第2期。

4. 程志波:《论我国当前科学宏观管理体制改革的若干问题》,载《中国科技论坛》2014年第12期。

5. 崔德华:《政府规制维度的哲学解读》,载《海南师范大学学报(社会科学版)》2014年第7期。

6. 崔卓兰、周隆基:《社会管理创新与行政给付新发展》,载《当代法学》2013年第1期。

7. 邓炜辉:《论社会权的国家保护义务:起源、体系结构及类型化》,载《法商研究》2015年第5期。

8. 董保忠:《刍议科技法学的学科建设与发展》,载《第五届科技法学论坛论文集(上海·2007年)》。

9. 董成森:《农业科技创新面临的问题及对策——以湖南省为例》,载《湖南农业大学学报(社会科学版)》2010年第4期。

10. 董恒敏、李柏洲:《产学研协同创新驱动模式——基于河南驼人集团的案例研究》,载《科技进步与对策》2015年第5期。

11. 董颖:《创新型国家的法制保障——评修订后的科技进步法》,载《经济论坛》

2008 年第 7 期。

　　12. 杜沔:《对风险投资中的风险控制工具的探讨》,载《中国科技产业》2001 年第 7 期。

　　13. 付子堂、孟甜甜:《激励型法的学理探析——以美国〈拜杜法案〉为切入点》,载《河南财经政法大学学报》2014 年第 3 期。

　　14. 葛章志、宋伟:《地方政府促进科技成果转化新政策研究》,载《科技管理研究》2015 年第 23 期。

　　15. 郭胜伟、刘巍:《日本筑波科学城的立法经验对我国高新区发展的启示》,载《中国高新区》2007 年第 2 期。

　　16. 郭宇燕:《促进科技成果转化的法律保障机制——以法律经济分析为视角》,载《山西农业大学学报(社会科学版)》2016 年第 5 期。

　　17. 胡甲刚:《学术自由为什么会纳入宪法保障——基于学术自由入宪的历史背景分析》,载《理论月刊》2015 年第 9 期。

　　18. 胡敏洁:《给付行政范畴的中国生成》,载《中国法学》2013 年第 2 期。

　　19. 贾大平:《〈促进科技成果转化法〉的立法背景与主要内容》,载《科技成果纵横》1996 年第 5 期。

　　20. 江国华、张倩:《权力的分解、位移与下沉——写在 1982 年〈宪法〉实施三十周年之际》,载《法学杂志》2012 年第 7 期。

　　21. 江国华、周海源:《司法理性的职业性与社会性——以裁判效果为视角》,载《学习与探索》2015 年第 1 期。

　　22. 李方毅、郑垂勇:《发达国家促进财政科技研发投入的经验与借鉴》,载《科技管理研究》2015 年第 11 期。

　　23. 李建新:《地方立法贵在可操作性》,载《新疆人大》2013 年第 10 期。

　　24. 李健:《成果转化中创新主体的法律保障体系构建——以科技中介组织为例》,载《中国高校科技》2017 年第 Z1 期。

　　25. 刘灿、任胜利:《世界各主要国家或地区科研投入与产出的比较分析》,载《中国科学基金》2016 年第 3 期。

　　26. 刘广林:《证明责任分配之基础:诉讼主张的识别》,载《西南民族大学学报(人文社会科学版)》2015 年第 10 期。

　　27. 刘海波、刘金蕾:《科研机构治理的政策分析与立法研究》,载《中国人民大学学报》2011 年第 6 期。

28. 刘振刚:《地方立法理念与方法的若干思考》,载《行政法学研究》2013 年第4 期。

29. 龙卫球、林洹民:《我国智能制造的法律挑战与基本对策研究》,载《法学评论》2016 年第 6 期。

30. 卢君:《政府规制理论变迁视角下中国政府规制能力的提升》,载《云南财经大学学报》2009 年第 1 期。

31. 卢志刚:《高新科技园区统一立法宏论》,载《武汉船舶职业技术学院学报》2006 年第 4 期。

32. 马晓文、钟书华:《美国研究型大学科技成果的处置机制及其对中国的启示》,载《中国科技论坛》2016 年第 5 期。

33. 蒙启红、李恩临:《取予之间:美国对政府资助研发合同的法律规制》,载《齐齐哈尔大学学报（哲学社会科学版)》2016 年第 11 期。

34. 苗妙:《技术创新的法律制度基础:理论与框架》,载《广东财经大学学报》2014 年第 4 期。

35. 牛忠志:《论科技法在我国法律体系中的部门法地位——兼论传统法律部门划分标准的与时俱进理解》,载《科技与法律》2007 年第 5 期。

36. 彭中礼:《法律渊源词义考》,载《法学研究》2012 年第 6 期。

37. 戚建刚:《我国行政决策风险评估制度之反思》,载《法学》2014 年第 10 期。

38. 芮雯奕:《德国〈科学自由法〉对我国新型科研院所建设的启示》,载《科技管理研究》2015 年第 19 期。

39. 申小翠:《"自由"的多维内涵及其特点——读〈美国自由的故事〉》,载《广西大学学报(哲学社会科学版)》2015 年第 6 期。

40. 施旻煜:《美国风险投资发展和法律监管的研究》,载《福建质量管理》2015 年第8 期。

41. 孙远钊:《论科技成果转化与产学研合作——美国〈拜杜法〉35 周年的回顾与展望》,载《科技与法律》2015 年第 5 期。

42. 涂青林:《论地方立法的地方特色原则、实现难点及其对策》,载《人大研究》2013 年第 6 期。

43. 汪长根、陈楚九:《苏州新区第二次创业研究》,载《江南论坛》1997 年第 10 期。

44. 汪习根:《发展权与中国发展法治化的三维研究》,载《政治与法律》2007 年第4 期。

45. 王琛伟:《我国行政体制改革演进轨迹:从"管理"到"治理"》,载《改革》2014 年第 6 期。

46. 王德志:《论我国学术自由的宪法基础》,载《中国法学》2012 年第 5 期。

47. 王锋、郭哲:《行政模式的范式变迁》,载《求实》2015 年第 3 期。

48. 王贵松:《依法律行政原理的移植与嬗变》,载《法学研究》2015 年第 2 期。

49. 王家福:《为科技法学的繁荣而奋斗》,载《科技法学》1989 年第 1 期。

50. 王克稳:《我国行政审批制度的改革及其法律规制》,载《法学研究》2014 年第 2 期。

51. 王育宝、胡芳肖:《科技园区持续发展的机制探讨》,载《中国科技论坛》2016 年第 5 期。

52. 王兆国:《加强地方立法工作提高地方立法质量——王兆国副委员长在内蒙古召开的第十次全国地方立法研讨会上的讲话(摘要)》,载《中国人大》2004 年第 16 期。

53. 魏陆:《人大预算监督:亟须加快从形式向实质转变》,载《探索》2011 年第 3 期。

54. 吴建南、温挺挺:《〈科学技术进步法〉实施问题分析与修订建议研究》,载《科技进步与对策》2005 年第 2 期。

55. 吴冒鹏:《我国高新技术企业发展情况分析》,载《江苏科技信息》2016 年第 31 期。

56. 吴天昊:《社会主义法律体系形成后的地方立法创新》,载《政治与法律》2012 年第 3 期。

57. 吴新叶:《基层治理需要跨越科层制范式的藩篱——与王龙飞博士商榷》,载《探索与争鸣》2016 年第 1 期。

58. 徐友刚:《浅议科技进步法的操作性》,载《科技与法律》2007 年第 2 期。

59. 薛刚凌:《多元化背景下行政主体之建构》,载《浙江学刊》2007 年第 2 期。

60. 薛现林:《科学研究自由权利研究》,载《河北法学》2004 年第 9 期。

61. 阳东辉:《论科技法的理论体系构架——以克服科技创新市场失灵为视角》,载《法学论坛》2015 年第 4 期。

62. 杨武松、赵业新:《科技成果转化中国有无形资产管理的制度障碍与对策》,载《中国科技论坛》2015 年第 12 期。

63. 易继明:《论行业协会市场化改革》,载《法学家》2014 年第 4 期。

64. 于钧泓:《促进高校产学研合作的法律对策》,载《中国高校科技》2016 年第 4 期。

65. 张国玲、田旭：《欧美国家科技社团发展的机制与借鉴》，载《科技管理研究》2011 年第 4 期。

66. 张竞水：《促进产学研有效合作加快科技成果转化》，载《黑河学刊》2015 年第 12 期。

67. 张岭、张胜：《创新驱动发展战略的金融支持体系》，载《西安交通大学学报（社会科学版）》2015 年第 6 期。

68. 张明龙、章亮、张琼妮：《巩固促进科技创新的法律基础——〈科技进步法〉修改内容研究》，载《河南科技大学学报（社会科学版）》2010 年第 5 期。

69. 张乾友：《变革社会中的服务型政府建设——任务型组织的途径》，载《北京行政学院学报》2014 年第 1 期。

70. 张胜、郭英远：《简政放权：健全国有科研事业单位科技成果转化的市场导向机制》，载《科学管理研究》2014 年第 5 期。

71. 张胜、郭英远：《破解国有科研事业单位科技成果转化体制机制障碍》，载《中国科技论坛》2014 年第 8 期。

72. 张武军、徐宁：《新常态下科技成果转化政策支撑与法律保障研究》，载《科技进步与对策》2016 年第 3 期。

73. 张翔：《基本权利的双重性质》，载《法学研究》2005 年第 3 期。

74. 张宇润等：《科技法的定位和价值目标》，载《中国科技法学学术年会 2006 年年会论文集》。

75. 赵鹏：《政府对科技风险的预防职责及决策规范——以对农业转基因生物技术的规制为例》，载《当代法学》2014 年第 6 期。

76. 郑春燕：《基本权利的功能体系与行政法治的进路》，载《法学研究》2015 年第 5 期。

77. 周刚志：《论"消极权利"与"积极权利"——中国宪法权利性质之实证分析》，载《法学评论》2015 年第 3 期。

78. 周海源：《从政府职责到科研权利：科技法虚置化的成因与出路》，载《华中科技大学学报（社会科学版）》2016 年第 6 期。

79. 周天舒：《论董事勤勉义务的判断标准——基于浙江省两个案例的考察》，载《法学杂志》2014 年第 10 期。

80. 周旸洋：《人民代表大会在宪法实施中的角色分析》，载《广西大学学报（哲学社会科学版）》2015 年第 5 期。

81. 朱涛：《论中国科技法的双重体系及其建构》，载《科技与法律》2016年第5期。

82. 朱维究、刘永林：《论行政检查与行政法实施——以确保行政规范性文件得到真正落实为视角》，载《政治与法律》2012年第7期。

83. 朱一飞：《高校科技成果转化法律制度的检视与重构》，载《法学》2016年第4期。

后　记

　　本书是我于博士后研究期间重新细化研究方向之后所形成的最新研究成果。攻读博士期间,我主要从事行政法学基础理论尤其是其方法论的研究。博士后进站之后,合作导师江利红教授建议我将已有研究进行细化,结合当前行政法治建设的前沿问题选定特定研究领域,然后再运用已有的行政法学基础理论知识进行深入剖析,形成自己的独特研究。江利红教授同时建议我关注国家创新驱动战略和上海市创建全球科技创新中心战略这两大战略的实施,提炼其中的政府创新服务职能、科技园区管理体制等问题,从行政法的角度展开研究。在江利红教授的指导下,我选定了"科技行政法学"这一领域作为自己今后的研究方向,因此才有了本书。

　　遗憾的是,鉴于研究能力有限和研究时间不长,我对"科技行政法学"这一交叉领域的研究还算不上成功:一方面,我对科技行政管理过程中亟待解决的问题还未形成全局性的把握和细致入微的分析;另一方面,我在攻读博士期间对行政法学基础理论的认识也还未充分融入到现有研究当中。这种情况造成的结果即为本书虽花大笔墨分析了创新管理中的行政权配置和运行、政府补贴法治化、科技园区管理体制改革等问题,但本书实际上未完全脱离已有的科技法学研究的既定框架而充分展现"科技行政法学"的特色,即其中既未触及科技行政管理的核心问题,也未实现对科技行政管理全程的法治化建构。

　　所幸的是,本书仅是我对科技行政法学研究形成的"前期成果"。因此,著作的出版并非研究的终结,而是新的研究的开始。尤其是 2017 年 7 月 14 日,由江利红教授申报获批的上海市软科学研究基地"上海科技创新法治保障研究中心"已在华东政法大学正式设立和运行。研究中心定位于高端政府智库和科技行政法学理论研究高地,将致力于与各级政府及其职能部门展开合作,通过学术研究服务于科技发展和科技法治建设的推进。研究中心的设立既坚定了我开展科技行政法学研究的信念,同时也能够为研究的开展提供良好的外部环境。在此基础上,经与江利红教授协商,我还拟定了系列科技行政法学方面的主题,努力在此领域内深耕细作。

尽管本书的写作还有诸多不尽如人意的地方,未来的研究也有待加倍努力,但本书能够入选"华东政法大学 65 周年校庆文丛"并由北京大学出版社出版,这本身就让我倍感荣耀,同时也是对我的鼓励、提携和鞭策。

借此表达我对导师江利红教授以及华东政法大学、北京大学出版社的诚挚敬意!

周海源

2017 年 8 月 6 日